¿Por qué buscas fuera, lo que está dentro de tí?

Krimilda Sosa

¿Por qué buscas fuera, lo que está dentro de ti?
Publicado por CreateSpace©
www.createspace.com

Copyright © 2020
Krimilda Sosa
Chula Vista, Ca.

Diseño por: Osvaldo J. Peréz
Modelo: Dara Hernández
Todos los derechos reservados
Impreso en los Estados Unidos de América

ISBN: 9781656924384
Sello: Independently published

AGRADECIMIENTO

Gracias, mi Amado Padre Celestial, me miraste desde que fui depositada en el vientre de mi madre. Tú ya conocías todo acerca de mi, nada te fue oculto, y te plació escogerme, y redimirme, por tu amor eterno. A ti Cristo, mi amado Salvador, quiero agradecerte porque me encontraste, me salvaste, me reconciliaste con el Padre, y sellaste mi vida con tu Espíritu Santo (sello de propiedad eterna). Gracias Padre, porque no nacimos de sangre, ni de voluntad de carne, ni de voluntad de varón, sino de Tu voluntad que es buena, agradable y perfecta. Gracias Espíritu Santo, mi amado paracleto, me llevas de la mano hasta que Cristo sea formado en mí, entonces ya no veré oscuramente como por un espejo, entonces veré cara a cara. Ahora conozco en parte, pero entonces conoceré completamente, tal como Dios me ha conocido (1 Corintios 13:12).

DEDICATORIA

Dedico este libro a mis tres hijos, y a mis siete nietos, ellos son el regalo más hermoso que mi Eterno Dios me ha dado. Han sido mi inspiración para luchar, crecer y salir adelante. En cada uno de ellos veo la maravillosa obra de mi Redentor: *"Y es que los hijos son cartas vivas que quedan como evidencia al futuro, de que el pasado ha tenido cierto grado de contribución"* (Anónimo). Mis hijos son la historia más hermosa que mi Padre Eterno, escribió en mi vida. Y como cita la Palabra, declaro: *"Y la descendencia de ellos será conocida entre las naciones, y sus renuevos en medio de los pueblos; todos los que los vieren, reconocerán que son linaje bendito de Jehová"* (Isaías 61:9). ¡Gracias Señor, por depositar esos tres "Tesoros" en mi vientre, los amo! *"He aquí, herencia de Jehová son los hijos; cosa de estima el fruto del vientre. Como saetas en mano del valiente, así son los hijos habidos en la juventud. Bienaventurado el hombre que llenó su aljaba de ellos; no será avergonzado cuando hablare con los enemigos en la puerta"* (Salmo 127:3-5).

CONTENIDO

Introducción   vii

1   El cuerpo humano: "Diseño perfecto de Dios"   1

2   Cómo vencer el miedo   39

3   El estrés y sus consecuencias   51

4   Derramada en Su presencia   63

5   Tus ojos vieron mi embrión   91

6   Misterios opuestos: Piedad vs Iniquidad   105

7   Preexistencia, predestinación y preordinación   117

8   Ministerio de reconciliación   163

9   ¡Urgente, se busca gente de visión!   171

10   El mundo en que vivimos   183

11   El Tabernáculo: habitación de Dios   211

12   El Eterno Designio de Dios   245

Conclusión   271

"No vayas fuera, vuelve a ti mismo. En el hombre interior habita la Verdad."

San Agustín

INTRODUCCIÓN

Dios no creó el cuerpo humano para funcnar en constante estado de estrés. Él nos creó para que vivamos en armonía con la naturaleza, los unos a los otros, y sobre todo con nosotros mismos. Su deseo es que estemos en perfecto balance, tanto espiritual, como corporal, pero tristemente el mundo actual que nos ha tocado vivir nos mantiene en constante movimiento, y expuestos diariamente a altos niveles de estrés. A causa de este ambiente en que nos movemos, nos volvemos personas muy activas, lo cual nos priva de disfrutar de un tiempo de osio. No podemos relajarnos, y simplemente ya no sabemos disfrutar estar a solas con nosotros mismo. Parece ser, que ya veinticuatro horas al día no nos alcanzan para llevar a cabo nuestras tareas diarias. Trabajamos largos periodos de tiempo y dormimos menos, además hemos perdido el contacto con la naturaleza.

Siempre estamos buscando fuera de nosotros lo que nos hace falta para ser felices. ¿Acaso vivimos buscando algo que no existe? ¿Qué estamos buscando? ¿Dónde podemos encontrar un poco de paz y de seguridad en este mundo donde las nuevas tendencias económicas, sociales, políticas y culturales son una incertidumbre? ¿Qué vamos a comer si todo está contaminado? ¡Todo nos enferma! Estamos rodeados de contradicciones, de inseguridad, y tenemos dificultad para escoger entre tantas y variadas opciones que nos presentan para conseguir un objetivo determinado, estamos rodeados de temores y sobretodo, donde escuchamos diferentes voces.

Existen algunas situaciones que nos roban la paz, entre ellas están las que podemos controlar, y las que no podemos controlar. Vivimos en un mundo que no nos ofrece ninguna garantía de paz; vivimos en una sociedad basada en el miedo. Como resultado, cada vez que experimentamos un suceso inesperado, se activa una emoción, y este estado anímico nos afecta a nosotros, a los que nos rodean, y sobretodo nuestra relación íntima con nuestro Señor y Salvador Jesucristo. Nuestras emociones y estados de ánimo nos controlan, y a través de ellos observamos el mundo. Nos hemos convertido en esclavos del tiempo, de la opinión pública, y sobretodo, de la tecnología; estas situaciones que vivimos diariamente nos roban la paz. Y yo me pregunto: ¿A quién escucho? ¿Qué creo? ¿De verdad voy a poder cambiar mi forma de pensar? Al ser sometidos a tantas presiones en el entorno actual en el cual vivimos, olvidamosque somos seres espirituales y que nuestro cuerpo es **"templo del Espíritu Santo"**.

Vivimos en un mundo de creciente incertidumbre, donde cada uno de nosotros tiene la responsabilidad de hacer la diferencia. Este mundo tan complejo, el cual ha desplazado a Dios de su vida, y donde viven indiferentes, como si Dios no existiera, nos pone a prueba, y exige de nuestra fe, y de mucho valor para poder vencer y manifestar al mundo el Reino de Dios. Sabemos que la indiferencia termina, cuando alguien está dispuesto aporta algo más que una opinión. No permitas que las situaciones negativas que nos rodean te alcancen, y afecten tu salud emocional y física. El estrés se ha convertido en la enfermedad del siglo XXI. El estrés es la respuesta automática y natural de nuestro cuerpo ante las situaciones que nos resultan amenazadoras o desafiantes. Por lo tanto, debemos aprender a enfrentar la vida en este mundo tan complejo de la manera que Dios nos enseña en Su Palabra: "Estas cosas os he hablado, para que en mí tengáis paz. En el mundo tendréis aflicción: mas confiad, yo he vencido al mundo" (Juan 16:33). No puedes perder de vista el propósito eterno de Dios en tu vida, el cual te llevará a alcanzar tu destino en Él, ya que fuiste creado con un propósito, con un destino único. Tú eliges, Él te dio libre albedrío, tienes libertad de elección, Él te considera responsable de tus actos. En este mundo de oferta y demanda que nos ha tocado vivir, tú decides si quieres seguir esclavizado al Sistema o te atreves a buscar dentro de ti lo que tu Creador puso en ti desde que fuistes creado. No fuistes creado para alcanzar los estándares del mundo, sino para alcanzar tu destino en tu Padre Eterno.

Mi intención a través de este libro es darte a conocer mi experiencia, tanto física como espiritual, y así despertar en tí el deseo de conocer tu cuerpo y que puedas prevenir cualquier daño que esté en tus manos evitar. Pero, sobretodo que puedas entender que tu cuerpo le pertenece a tu Creador, y que sólo eres su administrador, y le tendrás que rendir cuentas a Él. Primera de Corintios 6:19-20 declara: *"¿No sabéis que vuestro cuerpo es templo del Espíritu Santo que Dios os ha dado, y que el Espíritu Santo vive en vosotros? No sois vosotros vuestros propios dueños, porque Dios os ha comprado por un precio* (precio de sangre de Su Hijo). Por eso debéis honrar (glorificar) a Dios con el cuerpo (Énfasis de la autora). Ruego a Dios que transforme tu mente para que puedas comenzar a experimentar Su grandeza en tu vida, alcanzar y poseer cada promesa que has heredado como hijo; y sobretodo que se cumpla Su propósito eterno en tí. ¡Mira hacia adelante y aprende a disfrutar cada etapa de tu vida! El Apóstol Pablo en Romanos 12:2 señala: "No os conforméis a este siglo (no tomen como modelo este mundo), sino transformaos por medio de la renovación de vuestro entendimiento (conocimiento), para que comprobéis (discernir) cuál sea la buena voluntad de Dios, buena, agradable y perfecta." Énfasis añadido

.

"El ser humano no vive sólo de pan. Necesitamos amor, cuidados, y encontrar una respuesta a quiénes somos y por qué vivimos."

Joitein Gaarde

Capítulo 1

El cuerpo humano: Diseño perfecto de Dios

Siendo pues, la Biblia la revelación divina, la cual nos revela la creación del hombre, su caída a causa del pecado, y su redención en Cristo (restaurar al hombre a su estado original), entonces nosotros que hemos sido y hemos recibido un *espíritu vivificante* a tráves del sacrificio de Jesucristo en la cruz; debemos encontrar esa revelación en la Biblia misma, puesto que ella se interprenta por sí misma. La Palabra nos dice que Dios, de una sangre ha hecho todo el linaje de los hombres, para que habiten sobre toda la faz de la tierra (y les dio señorío y dominio sobre toda la tierra, Génesis 1:28); y les ha prefijado el orden de los tiempos, y los límites de su habitación; para que busquen a Dios, si en alguna manera, puedan hallarle, aunque *ciertamente no está lejos de cada uno de nosotros*" (Hechos 17:26-27, VRV 1960).

El Evangelio de Juan comienza: *"En el principio era el Verbo* (la Palabra, el Logos), *el Verbo era* (estaba) *con Dios y el Verbo era Dios. Éste era* (existía en el principio con Dios). *Todas las cosas por medio de él fueron hechas, y sin él nada de lo que ha sido hecho fue hecho...",* en Él estaba la vida, y la vida era la luz de los hombres" (Juan 1:1-2, 4). "**Él es la imagen del Dios invisible**, *Primogénito de toda creación*. Por él fueron creadas todas las cosas, las que hay en los cielos y las que hay en la tierra, visibles e invisibles; sean tronos, sean dominios, sean principados, sean potestades; todo *fue creado por medio de él y para él. Y él es antes que todas las cosas, y todas las* *cosas en él subsisten*" (Colosenses 1:15-17). Y Génesis 1:1 comienza: "En el *principio* (tiempo) creó Dios los *cielos* (espacio) y la *tierra* (materia)". Y es que Dios es el principio y el fin, nada existe fuera de Él. Génesis 1:2 cita: "Y la tierra estaba desordenada y vacía, y las tinieblas estaban sobre la faz del abismo, y *el Espíritu de Dios se movía sobre la faz de las aguas.*" *Espíritu* en griego es Pneuma o Aire, en hebreo Rûaj (Strong # 7307), literalmente quiere decir '*Viento*'. En la mayoría de los casos, estos términos se refieren al poder de Dios en acción, es decir, a Su Espíritu Santo. Y al sexto día, dijo Dios, "*Hagamos al hombre a nuestra imagen, conforme a nuestra semejanza*" (Génesis 1:26-27; 9:6). Y creó Dios su diseño perfecto, al hombre; a Su imagen lo creó (Genesis 1:27). Por lo que en el ser humano está la esencia misma de Dios (código genético, características, atributos, y cualidades de Su naturaleza divina). La palabra "*Creó*" es la palabra hebrea '*Bara*' que literalmente significa '**sacar algo de la nada o hacer que exista algo que nunca antes existió.**' En Romanos 1:20 Pablo señala: "Porque las cosas invisibles de Él, su eterno poder y deidad, se hacen claramente visibles desde la creación del mundo (el original dice universo), siendo entendidas por medio de las cosas hechas, de modo que no tienen excusa."

Dios ordenó y creó todo, pero al hombre, Él mismo lo creó, formó su *cuerpo* (*Soma/Basar*), y le dio vida con su propio aliento y un "*alma*" que en el idioma hebreo se le llama '*Nephesh*', viene de la raíz '*nafash*' que significa *descanso* (Strong 5315), y en griego '*Psiqué*'. El término hebreo puede significar literalmente criatura que respire, y en el griego suele transmitir la idea del ser vivo, persona o individuo. Génesis 2:7 cita: "Entonces Jehová Dios **formó al hombre** del polvo de la tierra, y **sopló** (espíritu) **en su nariz aliento de vida y fue el hombre un ser viviente.**" En hebreo dice: "llegó a ser un *alma viviente.*" Cuerpo + Aliento de vida = alma viviente. El alma humana viene directamente de la esencia más íntima de Dios. A las demás criaturas no humanas, Dios las creó con el poder de Su Palabra: "Produzca la tierra seres vivientes según su género, bestias y serpientes y animales de la tierrra según su especie" (Génesis 1:24). También puso un **alma viviente** en ellos, observe cuidadosamente, Él dijo a todo en lo que "**hay vida**", en el hombre y en los animales también (Génesis 1:24). Entonces se refiere basicamente a la **vida** que tienen los animales y las personas. Confirmación:

"Y me acordé del pacto mío, que hay entre mí y vosotros y todo **ser viviente de toda carne**; y no habrá más diluvio de aguas para destruir **toda carne**" (Génesis 9:15). Septuaginta también traduce "alma" en lugar de 'ser'.

Según el erudito hebreo Dr. Merril F. Unger, el mundo interno de Adán, su alma, eran uno, estaban en completo balance, el cual se rompió a causa del pecado, y entró el *"Yétzer Rá"* (inclinación al mal) que era una función externa y no residía dentro del alma humana. Y se pregunta el Dr. Merril: ¿Cuál fue el detonante que partió el componente inmaterial en dos secciones bien diferenciadas: **alma y espíritu**? Según el Dr. Merril, el alma estaba compuesta de dos elementos: **Neshamá**, nivel más elevado cercano a Dios; es la conciencia de lo Santo (*Kodesh*), y **Nephesh**, el alma (la cual es la conciencia del mundo material), se refiere a la personalidad (Psiqué), y con libre albedrío. El *"Rúaj",* el espíritu estaba ubicado entre los dos, atando al hombre con su fuente espiritual. **Nephesh** es el aspecto del alma que reside en el cuerpo, respira y tiene emociones y sentimientos. El 'Neshamá', tiene capacidad para acumular conocimiento y razonar y se ve afectado solo por medio del pensamiento; el *'Rúaj'* por medio del habla, y el *'Nephesh'* por medio de la acción. Aquí está la diferencia entre nuestra alma y el alma animal, porque ellos viven solo por instintos, no razonan. Cita Watchman Nee, que tan pronto como el aliento de vida, el cual fue el espíritu del hombre, entró en contacto con el cuerpo del hombre, el alma fue producida. El aliento de Dios produjo una vida doble, del alma y la espiritual. La palabra *"Vida"* es del hebreo *'chay'* y está en plural y significa que Dios al soplar "aliento de vida" en el cuerpo del hombre produjo una doble vida, la vida anímica y la vida espiritual. Hay tres palabras en el griego que describen la vida, pero comunican diferentes significados Bios, Psiqué, Zoe. **Bios** es la vida del cuerpo, **Psiqué** es la vida del alma, y **Zoe** es la vida del espíritu. No hay tres vidas sino una sola, pero debido a que el hombre es un ser tri-partito, los griegos la describieron como Bios, Psiqué y Zoe. Esto explica la fuente de nuestra vida espiritual y del alma. Cuando el aliento de Dios entró al cuerpo del hombre, éste vino a ser el espíritu del hombre. Nee señala que no debemos confundir el espíritu del hombre con el Espíritu Santo de Dios, porque éste difiere del espíritu humano. Romanos 8:16 nos demuestra su diferencia al declarar que es: *"El Espíritu mismo da testimonio juntamente* *con nuestro espíritu de que somos hijos de Dios.*" Debemos reconocer, que este espíritu no es la vida propia de Dios, Job lo expresó así: "*El espíritu de Dios me hizo, y el soplo* (Espíritu) *del Omnipotente me dio vida* (alma)" (Job 33:4, RV-1960). También Watchman Nee señala que el espíritu y el cuerpo estaban completamente fusionados en el alma, había una perfecta fusión de sus tres naturalezas: espíritu, alma y cuerpo. El espíritu por sí mismo no puede actuar sobre el cuerpo; solo lo puede hacer a través de la intermediación del alma. Por ejemplo: María la madre del Jesús humano decía: "Engrandece mi alma (Nephesh) al Señor y mi espíritu (Neshamá) se regocija en Dios (Elohim) mi Salvador." El espíritu primero concibió gozo en Dios y luego comunicándose con el alma, dio expresión al sentimiento por medio de un organo corporal (Pember's Earth's Earliest Age, 1876). El hombre fue designado un alma viviente, porque fue allí donde el espíritu y el cuerpo se encontraron y a través de lo cual fue conocida su individualidad. También Watchman Nee menciona que en el alma está el intelecto que nos ayuda en el presente estado de existencia, las "*emociones*" que proceden de los sentidos. El alma pertenece al propio yo del hombre y revela su personalidad, se le llama la parte que tiene consciencia de uno mismo; y cuando decimos corazón, nos estamos refiriendo al alma. Fuente de información "El alma, un ser viviente", Capítulo I, por Watchman Nee. O sea que el "cuerpo" es nuestra parte orgánica que nos pone en contacto con el mundo que nos rodea, por medio de los cinco sentidos que nos ha dotado el Creador. Ellos son los conductos con que alimentamos el alma. La mente, la voluntad y las emociones pertenecen al alma, ahí están asentados nuestros sentimientos, nuestras emociones, donde sientes, experimentas sentimientos, estados de ánimo, la mente (intelecto) donde organizas ideas, construyes conceptos, ideologías, paradigmas, y determina la personalidad, y la voluntad donde tomas decisiones, **y es sede de la conciencia** (discernimiento conocimiento, percepción). David decía: "*Bendeciré al Señor que me aconseja; aun en las noches me enseña mi conciencia*" (Salmo 16:7).

El alma ('Pnéuma') está compuesta de espíritu y vida, un alma dual (Génesis 6:17). Jesús nos dice que el espíritu es el que da vida (Juan 6:63); y Santiago 2:26 cita: "*Porque como el cuerpo sin espíritu está muerto...*" Significa que Dios sopló en Adán el **aliento** de vida, puso en él espíritu y vino a ser 'alma o ser viviente'. En hebreo, Rûaj = espíritu, viento, vida (Strong # 7308). Job 32:8 cita: "Ciertamente espíritu ('Rûaj') hay en el hombre, y el soplo (aliento, vida) del Omnipotente le hace que entienda." El "espíritu de vida" existe en todos los seres vivos; es la fuente de vida que proviene de Dios, y la poseen hombres y animales (Salmo 104). Pablo cita: fue hecho el primer hombre Adán, **alma viviente** (hombre natural); el postrer Adán, **espíritu vivificante** (hombre espiritual). Mas señala que lo espiritual no fue primero, sino el hombre natural; luego lo espiritual (1 Corintios 15:45-46). Entonces, ¿qué significa espíritu vivificante? Veamos, vivificar significa **hacer vida**, o **dar vida**. El segundo Adán, Cristo nos imparte un **espíritu vivificante** cuando nacemos de nuevo, ya que nuestro **espíritu estaba muerto**, separado de nuestro Creador, no teníamos comunión con Él, entonces ese espíritu muerto vuelve a tener vida y vida eterna. En la parábola del hijo pródigo, cuando el hermano menor vuelve a casa, el padre le dice a su otro hijo: *"Tu hermano estaba muerto ..."* (Lucas 15:32). El hijo estaba muerto porque estaba separado del padre. Pablo dice que la Palabra de Dios separa el alma y el espíritu: "Porque la palabra de Dios es viva y eficaz, y más cortante que toda espada de dos filos; y penetra hasta *partir el alma y el espíritu*, las coyunturas y los tuétanos, y discierne los pensamientos y las intenciones del corazón" (Hebreos 4:12). La muerte espiritual hizo que el espíritu quedara bajo el dominio del alma, opuesto al plan de Dios, que desea que el espíritu sea quien gobierne al alma. Judas 1:19, cita que los que causan divisiones; son los sensuales (almáticos) que *no tienen al Espíritu;* o sea, los que no son gobernados por el Espíritu. *"Lámpara del Señor es el espíritu del hombre, la cual escudriña lo más profundo del corazón"* (Proverbios 20:27). Y nos habla a través de la conciencia (voz del espíritu). *"Bendeciré a Jehová que me aconseja; aun en las noches me enseña mi conciencia"* (Salmo 16:7).

El primer hombre, Adán, fue creado a imagen de Dios para participar del "Reino" con su Creador y participar del árbol de la vida. Después de la caída ese cuerpo o vasija de barro entró en contacto con el mundo material y por lo tanto, no solo tuvo muerte espiritual sino que también tendría muerte natural. Cita la Palabra al referirse al alma del hombre: *"He aquí que todas las almas son mías ... El alma que pecare, esa morirá"* (Ezequiel 18:4,20). El autor de Eclesiastés (12:7) dice que el hombre muere y el polvo vuelve a la tierra como lo que era, y el espíritu vuelve a Dios que lo dio. El Salmos 146:4, lo describe así: "***Pues sale su aliento*** (la vida), y ***vuelve a la tierra; en ese mismo día perecen sus pensamientos.***" Y Job 34:14 lo describe así: "Si él pusiese sobre el hombre su corazón y recogiese así su espíritu y aliento, toda carne perecería juntamente, y el hombre volvería al polvo." Sin aliento (vida), los seres humanos morirían, "les quitas el hálito, dejan de ser y vuelven al polvo" (Salmo 104:29). Veamos ejemplos de muerte natural en Génesis 35:16-19, cuenta la historia que cuando Raquel, la esposa de Jacob, estaba dando a luz a su hijo Benjamín, murió: "Y aconteció que al salírsele el alma (murió)…" Es decir perdió contacto con el mundo natural. Jesús entregó su alma: "***Yo soy el buen pastor, el buen pastor su vida*** (alma) ***da por las ovejas***" (Juan 10:11).

Génesis 2:7 dice que Adán "se convirtió en un ser viviente", un alma que recibió vida, no dice que a Adán se le dio un ***alma inmortal***; Adán y Eva fueron creados como mortales, sujetos a la muerte. La vida eterna estaba en el árbol de la vida, y ellos tuvieron la oportunidad de obtenerla, pero al desobedecer, mostraron a su Creador que no querían ser gobernados por Él, y rechazaron someterse a Su autoridad. Perdieron la esperanza de la resurrección, perdieron el galardón más grande que Dios les ofrecía, la vida eterna, ser parte en la familia de Dios, del reino. El apóstol Pablo dice que la paga por el pecado es la muerte (Romanos 6:23), se refiere a la muerte eterna, sin esperanza de vida futura. Dios nos ofrece vida eterna a través de la resurrección. Según Pablo, **la vida eterna se ofrece a aquellos que perseverando en bien hacer, buscan gloria y honra e inmortalidad** (Romanos 2:7). La palabra "***perseverando***" en griego significa 'obtener una ganancia y mantenerla'. Ésto solo se logra a través de la fe.

Antes de caer, el alma del hombre estaba totalmente sometida bajo el dominio del espíritu. Adán el primer hombre fue creado un "alma viviente" (Néphesh o Psiqué); **creado para participar de la vida divina** (Zoe) que estaba en el jardín del Edén, en el árbol de la Vida, el cual representaba a Cristo, la vida eterna, el reposo. En el Edén, el hombre tenía relación directa con su Creador, pero con la desobediencia se rompió la Koinonía, tanto él como Eva, perdieron la comunión que disfrutaban con su Creador, perdieron su cobertura original: "***Por cuanto todos pecaron, y están destituidos*** (privados) ***de la gloria de Dios***" (Romanos 3:23). Dios le había ordenado a

Adán que comiera de todo árbol del huerto, mas del árbol del conocimiento del bien y del mal no podía comer porque moriría. Solo le fue prohibido comer del árbol del conocimiento del bien y del mal, pero al desobedecer, su espíritu perdió la autoridad y el dominio sobre el alma y como consecuencia perdieron la oportunidad de disfrutar la vida **Zoe**. A partir de ahí comienza una etapa diferente en el hombre, comienza su peregrinaje en la tierra; una vida como un hombre terrenal, (vida psíquica) apartados de Dios, a causa del pecado. Ese día, la tierra fue maldita y se convirtió en un desierto (espinos y abrojos) (Hebreos 6:8; Isaías 24:1-6; Génesis 3:17-19; Romanos 5:12). Dios decretó juicio sobre la serpiente, sobre la mujer, sobre el hombre, y sobre la tierra: "Y pondré enemistad entre ti y la mujer, entre tu simiente y la simiente suya; ésta te herirá en la cabeza (Jesús y Eva tipología de la iglesia), y tú le herirás en el calcañar" (Génesis 3:15). 1 Juan 3:8 lo confirma: *"El Hijo de Dios* (Cristo, el segundo Adán) *apareció para* **este propósito, para destruir las obras del diablo."** La vida "**Zoe**" según el diccionario Strong # 2222, significa 'vida abundante, o el más alto nivel de vida.' Es la vida que Dios tiene en sí mismo y la manifestó por medio de su Hijo Jesucristo para que todo aquel que cree en Él, no se pierda sino que tenga vida eterna. Es a partir de la separación o dominio del espíritu sobre el alma (la vida "Zoe"), que ya el hombre no participa del árbol de la vida, y comienza a vivir la vida deseada por él mismo que es la vida 'Psiqué'. Bíblicamente la vida *"Psiqué"* (en griego se traduce como *'vida,* (Strong # 5590), se refiere a la vida del alma, la cual debe ser liberada, transformada y restaurada por el Espíritu Santo. Son dos tipos de vida que el hombre puede escoger vivir, la vida "**Zoe**," que es la vida abundante, eterna, y dirigida por el Espíritu de Dios (sometida a él), o la vida *Psiqué*, que es la vida psíquica o anímica, o sea del alma. En el Nuevo Testamento la palabra vida 'Zoe' (palabra griega) se traduce con frecuencia como 'vida eterna'. Significa el caminar en plenitud o madurez espiritual; esta es una característica de la Novia de Cristo. La vida 'Zoe' es una vida en el espíritu, rendida para agradar y servir a Dios con todo el corazón, mente, alma y fuerzas. De hecho describe a una persona que es 'salva' la cual continúa **perseverando** y andando hacia la madurez espiritual. Cristo dijo: *"Yo he venido para que tengan vida* (Zoe)*, y para que la tengan en abundancia"* (Juan 10:10). La vida *Zoe* es un tema central en la Biblia, su fin es que todos lleguemos a la unidad de la fe y del conocimiento pleno del Hijo de Dios, a la condición de un hombre maduro, a la medida de la estatura de la plenitud de Cristo (Efesios 4:13, BLA). El resultado de vivir en el espíritu será:

> La vida **Zoe** es la vida del Espíritu, es la vida abundante que te lleva a la vida eterna. Es el camino estrecho (para todos, pero pocos son los que lo hallan), es andar en la luz, manifestar los frutos del Espíritu, manifestar buenas obras. Es ser Reyes y Sacerdotes de Dios, sin mancha o defecto, representa a la Novia de Cristo.

Todo lo opuesto a **Zoe** es **Psiqué**, la vida psíquica o anímica o sea vida del alma controlada y dominada por nuestros propios deseos humanos del ego, por encima de la voluntad de Dios. Son aquellos cuyas vidas están controladas y desean seguir los deseos de la carne más que la vida del Espíritu (características de los cristianos carnales (sárkikos) y de los incrédulos). *"Porque el ocuparse de la carne es muerte, pero el ocuparse del espíritu es vida* (zoe) *y paz"* (Romanos 8:6). Nosotros heredamos de Adán, la ley del pecado y de la muerte, por lo que en nuestra naturaleza humana, la cual es pecaminosa (así nacemos), tenemos una constante lucha entre la carne (vida Psiqué, del hombre natural) y el espíritu (vida Zoe, del hombre espiritual) que es la naturaleza de Dios nosotros la cual nos guía a obedecerle. Ambas, 'Psiqué' en griego y 'Nephesh' en hebreo describen la vida del alma o vida carnal. Psiqué y Zoe son dos palabras griegas que, aunque no son sinónimos, se traducen comúnmente como 'vida'.

> **Psiqué** es la vida del alma, la vida carnal, es la puerta ancha (muchos son los que la hallan), es caminar en tinieblas, sin frutos, sin obras. No son sacerdotes de Dios, vestidos manchados, arrugados, en representa al cristiano carnal.

El pecado llega primero al pensamiento y luego avanza apoderándose de la voluntad hasta que seduce al alma completamente, ya que la mente, junto a la voluntad y las emociones pertenecen al alma. El libro de Gálatas 5:16-25, expresa muy claro el concepto **Zoe** y **Psiqué**: Digo, pues: "Andad en el Espíritu (vida Zoe), y no satisfagáis los deseos de la carne (vida Psiqué). Porque el deseo de la carne es contra el Espíritu, y el del Espíritu es contra la carne; y éstos se oponen entre sí, para que no hagáis lo que quisiereis. Pero si sois guíados por el Espíritu, **no estáis bajo la ley**. Y manifiestas son las obras de la carne que son: adulterio, fornicación, inmundicia, lascivia, idolatría, hechicerías, enemistades, pleitos, celos, iras, contiendas, disensiónes, herejías, envidias, homicidios, borracheras, orgías, y cosas semejantes a estas; acerca de las cuales os amonesto, como ya os lo he dicho antes, **que los que practican tales cosas no heredarán el reino de Dios**. Mas el fruto del Espíritu es amor, gozo, paz, paciencia, benignidad, bondad, fe, mansedumbre, templanza; **contra tales cosas no hay ley**. Pero los que son de Cristo han crucificado la carne con sus pasiones y deseos. Si vivimos por el Espíritu, andemos, también por el Espíritu. Sólo el postrer Adán, el Cristo en su naturaleza divina, a la "imagen" de Dios mismo (hombre espiritual, del cielo) nos podía librar de nuestra naturaleza pecaminosa, heredada del hombre natural. "Y el Verbo se hizo carne y habitó entre nosotros lleno de gracia y de verdad. En él estaba la **vida** y la **vida era la luz** de los hombres" (Juan 1:1-14). Y vino Jesús en su condición humana, carne y sangre como nosotros para trasladarnos del reino de las tinieblas al reino de la luz. Juan decía: Este es el mensaje que he oído de Él, y el que hoy te anuncio: "Y este es el testimonio: Que Dios nos ha dado vida eterna (Zoe); y esta vida está en su Hijo. Nuestro Creador puso vida en nosotros a través de Su Espíritu. Pablo lo confirma por revelación de Dios: "Y el mismo Dios de paz os santifique por completo; y todo vuestro ser, *espíritu* (Pnéuma), *alma* (Néphesh, Psiqué) y *cuerpo* (Soma en griego y Basar en hebreo), o sea guardado irreprensible para la venida de nuestro Señor Jesucristo" (1 Tesalonicenses 5:23). A los que creen en el Hijo, la vida de Dios les es impartida en su espíritu, de manera que "si Cristo está en vosotros, el cuerpo en verdad está muerto a causa del pecado, mas el espíritu vive a causa de la justicia" (Romanos 8:10). "***Dios es luz, y no hay ninguna tiniebla en él*** (1 Juan 1:5). Jesús anunció que Él era la luz del mundo, y si Él habita en nosotros, entonces somos la luz del mundo: "Ustedes son como una luz que ilumina a todos. Son como una ciudad construida en la parte más alta de un cerro y que todos puedan ver" (Mateo 5:14, BTLA). Pero si vivimos en la luz así como Él está en la luz, tenemos comunión unos con otros y la sangre de su Hijo Jesucristo nos limpia de todo pecado (1 Juan 1:7). El Apóstol Juan dijo: "El que ama su vida (Psiqué), la perderá; y el que aborrece su vida (Psiqué) en este mundo, para vida (Zoe) eterna la guardará" (Juan 12:25). Énfasis añadido.

David anhelaba, lo que a nosotros nos está siendo revelado y su alma clamaba: *"Envía tu luz y tu verdad* (el Mesías); *éstas me guiarán. Ellas me conducirán a tu Monte Santo* (Sión) *y a tus moradas* (a la Tierra Prometida, donde habita Su presencia) Énfasis añadido." (Salmos 43:3). El espíritu de David clamaba: *¿Por qué te abates, oh alma mía, y por qué te turbas dentro de mí?* Espera a Dios; porque aún le he de alabar. Salvación mía, y Dios mío (Salmos 43:5). Salmo 11:28 anónimo: *"Agitada está mi alma por la ansiedad, vivifícame* según tu palabra (el verbo, Cristo)." En el Viejo Testamento la *Luz* era anunciada: "Dios redimirá su alma para que no pase al sepulcro, y su vida se verá en **luz**" (Job 33:28). "Para apartar su alma del sepulcro, y para iluminarlo con la *luz de los vivientes*" (Job 33:30). Pero a Pablo le fue revelado:

> "Porque Dios, que mandó que de las tinieblas resplandeciese la luz, es el que resplandeció en nuestros corazones, iluminación del conocimiento de la gloria de Dios en la faz de Jesucristo" (2 Corintios 4:6).

Creados a la imagen y semejanza de Dios

Ser creados a la imagen (semejanza natural y moral) de Dios es lo que constituye la diferencia fundamental entre los seres humanos y las demás criaturas. "**Imagen**" es 'tselem' que es derivada de otra palabra hebrea, más breve, '**tzel**' que significa '**sombra**', literalmente es el esquema o la representación del original (Strong # 6754). Cuando los rayos de sol iluminan cualquier objeto, una sombra (tzel) aparece junto a ello. **Semejanza**" es *'demut'* es el modelo, figura, forma, parecido (Strong # 1823). No se trata de un simple parecido sino que poseemos algunas de las características que Dios posee. Pero los atributos incomunicables son aquellos que pertenecen solamente a Dios, son aspectos de su personalidad que Él no comunica o comparte con nosotros, como: omnisciencia, omnipresencia, trascendencia, omnipotencia, inmutabilidad, etc. Mientras que los atributos comunicables de Dios son los que también pueden poseer los seres humanos, como lo son el amor, el conocimiento, la misericordia, el razonamiento, la vida emocional, y la semejanza moral, la cual fue dañada y perdida en el hombre al pecar. Dios es un ser emocional y moral. (Algunos datos tomados de: Brueggemann, Walter. Genesis Interpretation, Tomo I. Atlanta: 1982, 97).

El aliento de vida lo vemos nuevamente en Juan 20:22, luego que Cristo resucitó, se le apareció a los discípulos y les dijo: "Paz a vosotros; como el Padre me envió, yo también os envié. Y habiendo dicho esto, **sopló** y les dice: **recibid el Espíritu Santo**" (Juan 20:22). Y les impartió vida, un espíritu vivificante**, donde el sufijo 'nte' indica que hace la acción: *hacer vivir*,** reavivar, renovar o animar, que da vida en una cosa inherente. Significa que les fue impartida la vida de Cristo, y los reconcilió con el Padre; como una ***nueva creación*** (2 Corintios 5:17); fueron engendrados del Espíritu. Esa *"vida"* los científicos la llaman "**la molécula de la *vida***" que según ellos se encuentra en el ADN. Ésto te rompe la cabeza, pero tiene mucha lógica. 1 Juan 5:12 nos dice: "El que tiene al Hijo, tiene la vida; el que no tiene al Hijo de Dios no tiene la vida." Dice la Palabra que en Cristo vemos la '**imagen del Dios invisible**', porque la naturaleza del Padre habita sólo en el Hijo (Colosenses 1:15), y es la que nos es impartida a nosotros a través de Cristo. Tanto el hombre como la mujer son imagen de Dios en su '**esencia**' (lo que constituye la naturaleza de un ser, o cosa). Entre las características divinas esenciales encontramos la inmortalidad, y la capacidad de juzgar entre el bien y el mal. Pero, piénselo de esta manera: "nosotros fuimos creados para parecernos (semejanza) a nuestro Creador, no para ser iguales a Él." En el último día de la creación, Dios dijo, "Hagamos al hombre a nuestra imagen, ***conforme a nuestra semejanza***…" (Génesis 1:26). Y nos dio el razonamiento, emociones, capacidad de crear, libre albedrío (dominio propio o sea ejerce la voluntad para tomar decisiones propias), y autoridad, etc. Isaías 43:7-8 nos permite entender el origen del hombre y para qué fuimos creados: "***Todos los llamados en mi nombre; para gloria mía los he creado*** (Barah), ***los formé*** (Yatsar) ***y los hice*** (Asah)." Énfasis añadido. Somos plantío de Dios, y Él nos ha prometido que el Mesías traerá justicia perdurable (Daniel 9:24). Isaías 60:21, nos habla de la futura gloria de Sión: "Y tu pueblo, todos ellos serán justos, para siempre heredarán la tierra; *renuevos de mi plantío* obra de mis manos, para glorificarme." Llama a los justos renuevos de Su plantío. La palabra *"renuevo"* la encontramos en el significado de la palabra 'nazareno' que en hebreo es *'netzer'* y significa **vástago** (retoño) de un *árbol podado, que vuelve a nacer, un renuevo.* Nazareno fue el nombre dado a Jesús, es un gentilicio, y se deriva de Nazaret, el lugar donde fue criado (Lucas 2:1-7, Mateo 2:23). Isaías había profetizado: "Saldrá *un retoño del tronco de Isaí, y un vástago de su raíz brotará* (retoñará)" (Isaías 11:1).

¿Cuánto sabes sobre tu cuerpo?

El cuerpo humano es el conjunto de la estructura física y de órganos que forman al ser humano. Es el sistema de procesamiento de información más complejo. Cita el Dr. Peter J. Steincrohn (1899-1986), prominente médico americano y autor de varios libros relacionados con el cuerpo humano: *"el cuerpo humano es la pieza de maquinaria más increíble en el mundo."* Las máquinas hechas por hombres están lubricadas sólo por fuentes externas; pero el cuerpo se lubrica a sí mismo al fabricar una sustancia parecida a la jalea en la cantidad apropiada cada vez que se necesita. Nuestro cuerpo es como una máquina precisa y eficiente, la cual necesita combustible para trabajar y cuidados para sobrevivir. Además, tiene el poder de **repararse a sí mismo,** y provee una gran cantidad de evidencia, es una creación maravillosa, es la obra maestra de nuestro Creador. Sí, el cuerpo es una máquina maravillosa, a pesar de los defectos por los errores de copia de genes (mutaciones) que se han acumulado desde la Caída del hombre, traída por la Maldición (Génesis 3). Publicado en: Creación 20 número 4 (Septiembre 1998): páginas 54-55. ¡El cuerpo humano es una maravillosa creación! Walt Withman poeta estadounidense, dijo: *"Si algo es sagrado, eso es el cuerpo humano."*

- Victor Hugo citó: "El cuerpo humano no es más que apariencia y esconde nuestra realidad. La realidad es el alma.*"*

- Platón declaró: "Ante todo es necesario cuidar del alma si se quiere que la cabeza y el resto del cuerpo funcionen correctamente."

Génesis 2:7 cita: *"Entonces, Jehová Dios formó, al hombre del polvo de la tierra..."* La materia prima, los elementos básicos encontrados en nuestro cuerpo pueden ser hallados en el **polvo de la tierra** (59 elementos encontrados en el cuerpo humano, integran la corteza terrestre). Todos esos elementos siguen un equilibrio, por eso, el exceso o escasez de algunos de ellos provoca enfermedades. Por ejemplo: El exceso de hierro, sería tóxico para el cuerpo humano. Job 10:9 cita: *"Acuérdate ahora que como a barro me diste forma; ¿y en polvo me has de volver* (tornar)? Sólo Dios es capaz de ordenar estos químicos en tejidos celulares, órganos y sistemas. Un sistema es un conjunto de órganos y estructuras que trabajan en conjunto para cumplir alguna función fisiológica específica y necesaria para el buen funcionamiento en un ser vivo. Entre estos sistemas está el circulatorio, encargado de transportar el oxígeno y los nutrientes a las células y eliminar sus desechos metabólicos que se han de eliminar después por los riñones, en la orina, y por el aire exhalado en los pulmones, rico en dióxido de carbono (CO_2). El aparato circulatorio está conformado por el corazón, los vasos sanguíneos, incluyendo las arterias, las venas y los capilares. El cerebro, organo más importante, es el responsable del aprendizaje, la cognición, la memoria y las emociones, y organiza las funciones de todo el cuerpo desde que nace, hasta que muere. El cuerpo es un organismo viviente, require de alimento, aire y agua para sobrevivir. El principal componente del cuerpo es el agua, tres cuartas parte del cuerpo es agua, igual que la tierra.

Conexión entre mente y cuerpo

Jean Batiste Moliére cito: *"La mente tiene una gran influencia sobre el cuerpo, y las enfermedades a menudo tienen su origen allí."* La relación o influencia de la mente sobre el cuerpo es muy importante. Así como las enfermedades físicas influyen en nuestro estado de ánimo y provocan temor, o preocupación, también muchos problemas psicológicos provocan síntomas físicos. La Biblia nos habla de dos condiciones de salud que el ser humano sufre: la **salud física** y la **salud espiritual**, una afecta la otra. Su cuerpo responde a su manera de pensar, sentir y actuar. Cuando usted se siente ansioso, estresado, o molesto, su cuerpo reacciona avisándole que algo no está bien. Nuestra mente está interpretando una situación, que quizás está relacionada de manera íntima con nuestras emociones. Cada pensamiento que viene a nuestra mente influye en nuestra vida y cuerpo. Cada experiencia por la cual pasamos queda almacenada en nuestra mente, sean positivas o negativas se van a reflejar en nuestro cuerpo. Es importante aprender a manejar nuestras emociones. Hay un refrán muy popular que dice: "*Mente sana, cuerpo sano.*" Según el Dr. David Perlmutter la salud mental está conectada con la salud intestinal. Lo investigadores han podido analizar mejor la influencia de los intestinos en las emociones, al estudiar a personas con síndrome del intestino irritable (IBS, siglas en inglés), el cual afecta a 1 de cada 10 personas y se caracteriza por producir dificultades digestivas y dolor abdominal intenso, a pesar del hecho de que no puede detectarse ninguna disfunción orgánica en el sistema digestivo. Por otro lado, solamente creer en los efectos dañinos de una sustancia puede hacer que los padezcas, hasta el punto de que el efecto "nocebo" (hermano maligno del placebo), puede llegar a matar a una persona (New Scientist, 13 May, 2009. P 30).

Estudio realizado en la escuela de medicina de Harvard, con pacientes con síndrome de intestino irritable ha demostrado mejoras significativas en los síntomas del intestino irritable, a través de un proceso de autosanación "mente-cuerpo". En primer lugar, a cada paciente, se les comunicó y luego se les dio a tomar una píldora que estaba hecha de una sustancia inerte, como pastilla de azúcar, o sea un placebo. Dichos estudios muestran cambios notables bajo la administración del placebo, tales como la generación de analgésicos naturales en el cuerpo, alteración en los patrones de excitación neuronal, disminución en la presión sanguínea, en el ritmo cardíaco, y una mejoría en la respuesta inmunológica. El placebo es una prueba del poder de la mente de programar el cuerpo, ya que funciona incluso cuando la persona sabe que es placebo. Según el estudio, las personas optimistas se recuperan más rápido de los procedimientos quirúrgicos, ya que tienen un sistema inmunológico más sano generalmente viven más cuando padecen de enfermedades como cáncer o falla renal (*Annals of Behavioral Medicine*, Vol 39, p 4). En cambio vemos lo opuesto a personas con el pensamiento negativo y con ansiedad. Este estudio prueba la influencia que ejerce la mente sobre el cuerpo, y lo que hace una actitud positiva al recuperarnos de una enfermedad o cómo el estrés reduce nuestra respuesta inmunológica, entonces si la mente ejerce influencia en nuestro cuerpo para enfermarlo, también la ejerce para sanarlo, ya que nuestro cuerpo fue diseñado para que se recupere por sí mismo. También este estudio nos revela el poder de la fe; porque ellos pusieron su fe en el placebo. Fe en griego es "**pistis**", y significa creencia determinada por confianza (o seguridad) predominante.

La salud emocional

La salud Física y Mental no pueden separarse de la *salud emocional* (está conectada al alma), pues están ligadas a los sentimientos, pensamientos, comportamientos y reacciones que se tienen ante las situaciones díficiles y críticas, que enfrentamos. Las personas que disfrutan de 'una buena salud emocional' van a tener control sobre sus emociones, sentimientos, y comportamiento; pero estar emocionalmente sano no te libra de enfrentar momentos difíciles, y críticos, pero vas a poder afrontar la adversidad y lograr adaptarte bien ante las tragedias, los traumas, las amenazas o el estrés severo, etc. Vas a ser capaz de manejarlos, recuperarte y salir de dicha situación logrando convertirte en una persona **resiliente**. Ser resiliente no significa no sentir malestar, dolor emocional o dificultad ante las adversidades. Las personas resilientes saben aceptar la realidad tal y como es; porque tienen una profunda creencia en que la vida tiene sentido, y además tienen una inquebrantable capacidad para salir adelante. La resiliencia se aprende y se desarrolla día a día. Pero no temas; Dios te dice en Su Palabra: "Mira que te mando que te esfuerces y seas valiente; porque Jehová tu Dios estará contigo en dondequiera que vayas" (Josué 1:9).

O sea, que la salud emocional, la cual proviene del **alma**, es el balance o el buen funcionamiento de nuestras emociones y sentimientos. Es sentirte bien contigo mismo; tener control de tus emociones; es poder hacer frente a cada problema o dificultad que enfrentamos día a día; es mantener una actitud positiva; es tener dominio propio; es poder relacionarte con otros en armonía;

y como resultado, tener una sana **autoestima.** Todos estos factores positivos que te he mencionado te ayudarán a enfrentar las situaciones que te provocan ansiedad, depresión, estrés, etc. No permitirán que te quedes atrapado en dicha situación. Un trastorno de salud emocional le puede estar pasando a cualquier persona, sin importar su edad. Hay un gran número de síntomas que podrían vincularse con un desequilibrio de la salud emocional. Algunos síntomas son la presión arterial elevada, el dolor de espalda o de cabeza, y el estreñimiento o diarrea, etc. El estrés, la depresión y la ansiedad se manifiestan en el cuerpo con trastornos digestivos y del sueño, con falta de energía y además debilita el sistema inmunológico, haciéndolo más vunerable a las enfermedades, ya que éste reaccionará según las circunstancias que afectan al organismo. Para prevenir un desbalance químico en nuestro cuerpo se recomienda llevar un estilo de vida saludable, lo cual puede reducir el riesgo de padecer un trastorno de salud emocional. Practique buenos hábitos, como comer sano, dormir lo suficiente, hacer ejercicio, no guardar rencor ni enojarse con las personas, porque no es bueno para la salud, evitar el estrés y sobretodo, practique la risa, es buena para la salud. ¡Cuidado, no cuidar su cuerpo lo pone en riesgo de enfermedades!

Las emociones

Emoción, procede del latín *"emovere"* y significa **remover, agitar o excitar** (Diccionario de la Real Academia Española). Profundizaremos un poco más sobre las emociones. Una emoción se define como cualquier alteración del ánimo, puede ser intensa, pasajera, agradable o penosa, que va acompañada de cierta conmoción somática. Se presenta en el ser humano brusca y súbitamente en forma de crisis de mayor o menor intensidad y duración; por lo regular son reacciones que todos experimentamos. Podemos describirlas como estados afectivos que experimentamos, pero cada individuo es diferente y por lo tanto, experimenta una emoción de forma particular, dependiendo de sus experiencias anteriores, aprendizaje, carácter y de la situación. Según V. J. Wukmir, 1967, la emoción es una respuesta inmediata del organismo que le informa del grado de favorabilidad de un estímulo o situación. Si la situación parece favorecer su supervivencia, experimenta una emoción positiva y si es negativa (tristeza, desilusión, pena, angustia, etc.); tanto las emociones negativas como las positivas impactan la salud. Una emoción es la interacción de mente/cuerpo. La emoción y el pensamiento están intimamente relacionados (Kenny, 1963), y juegan un papel importante en nuestras vidas. Las emociones constituyen el eje central de nuestro comportamiento con nosotros mismos y con la gente que nos rodea. Por lo que experimentamos emociones positivas, y emociones negativas, en grados variables y de intensidad diversa (Biopsychology.org.).

Según John Marshall Reeve en su libro "Motivación y Emoción" (2010), dice que las emociones tienen una función y un efecto, y que las emociones adaptativas preparan el organismo para una acción, las emociones sociales comunican nuestro estado emocional, y la emoción motivacional mueve a la acción. Las emociones habitan en el alma; hay un dicho que dice que el alma es el asiento de las emociones. El alma revela la personalidad, se le llama la parte que tiene consciencia de uno mismo; y cuando decimos corazón nos estamos refiriendo al alma, también se dice que el corazón es el espejo del alma. Es importante aprender a manejar nuestras emociones, sean positivas o negativas, porque afectan la motivación, el aprendizaje, el comportamiento y la comunicación con las personas. Además ellas activan el sistema nervioso, por la conexión entre el sistema nervioso y el sistema inmunológico. Una emoción va acompañada de dos tipos de respuestas: una externa, observable por las demás personas, que puede manifestarse a través de cambios en la expresión facial, y otra de tipo interno y fisiológico. Vemos como las emociones determinan nuestra calidad de vida, por lo tanto es importante elegir como manejarlas y expresarlas. *"Tu intelecto puede confundirse, pero tus emociones nunca te mentiran"* (Roger Ebert). Podemos cambiar nuestra vida, al cambiar nuestras actitudes mentales

Tu libertad está en tu mente

Se dice comúnmente que *"eres lo que piensas"*, porque los pensamientos nos invaden. No podemos evadirnos de ellos porque el pensamiento es mecánico, está siempre comparando y es el reflejo de la memoria. El trabajo de la mente es crear pensamientos, luego éstos se convierten en palabras y acciones. Si no hubiera conocimiento, no habría pensamiento porque este siempre opera en el campo de lo conocido, en el pasado, y también se anticipa al futuro. Entender cómo funciona nuestra mente es fundamental para que podamos crear un equilibrio entre nuestro mundo interior (pensamientos, sentimientos, impresiones) y nuestro mundo exterior (palabras, acciones, comportamientos, relaciones). *"El equilibrio es la base para la armonía en todos los aspectos de la vida"*. Pero, la buena noticia es que **tu mente es reprogramable y la puedes renovar.**

De acuerdo a investigaciones en neurociencia, la mente afecta la salud porque existe una estrecha vinculación entre ambos. Los pensamientos influyen sobre las emociones y las emociones sobre los pensamientos, y éstos sobre el cuerpo, por lo tanto, la libertad es un estado de la mente. Según el escritor austriaco, Franz Seraphicus Grillparzer (1791–1872), **"Las cadenas de la esclavitud solamente atan las manos: es la mente lo que hace al hombre libre o esclavo."** Lo vemos en el pueblo de Israel, que salió de Egipto, pero seguía teniendo una mente de esclavitud. Nuestra mente es un campo de batalla, es ahí donde batallamos. Es cierto que no podemos evitar en nuestra mente pensamientos negativos, pero si podemos rechazarlos y no permitir que se arraiguen, y mucho menos hacerlos tributarios, porque a la larga van a dar malos frutos. Nuestras mentes son influenciadas por todo lo que nos rodea; las situaciones, las personas, el ambiente, etc. Me pregunto: ¿De verdad voy a poder cambiar mi forma de pensar? Respecto a ésto la Palabra dice en el libro de Proverbios 23:7, *"Porque cual es su pensamiento en su corazón, tal es él."* Este proverbio señala que así como pensamos somos, por lo tanto, somos los responsables de nuestros pensamientos, allí se forma nuestro carácter. Ellos determinan hasta donde podemos llegar, ellos nos motivan, nos limitan, nos hacen fuertes o debiles, determinan lo que somos y lo que hacemos. Solo depende de tí, y de lo que quieras lograr, por lo que es muy importante cuidarlos, yo añadiría: vigilarlos, y someterlos al Espíritu.

Pablo señala en la Palabra, que los que hemos nacido del agua y del espíritu tenemos la mente de Cristo, "¿Porque quién conoció la mente del Señor? ¿Quién le instruirá? Mas nosotros tenemos la mente de Cristo." Él se está refiriendo a la sabiduría que procede de Dios, porque tenemos el Espíritu Santo morando en nosotros y Él nos guía a toda **Verdad**. Pablo decía: "Y nosotros no hemos recibido el espíritu del mundo, sino el Espíritu que proviene de Dios para que sepamos lo que Dios nos ha concedido, lo cual también hablamos, no con palabras enseñadas por sabiduría humana sino con las que enseña el Espíritu, acomodando lo espiritual a lo espiritual" (1 Corintios 2:13). Decía que había una ley (del pecado y de la muerte) en sus miembros, que se revelaba contra la ley de su mente (Romanos 7:23-25), lo cual era consecuencia de su vida anterior en la carne (Romanos 7:5) y aún no le permitía vivir plenamente bajo el régimen del Espíritu (en ese momento), pero vivir en el Espíritu era posible para aquellos que estában en Cristo. O sea, el que permite que su mente sea renovada, porque ésto transformará toda su vida. ¡Rechaza todo pensamiento que no esté de acuerdo con lo que dice tu Padre Celestial de ti, y llena tu mente con las promesas que Él tiene para ti!

La medicina Bioenergética la cual está relacionada con la física y busca restaurar el equilibrio cuerpo-mente-alma, las enfermedades muchas veces proceden de emociones no procesadas, no expresadas, sino reprimidas, dice que un 70 por ciento de las enfermedades del ser humano vienen del **campo de conciencia emocional**. Señala que cuando el temor se queda congelado afecta al riñón, las glándulas suprarrenales, los huesos, la energía vital, y puede convertirse en pánico. Una situación de estrés causa pensamientos negativos que pueden provocar dolor o enfermedad física. Es por lo que el cuerpo, la mente y el alma deben estar en total armonía. Debemos trabajar con nuestras emociones, y nuestros sentimientos. Me refiero a esta medicina alterna como un ejemplo para mostrar el efecto que hacen las emociones a nuesro cuerpo. Por lo tanto, necesitamos libertad emocional, y ésta solo Cristo nos la puede dar. Y surge cuando podemos discernir entre el alma y el espíritu, cuando puedes ver la diferencia entre el alma y el espíritu, y puedes identificar claramente qué viene del alma y qué del espíritu.

> "Porque la palabra de Dios es viva y eficaz, y más cortante que cualquier espada de dos filos; penetra hasta la división del alma y del espíritu, de las coyunturas y los tuétanos, y es poderosa para discernir los pensamientos y las intenciones del corazón" (Hebreos 4:12).

Cómo identificar las emociones

Todos los seres humanos nacemos con unas características especiales y diferentes. Todos hemos sentido miedo, rabia, alegría o tristeza. Cada una de estas emociones tienen una función específica y todas son necesarias. No podemos huir de ellas porque son parte de nuestra naturaleza humana, vienen de dentro de nosotros, y es la forma en que reaccionamos antes las experiencias que vivimos en nuestro diario vivir. Pero, una cosa si podemos hacer y es aprender a manejarlas de manera eficaz, así lograremos mejor calidad de vida. De acuerdo a la intensidad con que se siente una emoción, lleva a la persona a una experiencia que involucra la mente (pensamientos) y cuerpo (sensaciones físicas). Por ejemplo: cuando una persona enfrenta una situación que le produce miedo intenso, y se orina; aquí podemos ver la conexión entre mente y cuerpo y entre emoción y respuesta psicológica. Según los estudiosos en el tema, para identificar las emociones, primero necesitamos identificar lo que estamos sintiendo de acuerdo a estas cuatro emociones básicas: el **miedo**, **tristeza**, **ira** y **alegría**:

- **Miedo o temor** - "Phobos" (Strong # 5401) temor, terror. Es una emoción relacionada con la ansiedad y la inseguridad. La palabra temor puede traducirse como: terror y terrorismo. Una persona puede ser paralizada en muchas áreas de su vida por causa del temor negativo. Si permites que el miedo maneje tu vida no podrás vencer los riesgos que se te presenten. El miedo conlleva inseguridad y no va a permitir que logres alguna meta que te hayas trazado y de lo que estás seguro que eres capaz de hacer. El miedo es un enemigo mortal porque mata nuestros sueños. Y pasa el tiempo, y nos preguntamos: ¿Por qué no alcancé mi sueño? Entonces, descubres que el miedo te venció y mató tus sueños. Por ejemplo, si quieres ser bombero o algún otro oficio que envuelva riezgo, el miedo no te va a permitir lograrlo a menos que decidas vencerlo. Nunca olvides que el temor es una emoción la cual vas a seguir experimentando.

  Los científicos han descubierto, cual es la psicología del temor, dicen que el temor es la madre de las emociones. La nota lee: "*El estado psicológico del miedo, nos afecta biológicamente,"* dice Carole Lieberman, Psiquiatra de los Ángeles. Sabemos que el temor o miedo (ausencia de la fe) es una de las armas de Satanás y de sus agentes los Heteos. En la Concordacia Hebrea de Strong, encontramos el significado a palabras hebreas que encontramos en la Biblia, tales como *'yare'* (Salmos 33:8; 86:11; Jeremías 5:22; Eclesiastés 12:13) como *'yir'ah'* (Proverbios 1:7; 9:10; Salmo 2:11; 19:9; 34:11), y *'pachad'* (Job 23:15), las cuales en realidad significan temor, miedo, temor reverencial, asustar o atemorizar. El temor o miedo es la enfermedad del alma que se manifiesta en el cuerpo a través de ataques de pánico. De manera que el "temor negativo o destructivo" nos hace caminar en esclavitud y enferma nuestro sistema biológico. Job 31:34 cita: *"Porque tuve temor de la gran multitud, y el menosprecio de las familias me atemorizó, y callé, y no salí de mi puerta."* El temor puede hacer que una persona sea incapaz de enfrentar una situación. David, sintió temor y buscó ayuda en el Señor: *"Busqué a Jehová y él me oyó, y me libró de todos mis temores"* (Salmo 34:4). Podemos ver que el temor o miedo paraliza, es como si te hipnotizaran, es por eso que una Sociedad bajo temor se somete a su opresor. Solo debemos temer al nuestro Dios, y el temor de Él protege. Proverbios 1:7, señala que el *"El principio de la sabiduria es el temor de Jehová; los insensatos desprecian la sabiduria y la enseñanza."*

Miremos el ejemplo de dos parteras que a pesar de no pertenecer al pueblo de Israel, **temían a Dios**. Aparentemente tenían algún conocimiento de Él, por lo que no obedecieron al Faraón, el cual intentaba hacer lo malo al pueblo de Israel. Faraón quería que las parteras mataran a los niños hebreos y preservaran la vida de las niñas. Estas parteras no lo hicieron, arriesgando sus vidas, y enfrentando al decreto del Faraón (Éxodo 1:15-20). A veces no actuamos correctamente, y no tomamos decisiones correctas por temor a ofender o herir a otra persona. Otro ejemplo lo encontramos en el Libro de Daniel, cuando el rey Nabucodonosor, quien hizo una estatua de oro, y decretó que todos se postraran y la adoraran, pero Sadrac, Mesac y Abed Nego, tres judíos devotos determinaron que de ninguna manera iban a adorar al ídolo, e incondicionalmente obedecieron a su Dios, y ésto provocó que los arrojaran a un horno de fuego, el cual había sido calentado siete veces más que lo acostumbrado. Estos tres varones caminaban atados dentro del horno de fuego, y no estaban solos sino con alguien cuya forma era "como la de un hijo de los dioses" (Daniel 3:25). Inmediatamente que el rey miró y los vió desatados, ordenó que los sacaran del horno de fuego. Dios los protegió dentro del horno de fuego y no sufrieron daño. Daniel 3:28 dice: *"Entregaron sus cuerpos antes que servir y adorar a otro dios que su Dios."* Esto sucedió a causa del temor reverente que estos jóvenes sentían y manifestaban por su Dios. En Isaías 43:2 vemos como se cumplió está promesa: *"Cuando pases por las aguas, yo estaré contigo; y si por los ríos, no te anegarán, cuando pases por el fuego, no te quemarás, ni la llama arderá en ti."* Aquí comprobamos que Dios honra a quienes le honran. Hebreros 10:31 cita: "¡Horrenda cosa es caer en manos de un Dios vivo! Y Eclesiastés 12:13 cita: "El fin de todo discurso oído es este: Teme a Dios, y guarda sus mandamientos, porque esto es el todo del hombre." El Apóstol Juan dijo que en el amor no hay temor, sino que el perfecto amor echa fuera el temor; porque el temor lleva en sí castigo. De donde el que teme, no ha sido perfeccionado en el amor (1 Juan 4:18).

La ansiedad surge del miedo y es una emoción que nos surge de forma automática en situaciones de amenaza o peligro, para prepararnos a luchar o huir; por lo tanto, es importante que entiendas y aprendas a manejar tu ansiedad. Es un estado mental perturbador producido por temores reales o imaginarios. Según WordReference.com, es un estado emocional en el cual una persona siente agitación o inquietud del ánimo. Estado en que se experimenta una sensación de angustia y desesperación permanente, por causas no conocidas a nivel consciente. Es un desorden interior, un vació existencial que surge cuando buscamos fuera de nosotros en lugar de buscar dentro de nosotros. Se considera que es una respuesta normal, ante situaciones estresantes o inciertas. La ansiedad descontrolada o persistente durante un período de seis meses o más es calificada como trastorno de ansiedad (psicopedagogía.com/definicion/ansiedad).

Un trastorno de ansiedad es una amenaza, algo que en realidad no lo es, miedo por algo que no se puede especificar (MedlinePlus Enciclopedia Medica). Veamos esta condición a la luz de la Biblia. Pablo sintió ansiedad y decía: "*Y además de otras cosas, lo que sobre mí se agolpa cada día, la preocupación* (ansiedad) *por todas las iglesias*" (2 Corintios 11:28). El sabía por su experiencia y exhortaba al pueblo: "Por nada estéis estéis afanosos, sino sean conocida vuestras peticiones delante del Dios y Padre en toda oración y ruego, con acción de gracias" (Filipenses 4:6). Pedro nos dice: "Echad toda vuestra ansiedad sobre él, porque él tiene cuidado de vosotros." Jesucristo nos dejó una advertencia para que pudieramos estar preparados cuando enfrentaramos afán y ansiedad. Él enseñaba a sus discípulos en el Sermón del Monte y les decía: "Por tanto os digo: No os afanéis por vuestra vida, qué habéis de comer o qué habéis de beber; ni por vuestro cuerpo, qué habéis de vestir. ¿No es la vida más que el alimento, y el cuerpo más que el vestido? La mejor ilustración la vemos cuando Jesús visitó a Marta y a María, y dijo a una de ellas: "*Marta, Marta, afanada y turbada estás con muchas cosas*" (Lucas 10:38-42). "*Afán*" de la palabra griega '*merimna*' significa estar ansioso acerca de algo, tener un cuidado que perturba, tener congoja, preocuparse (Concordancia Griego de Strong 3308). Otras versiones traducen el término '*afán*' como: inquietud, aflicción, angustia, ansiedad, preocupación. Entonces, la ansiedad tiene que ver con asuntos o cosas que todavía no han pasado, pero pensamos que pueden pasar.

- **Tristeza** - es una emoción básica la cual cumple con una situación determinada, relacionada con la perdida de alquien o de algo que considerábamos importante: una ilusión, una expectativa, un vínculo, soledad., fracaso, etc. Es un sentimiento que cuando se prolonga te puede llevar a la depresión cuando te hundes en ella y no la expresas. El Diccionario Farlex define la tristeza como un sentimiento de melancolía que provoca falta de ánimo y de alegría e ilusión por las cosas, y que se manifiesta a veces con tendencia al llanto. La Palabra dice que *el corazón alegre beneficia al cuerpo, pero el espíritu angustiado seca los huesos* (Proverbios 17:22); "¿Está alguno entre vosotros afligido (triste) haga oración. ¿Está alguno alegre? Cante alabanzas" (Santiago 5:13).

- **Ira** - Del hebreo "*chemah*": enojo, furor, calor, cólera (Concordancia Hebrea Strong, # 2534). El diccionario Webster, define la ira como "emoción excesiva, pasión incitada por un sentido de daño o injusticia'; este daño puede ser hacia nosotros o hacia otra persona. Es una emoción humana normal, reacción involuntaria ante un suceso o una situación desagradable, y se expresa a través de resentimiento o irritabilidad. Se caracteriza por un aumento del ritmo cardíaco, de la presión sanguínea y de los niveles de adrenalina y noradrenalina, también suele aparecer sudor, enrojecimiento, aumento de la tensión muscular, aceleración de la respiración, aumento de la energía y de la gesticulación La ira sólo destruye y causa dolor, ya que la constante sensación de enojo puede tener muchas repercusiones negativas. No sólo destruye el bienestar de los individuos, sino que también tiene efectos sobre las relaciones, la vida profesional, la posición social. la salud, y en casos extremos hasta la muerte. Una persona iracunda puede llegar a cometer actos que luego le traerán conflictos. Si sigue permitiendo que la ira se apodere de él, ésta le va a causar daño. Proverbios 29:11 y 21:23 cita: *"El necio da rienda suelta a toda su ira; mas el sabio sosiega"; "El que guarda su boca y su lengua, su alma guarda de angustias."* Salomón, afirmó que las palabras dicha bajo la ira "penetran hasta las entrañas" (Proverbios 26:22). La ira puede ir acompañada de cambios psicológicos como fisiológicos, porque aumenta la presión sanguínea, la producción de ciertas hormonas y la respiración, por lo que es fundamental aprender a controlarla. La ira es una de las obras de la carne, que surge como una emoción negativa y destructiva. (Efesios

2:14,16). No olvidemos que le costó a Moisés la entrada a la Tierra Prometida. La ira de Moisés se encendió al ver la infidelidad y la idolatría de su pueblo (Éxodo 32:19). La ira se vuelve pecado cuando se le permite desbordarse sin control. La comunicación es un arte que no todos saben utilizar, por ejemplo una voz cargada de ira y desprecio va a ser rechazada y no logrará una comunicación positiva. *"**Deja la ira y desecha el enojo; no te excites en manera alguna a hacer lo malo**"* (Salmo 37:8). Sin embargo, se vuelve peligrosa cuando nuestra respuesta ante ella es inadecuada; cuando perdemos el control y descargamos la ira libremente. Y si la guardamos, nos volvemos amargados, resentidos y hostiles. Por lo tanto, debemos tomar acción y buscar ayuda. Según Proverbios 14:30, el que controla su ira trae sanidad a su corazón. *"**La cordura del hombre detiene su furor, y su honra es pasar por alto la ofensa**"* (Proverbios 19:11). Y Proverbios 15:1, dice que la palabra suave quita la ira, pero la palabra áspera incita al furor. Todo tiene que ver con el dominio propio, tomar control de las emociones y aprender a manejarlas:

Billy Graham citó: "La Biblia no prohíbe el enojo; pero establece dos límites: El primero es que debemos mantener la ira libre de amargura, desprecio u odio y el segundo es la verificación diaria de si hemos resuelto nuestros sentimientos maliciosos. Por supuesto, la vida contiene muchos motivos de irritación, que se convierten en magníficas oportunidades para que Satanás nos conduzca a las malas pasiones."

Es muy importante aprender a controlar la ira, porque será de beneficio a nuestra salud, ya que la persona víctima de la ira se deteriora. La persona airada está fuera de control y el resultado será explosiones de cólera y un lenguaje ofensivo. La ira produce amargura, resentimientos y hostilidad (deseo de ajustar las cuentas). Proverbios 29:11 cita: *"**El necio da rienda suelta a toda su ira; mas el sabio al fin la sosiega**"*; y Proverbios 29:22 cita: "El hombre iracundo levanta contiendas, y el furioso muchas veces peca." En Efesios 4:26, Pablo nos exhorta: *"**Airaos, pero no pequéis.**"* "Lo que empieza en cólera acaba en vergüenza. (Benjamin Franklin).

- **Alegría** - es una emoción relacionada con la felicidad y nos ayuda a estar sanos. Varios estudios han indicado que la alegría tiene múltiples beneficios para nuestra salud, a nivel hormonal cuando nos sentimos alegres generamos un neurotransmisor llamado serotonina, el cual atenúa entre otras cosas nuestro estrés y nuestra ansiedad. Al reír generamos endorfinas en el cerebro, con efectos positivos en nuestro organismo. O sea que reírse puede reducir la producción de la hormona del estrés, cortisol, y disminuir la tensión, además, baja el nivel de azúcar en la sangre, promueve el flujo de sangre y estimula el sistema inmunológico. Bajo estados emocionales alegres somos más creativos, más propensos a la interacción con los demás, más serviciales. Además, **la alegría aumenta nuestras defensas**, se puede decir que una persona alegre es más saludable (Enciclopedia Libre Wikipedia). La palabra *"agelástico"* significa *'sin risa'* y se deriva del griego *'gelos'* (risa). Mark Twain, periodista y escritor estadounidense, (1835-1910) dijo: *"La raza humana tiene un arma verdaderamente eficaz: la risa"*; Lord George Byron (1788-1824) dijo: *"Ríete siempre que puedas. Es una medicina barata"*; Niels Bohr, (1885-1962) citó: *"Hay cosas tan serias que uno tiene que reírse de ellas"*. Concluimos pues, que reír puede ser beneficioso para la salud mental, física y emocional. Medicamente está comprobado que reir no es solo una actitud mental sana sino un ejercicio que puede beneficiar a todo el organismo humano. Reírse ayuda a curar la angustia, la depresión, y el estrés (relaja los músculos tensos), porque disminuye la producción de hormonas que causan el estrés, regula la presión arterial de la sangre y el pulso cardíaco. Además nos ayuda a sentirnos mejor, porque limpia y ventila los pulmones, mejora la oxigenación del cerebro, ayuda a trabajar al aparato digestivo, y regula el intestino. Así pues la "Risa" es la mejor medicina. Proverbios 17:22 declara: *"El corazón alegre es buena medicina, pero el espíritu quebrantado seca los huesos."*

Entendamos pues, que una emoción es algo que nos impacta en el momento, y por lo general dura poco tiempo, pero un sentimiento es una emoción que se ha fortalecido e intensificado con el paso del tiempo, y ha creado una raíz muy profunda en el alma, que puede ser de aceptación o de rechazo, y ésta se puede convertir en una raíz de amargura si no tomamos control. Las emociones que están fuera de control no solo nos afectan, sino que afectan a otras personas que nos rodean. Ahora, en Cristo, somos espíritus vivificados, porque hemos nacido de nuevo, hemos sido reegendrados en Su naturaleza divina, y Su AND, esa semilla fue depositada en nuestro espíritu; comenzará a crecer, y seremos transformados a su imagen hasta llegar a la estatura del varón perfecto que es Cristo en nosotros, para que vístamos de acuerdo al hombre espiritual, a la imagen del nuevo hombre, el cual **se renueva mediante el conocimiento**, y ésto solo se logra a través del Espíritu Santo (Colosenses 3:10). La evidencia de que la mente está siendo renovada es cuando comprendes que el mundo material es gobernado por el mundo espiritual, y comienzas a tomar control de las emociones y pensamientos, entonces comienza la manifestación de los frutos del Espíritu y comenzará a manifestarse en ti la vida en el Espíritu. Los frutos del Espíritu son en realidad lo opuesto a los frutos de la carne. Y Pablo afirma: *"Mas el fruto de Espíritu es amor, gozo, paz, paciencia, benignidad, bondad, fe, mansedumbre y templanza; contra tales cosas no hay ley"* (Gálatas 5:22-23). Y señala que la ley entera se cumple en un solo mandamiento: *"Amarás a tu prójimo como a ti mismo."* Y también añadió: *"Los que son guiados por el Espíritu, no están bajo la ley"* (Gálatas 5:14;18). El primer fruto del Espíritu es el amor. La palabra *"amor"* es la traducción de la palabra griega *'Agape'* que significa *afecto* o *benevolencia*, según el diccionario bíblico Strong se trata de una actitud sincera que busca el bienestar del prójimo por encima de los intereses personales. Pablo nos exhorta a que seamos renovados en el espíritu de nuestra mente y revestidos del nuevo hombre, mediante el conocimiento, conforme a la imagen del que nos creó en la justicia y en la santidad de la verdad (Colosenses 3:10; Efesios 4:22-24). El Espíritu Santo comienza su obra transformadora en nuestra vida desde el momento que nos convertimos a Cristo, y nacemos de nuevo. Nosotros debemos someter nuestra alma al Espíritu Santo cada día y permitir que Su fruto fluya en nosotros. La presencia del Espíritu Santo en nuestra vida se hace evidente cuando llevamos frutos.

La Palabra nos enseña que por los frutos seremos conocidos (Mateo 7:19; Lucas 13:7-9; Mateo 3:10). 2 Corintios 3:18 cita: "Mas, nosotros todos a cara descubierta mirando y reflejando como un espejo la gloria del Señor, **somos transformados** de gloria en gloria en la misma imagen, como por el Espíritu del Señor." Porque el fruto del Espíritu consiste en toda bondad, justicia y verdad (Efesios 5:9). Charles Spurgeon habló sobre el poder del Espíritu Santo, y citó que la Biblia expone el poder del Espíritu Santo en sus manifestaciones externas y visibles: como en la creación, en la resurrección de Jesucristo, en las obras de testimonio, cuando Jesucristo fue bautizado en el río Jordán, y descendió sobre Él en forma de paloma y lo proclamó el Hijo Amado de Dios, en Pentecostés, en todas y cada una de las manifestaciones de milagros que Jesús realizó, y luego a través de los discípulos (Sermón predicado el 17 de junio del 1855). El poder del Espíritu Santo, es suficiente para que ocurra una transformación en nuestra vida. Según el Diccionario español, la palabra "*transformación*" significa, '**Dar otra forma o aspecto a algo o alguien, cambiarlo**'. En el griego la palabra transformación es "*metamorphosis*", es un cambio en las funciones y género de vida (ya no vivo yo, vive Cristo en mí). Si en Cristo, ya fuimos regenerados, sólo nos falta la transformación, la cual comienza dentro de nosotros y se manifiesta afuera. Lo sabemos, pero para lograrlo, hay que pagar un alto precio. Veamos la siguiente ilustración:

"Dos orugas adultas van caminando y enfrente de ellas pasa revoloteando una hermosa mariposa; una de las orugas al verla, exclama: ¡Que hermosas alas tiene! A mí, me gustaría ser como ella, me gustaría volar. Y la otra oruga le responde: − Si hubieras nacido para volar, tendrías alas, y la primera contesta: − Es que algo en mi interior me dice que puedo hacerlo, que puedo volar. Así emprendió su viaje en dirección al sol. A la orilla del camino se encontraba un saltamontes. − ¿A dónde vas? le preguntó la oruga, sin dejar de arrastrarse. Contestó: − Tuve un sueño. Pues soñé que contemplaba todo el valle desde la cumbre de la gran montaña. Tanto me gustó lo que vi en el sueño que he decidido hacerlo realidad. Mientras la oruga se alejaba, el saltamontes, sorprendido, se burló de ella: − ¡Estás loca!

¿Cómo vas tú a llegar hasta allá? Para ti, que eres un simple gusano, una piedra es como una montaña, un pequeño charco, como un mar, y cualquier tronco, como una gigantesca muralla. La oruga oyó sus reproches, sin dejar un solo momento de seguir arrastrando su diminuto cuerpo. De pronto oyó la voz de un escarabajo: – ¿A dónde vas con tanto empeño? Bañada en sudor y jadeando, la oruga le dijo que había tenido un sueño en el que contemplaba todo el mundo desde la cumbre de la gran montaña, y que iba a escalarla para que ese sueño se hiciera realidad. El escarabajo soltó la carcajada y dijo: – Ni yo, con estas patas tan grandes que tengo, intentaría realizar algo tan ambicioso. Del mismo modo, a medida que la determinada oruga avanzaba centímetro por centímetro, la araña, el topo y la rana le aconsejaron que desistiera en su empeño. – ¡Ni en el jamás de los jamases podrás lograrlo! – le advirtieron. Pero en lo más recóndito de su ser había un impulso que la obligaba a seguir adelante. Agotada, decidió detenerse a descansar. Y con las pocas fuerzas que le quedaban, construyó un lugar donde pasar la noche. – "Aquí estaré mejor", dijo. Pero, durante la noche, murió. Todos los animales del valle fueron a ver sus restos. ¡Ahí yacía, impasible en el refugio que era su concha, la criatura más loca de la creación! Había construido como su tumba, un monumento a la insentatez, digno de quien muere por una ilusión. Una mañana de sol resplandeciente, los animales volvieron a congregarse en torno a aquello que se había convertido en una advertencia para los atrevidos. De pronto quedaron atónitos. La concha dura comenzó a quebrarse, y vieron unos ojos y unas antenas que no podían ser las de la oruga que creían muerta. Poco a poco, como para darles tiempo de salir de su asombro, fueron saliendo las hermosas alas de mariposa, de la impresionante criatura que tenían enfrente de ellos, la que realizaría su sueño, el sueño por el que había vivido, por el que había muerto y por el que había vuelto a vivir."

Nuestro proceso de transformación, al igual que el de la oruga inicia de adentro hacia afuera, y hay un alto precio que pagar, morir. En nuestro caso es morir a la carne para comenzar a vivir en el porque aunque andamos en la carne, no militamos según la carne (2 Corintios 10:3). No podemos olvidar que fuimos creados para parecernos a nuestro Creador. ¿Acaso, un hijo no se parece a su padre? Efesios 4:22-24 nos exhorta: *"En cuanto a la pasada manera de vivir, despojaos del viejo hombre, que está corrompido por los deseos engañosos, renovaos en el espíritu de vuestra mente, y vestíos del nuevo hombre, creado según Dios en la justicia y santidad de la verdad."* Cita Romanos 8:29, que *"a los que antes conoció, también los predestinó para que fueran hechos conformes a la imagen de su Hijo, para que Él sea el primogénito entre mucho hermanos."* La versión NVI parafrasea: *"También los predestinó a ser transformados según la imagen de su Hijo."* Porque Su propósito eterno es llevarnos al estado original que disfrutaba el hombre antes de su caída. Pablo lo expone así: *"Estando persuadido de esto, que el que comenzó en vosotros la buena obra, la perfeccionará hasta el día de Jesucristo"* (Filipenses 1:6). "...llevarnos a ser un hombre *perfecto*, a la medida de la estatura de la plenitud de Cristo" (Efesios 4:13).

Domino propio o templanza fue lo que Eva no ejerció cuando cayó en la tentación que le presentó el maligno. El término **"templanza"** del griego 'enkrateia', viene de la raíz griega 'krat' que significa tener poder o señorío de uno mismo o sobre las cosas o transmite la idea de uno que tiene el dominio de sí mismo de forma habitual y sabe gobernar el yo. Ser dueño de sí mismo significa ejercer control sobre sí mismo, contenerse, y tener control de tus emociones. **Domino propio** lo ejercen solo personas que han aprendido disciplina. Ésta es la capacidad de las personas, para poner en práctica una serie de principios relativos al ordén y la constancia. El dominio propio es un fruto del Espíritu, el cual debemos cultivar; y lo lograremos cuando reconozcamos que en nuestro hombre natural somos incapaces de lograrlo; pero cuando sometemos nuestra carne al Espíritu Santo y permitimos que Él a través de nosotros lo haga, entonces lo podremos lograr, y para eso necesitamos **disciplina**, la cual es tan necesaria para poder cumplir con el mandato que Dios le entregó al hombre en el **"huerto"** y Cristo a la Iglesia. Es desaprender lo que hemos aprendido y comenzar aprender lo que Él nos quiere enseñar. Solo a tráves del conocimiento adquirimos dominio propio. Yo estoy aprendiendo a controlar mis emociones, ahí voy, prosigo al blanco.

Recuerda que las emociones forman parte de los procesos afectivos de la mente, del cual también forman parte los sentimientos. Veamos este ejemplo de Pablo, en la Versión Peshitta: "No saben que los que corren en un estadio, todos ellos corren, *pero solo uno se lleva el premio*. Corran, pues, de modo tal que lo obtengan, *porque todo el que practica la disciplina, controla su mente en todo*. Ellos corren para llevarse una corona corruptible (se echa a perder), pero nosotros una incorruptible (que no perece). Así que, yo de esta manera corro, no como por algo incierto (sin meta); y de este modo peleo, no como quien golpea al aire, sino que someto y sujeto mi carne, no sea que habiendo predicado a otros, yo mismo llegue a ser desechado" (1 Corintios 9:24-27). La disciplina sea que nos la impongamos nosotros, o venga de parte de Dios siempre traerá frutos. Pablo señala: "*Ciertamente, ninguna disciplina, en el momento de recibirla, parece agradable, sino más bien penosa; sin embargo, después produce una cosecha de justicia y de paz para quienes han sido entrenados por ella*" (Hebreos 12:11, NVI).

Pedro en su primera epístola cita que Cristo nos a hecho renacer para una esperanza viva, y que tenemos una herencia **incorruptible**, **incontaminada** e **inmarcesible** reservada en el cielo para nosotros. Y que nos han sido dadas preciosas y grandísimas promesas para que por ellas **lleguemos a ser participes de la naturaleza divina de Cristo** (1 Pedro 1:3-4). Nuestro Padre ya ha preparado las obras que tiene para nosotros, y lo hizo con el propósito de que caminemos en ellas (Efesios 2:10). Nos han sido concedidas todas las cosas que pertenecen a la vida y a la piedad, quiere decir que nos ha sido dado todo lo que necesitamos para la vida espiritual y una conducta santa (1 Pedro 1:18-19). Nos recuerda que Cristo nos ha redimido de nuestra vana manera de vivir, y debemos abstenerse de los deseos carnales (1 Pedro 2:11). Nos exhorta a huir de la corrupción que hay en el mundo a causa de la concupiscencia; poniendo diligencia por esto mismo, debemos añadir a nuestra **fe** virtud; a la **virtud**, conocimiento; al *conocimiento*, dominio propio; al *dominio propio*, paciencia; a la *paciencia*, piedad; a la *piedad*, afecto fraternal; y al *afecto fraternal, amor*". Si estas cosas están en nosotros, y abundan **no nos dejarán estar ociosos ni sin fruto** en cuanto al conocimiento de nuestro Señor Jesucristo, **y no caeremos jamás** (2 Pedro 1:5-8;10). El dominio propio nos hará crecer y dar frutos. Por ejemplo, el sueño es deseo normal del cuerpo pero en esto también debe haber dominio propio: "Perezoso, ¿hasta cuándo has de dormir? ¿Cuándo te levantarás de tu sueño? Un poco de sueño, un poco de dormitar, y cruzar por un poco las manos para reposo; así vendrá tu necesidad como caminante, y tu pobreza como hombre armado." "El alma del perezoso, desea y nada alcanza; mas el alma del diligente será prosperada" (Proverbios 6:9-11;13:4 LBLA).

ADN: "La molécula de la vida"

El ácido desoxorribonucleico o ADN (molécula que contiene la información de la vida) se ha convertido en un campo emocionante en estos días; éste es una parte fundamental del cuerpo humano y confirma la evidencia de un Creador. Pasará a la Historia como uno de los grandes avances del siglo XX. Su importancia radica en la secuencia en la cual se encuentran contenidas 23 pares de cromosomas, denominadas el "**genoma humano**". ¿Dónde se encuentra el ADN en el cuerpo humano? El ADN, se encuentra en todas y cada una de las células del ser vivo, en su núcleo y forma parte integral de los cromosomas. Es "**la molécula de la *vida***" que contiene la información hereditaria a través de la cual se transmiten las características de cada ser vivo de una generación a otra. Cada ser humano tiene una secuencia de ADN. Si comparamos las secuencias de dos personas comprobaremos que son casi iguales, pero siempre habrá una pequeña diferencia que nos hace ser únicos e irrepetibles. Según la ciencia genética el ADN son párrafos y palabras de escritos difíciles de entender, pero que se resumen a textos compuestos por cuatro elementos químicos (bases nitrogenadas) denominados adenina, timina, citosina, guanina (AT/CG), las cuales conforman la estructura del ADN, aquí está el misterio de lo que somos. Estos cuatro elementos forman párrafos y textos de libros infinitos que describen donde se almacena y se transmite la información biológica a la descendencia.

A finales del siglo XIX, el primero en observar el ADN fue el bioquímico suizo, Frederich Miescher, sin embargo, pasó casi un siglo desde ese descubrimiento, hasta que los investigadores entendieron la estructura de la molécula de ADN, y se dieron cuenta de su importancia fundamental para la biología. Todavía en la década de 1950, la estructura del ADN seguía siendo un misterio. La importancia del ADN se aclaró en 1953 gracias a la labor del biólogo estadounidense James Watson, y el físico británico Francis Crick, ellos propusieron su famoso modelo de la doble hélice del ADN. Linus Pauling, luego descubrió la estructura secundaria de las proteínas. Algunas de sus pistas más importantes sobre la estructura del ADN fueron producto del trabajo de Rosalind Franklin, química que trabaja en el laboratorio del físico Maurice Wilkins, informacion (es.khanacademy.org/science/biology/dna-asthe...www.genome.gov).

Stephen C. Meyer, director del Centro para la Ciencia y Cultura, en el Discovery Institute, formuló la hipótesis del Diseño Inteligente (DI). Es autor del libro: *"Signature in the Cell"* [Firma en la Célula], donde una de las líneas clave que él expone es la existencia de una clave en el ADN (una firma) que denota inteligencia y que está presente en las células y en todos los componentes orgánicos y que presuntamente es *preexistente a la vida misma*. A los pocos meses de la aparición de su libro, Meyer fue objeto de críticas de la comunidad científica ortodoxa, en una persecución sin precedentes que recientemente ha culminado en un reconocimiento de su labor con un sencillo: ¡Meyer tenía razón! Su teoría derroga la teoría de Charles Darwin, sobre la evolución (Fuente de información, "El ADN es preexistente a la vida"). Pero, son tres las teorías que están en pugna: la Creación, la Evolución y el Diseño Inteligente, más para nosotros los que creemos en un Ser Todopoderoso, el cual nos creó a Su imagen y semejanza; sabemos que simplemente, Dios está revelando datos muy importantes, como por ejemplo: **"que su diseño es perfecto y viene de un ser perfecto e inteligente"**; es muy parecido a lo que expone Meyer en su teoría del Diseño Inteligente: **"Dios existe y es el diseñador inteligente del mundo."** Yo no soy científica, pero todo lo que demuestre la grandeza y el poder de mi Creador, me apasiona. Simplemente, podemos ver que la teoría de Meyer demuestra lo increíble, que es el ADN y revela a un Ser inteligente detrás de toda existencia de vida. Es la semilla de Dios en nosotros: *"Todo aquel que es nacido de Dios, no practica el pecado, porque la simiente* (la semilla) *de Dios permanece en él; y no puede pecar porque es nacido de Dios"* (1 Juan 3:9). El diccionario señala que *"Simiente"* es igual a **Semilla**, la que es igual a

Semen (contiene los espermatozoides, lo que es igual a la **Esperma**) lo que es igual al ADN. Es tan maravilloso y perfecto todo lo que Dios creó, que el sexo biológico no puede ser elegido, es determinado en la concepción por nuestro ADN, sellado perfectamente, dentro de cada célula de nuestro cuerpo, porque nuestro Creador no se equivoca.

La sexualidad humana es binaria, dos elemento: femenino y masculino, porque Dios creó a los seres humano **varón** y **hembra**, indicando las diferencias de género como parte del orden creado. Según Maurice Merleau Ponty, (Filósofo, 1975), *"Hablar de sexualidad humana es hablar de la esencia misma del ser humano."* **Nuestro género lo determinó nuestro Creador.** Deuteronomio 32:6 señala: *¿No es Él tu Padre que te creó? Él te hizo y te estableció."* De acuerdo a los científicos, el ADN es la evidencia más grande e importante de Diseño Inteligente que existe en el Universo. En los últimos años, varios científicos y filósofos han declarado que Dios existe y que la Biblia debe ser tomada en serio. Dicen que en la mayoría de las células, el ADN se encuentra en el núcleo y contiene información codificada, **como si fuera un libro**; por lo que se puede decir que las células son **enormes bibliotecas**, porque en el *genoma humano* está codificada la totalidad de la información genética que posee un organismo.

- **Bernd-Olaf Küppers**, científico alemán declaró: *"Podría llenar una biblioteca con miles, y miles de libros."* Casi todas las células tienen ADN, moléculas muy complejas que se asemejan a una extensa escalera de caracol. Dice Küppers que el código del ADN usa un *"lenguaje genético molecular"* que como todo idioma, tiene su propia sintaxis, es decir, el ADN sigue sus propias 'reglas gramaticales.'

- **El Dr. Francis S. Collins**, genetista norteamericano, dirigió el Proyecto Genoma Humano desde 1999 hasta 2008. Él confiesa en su libro, "El lenguaje de Dios," que hay bases racionales para un Creador y que los descubrimientos científicos llevan al hombre más cerca de Dios (*The Language of God* [El lenguaje de Dios], p. 198). Señaló: *"que había algo escrito en nuestros corazones que está* *universalmente en la especie humana, haciéndonos diferentes a las otras especies y llamándonos al bien y la santidad, señalándonos, como si de un cartel se tratara, hacia algo más allá de nosotros que es mucho más bueno y mucho más santo de lo que podemos imaginar.*" Así Collins se une a una línea de científicos cuyos descubrimientos han contribuido a reafirmar su fe en Dios. Es fundador de la "*BioLogos Foundation*", de la que forman parte un equipo de científicos que creen en Dios y se han comprometido a promover una perspectiva de los orígenes de la vida, que es a la vez teológica y científicamente sólida (origenydestinowordpress.com).

- **John Polkinghorne**, matemático, físico y teólogo de la Universidad de Cambridge (ya jubilado), citó: "*En este momento, el mundo biológico, particularmente aquellos miembros que trabajan con moléculas más que con organismos, demuestra una notable hostilidad hacia la religión, al menos en escritos ofrecidos al público educado en general*" (*Belief in God in an Age of Science* [La creencia en Dios en la era de la ciencia] 1998.

- **Walter Bradley**, antiguo profesor de ingeniería mecánica en la Universidad de Texas A&M: "*Cada célula en el cuerpo humano contiene más información que los treinta volúmenes juntos* de la *Enciclopedia Británica*" (citado por Lee Strobel, [*El caso de la fe*, 2001, p. 127). ¿Cuál es la probabilidad de que todo esto, de alguna manera, en alguna parte, haya surgido a la vida por casualidad, a partir de algo no viviente? El Dr. Bradley observa: "Es definitivamente razonable llegar a la conclusión de que esto no es producto de la casualidad de una naturaleza sin guía, sino que es la indiscutible señal de un *Diseñador Inteligente*" (ídem). La complejidad de la célula humana cambió la forma de pensar del profesor de filosofía británico Antony Flew, quien ha sido considerado como uno de los ateos más conocidos del mundo. En un Simposio en Nueva York, en mayo de 2004, él sorprendió a todos al decir que había concluido que Dios sí existe. Él escribió: "*Para sorpresa de todos los interesados, anuncié al comenzar que ahora* *aceptaba la existencia de un Dios"* (*There Is a God* [Hay un Dios], 2007, p. 74).

- **Steven Meyer**, quien posee un doctorado en filosofía científica de la Universidad de Cambridge (en su tesis se refirió a la interpretación de la investigación del origen de la vida), comentó: *"Pienso que una sonrisa irónica puede dibujarse en los labios de Dios, al ver que en los últimos pocos años, toda clase de evidencia para comprobar la confiabilidad de la Biblia, la creación del universo, y de la vida a través de su mano han salido a la luz"* (citado por Lee Strobel en su libro, *El caso del Creador* 2005, p. 111). La asombrosa complejidad del código de ADN fue la razón principal que llevó a Sir Anthony Flew, el fallecido filósofo de fama mundial que en un momento fuera el líder de los ateos en Inglaterra, a renunciar a su ateísmo hace algunos años y a aceptar la existencia de una *"inteligencia divina"* detrás de todo lo que existe.

- **Ronald Eldon Wyatt** (1933-1999), fue un arqueólogo autodidacta y sin ningún entrenamiento formal en la disciplina, sin embargo demandó haber encontrado muchos sitios y artefactos bíblicos significativos. Algunos de ellos son: ubicación del Arca de Noé, las Anclas del Arca de Noé, los restos de Sodoma y Gomorra, la Torre de Babel, el Cruce del Mar Rojo de Israel, el Monte Sinaí, la Roca de Horeb. Pero el hallazgo más significativo e importante descubierto en el 1978, fue cuando decidió visitar algunos lugares de interés cerca de la puerta de Damasco, en Jerusalén. Caminando a lo largo de una antigua cantera de piedra, conocida por algunos como "La Colina de la Calavera." Ron descubrió un sitio que era utilizado como depósito de basura y dijo, *"Ahí esta la Gruta de Jeremías y el Arca del Pacto está ahí adentro."* Aunque estas palabras habían salido de su boca y su propia mano lo había señalado, no lo había dicho ni hecho conscientemente. Ron sabía que esto era un acontecimiento sobrenatural, pero él también sabía que no todos los acontecimientos sobrenaturales provienen de Dios (Apocalipsis

16:14). Él y sus hijos comenzaron cavando en la llanura recta, en la base de una cara del acantilado, conocida por muchos como el "Golgota".

En los años 1800, el General Gordon reconoció que el sitio correspondía con la descripción bíblica de El Calvario, el sitio de la crucifixión de Cristo. Así fue el descubrimiento de las muestras de la sangre de Jesucristo que estaba allí derramadas sobre el Arca del Pacto, en excelentes condiciones pese a milenios. Según la información del ADN, las células humanas normalmente tienen 46 cromosomas. Éstos son realmente 23 pares de cromosomas homólogos. En cada par de cromosomas, uno es de la madre y el otro del padre. Por lo que, 23 cromosomas provienen de la madre y los otros 23 provienen del padre. En cada juego de 23 cromosomas, 22 autosomal y uno es el que determina el sexo. El cromosoma que determina el sexo es el cromosoma X o el cromosoma Y. Las mujeres tienen cromosomas XX, y solamente pueden contribuir con un cromosoma X a su descendiente, mientras que los varones tienen cromosomas XY, lo que les permite contribuir con un cromosoma X o uno Y. Si contribuyen con un X, el resultado será una niña, mientras que si contribuyen permite contribuir con un cromosoma X o uno Y. Si contribuyen con un X, el resultado será una niña, mientras que si contribuyen con un Y, el resultado será un varón. Lo más fascinante que se encontró en esta sangre, es que en lugar de tener 46 cromosomas, solamente tiene 24. Había 22 cromosomas autosomal, un cromosoma X, y un cromosoma Y. Ésto evidencía que la persona a quien esta sangre perteneció tuvo una madre humana pero no tuvo un padre humano, porque carece del número normal de cromosomas paternos. Entonces podríamos decir que el ADN es nuesto disco duro. Sus descubrimientos o teorías han sido generalmente rechazadas por la comunidad científica.

"Donde el miedo está presente, la sabiduría no puede estar."

Lactantius Placidus (c. 350 – c. 400)

Capítulo 2

Cómo vencer el miedo

Como hemos mencionado anteriormente, miedo o temor es una respuesta natural ante el peligro. Se puede relacionar con algo que sucedió, algo que está sucediendo o que podría suceder. Podría ser un miedo infundado por algo que no es real, que no existe. Tiene sus raíces en la niñez y es una de las primeras emociones que experimentamos en esa etapa de nuestra vida. Desde el instante en que Adán y Eva pecaron sintieron miedo, vino un desorden interior, un vacío, porque habían desobedecido a Dios. Adán respondió al llamado de Dios: "*Oí tu voz en el huerto, y tuve miedo ...*" (Génesis 3:10). Encontramos más de 360 veces en la Biblia la expresión: "**No temas**" o "**No tengas temor,**" porque el temor es un enemigo que nos roba la paz, la fe y la libertad, el cual nos impide avanzar, o sea es una trampa del maligno. Satanás introdujo el miedo en la forma de una mentira; desde entonces el hombre tiene miedo y se esconde de Dios. Job, personaje bíblico, sintió miedo. Esta es una realidad que han vivido y viven muchas personas. Job era un hombre justo y temeroso de Dios, pero había en su interior "temor" por la conducta de sus hijos. Entonces Job declaró: "*Lo que más temía, me sobrevino; lo que más me asustaba, me sucedió. No encuentro paz ni sosiego, no hallo reposo, sino solo agitación*" (Job 3:25,

NVI). Otro personaje bíblico que experimentó miedo fue Saúl el rey de Israel, y su pueblo, pues no pudieron enfrentar a Goliat, el miedo los turbó y los paralizó (1 Samuel 17:11). Así como estos personajes nosotros hemos pasado por situaciones donde el miedo nos paraliza y en lugar de ser una protección natural se vuelve un enemigo. Pero, debemos reaccionar como Job que entendió que el Señor todo lo puede y le dijo: "*Yo conozco que todo lo puedes, y que no hay pensamiento que se esconda de ti*" (Job 42:2). Una persona con miedo no puede enfrentar a su enemigo, porque su primer enemigo es el miedo, al que tiene que enfrentar, superar y vencer. Lo primero que debemos hacer es descubrir que es lo que le causa miedo y enfréntarlo, buscar ayuda espiritual con el pastor, un consejero, o el equipo de ministración de la iglesia, o un psicólogo cristiano. El miedo es un obstáculo que tenemos que vencer, hasta alcanzar el destino que Dios ha preparado para nosotros. Es consecuencia del pecado de Adán y Eva, y la humanidad y la tierra vinieron a estar bajo maldición (Génesis 3:17).

La ley dada a Moisés para el pueblo de Israel era una guía que el pueblo debía seguir, pero todo aquel que la violaba cometía infracción de la ley. Como señala 1 Juan 3:4, "*la infracción de la ley*" es sinónimo de "**pecado,**" y la consecuencia del pecado (rechazo a la ley de Dios) es la muerte eterna sin posibilidad de resurrección (Romanos 6:23). En el libro de Gálatas, Pablo habla de la "maldición de la ley" y cita: "*Maldito todo aquel que no permaneciere en todas las cosas escritas en el libro de la ley, para hacerlas*" (Gálatas 3:10). Esta es la maldición de la cual habla Deuteronomio 28:15-68. Esta maldición incluye: pobreza, enfermedad, y muerte. ¿Qué quiso decir Pablo cuando dijo? "*Mas Cristo nos redimió de la maldición de la ley, hecho por nosotros maldición*" (Gálatas 3:13). Tan sencillo como que fuimos liberados de las maldiciones que aparecen en Deuteronomio 28:15-68. Fuimos librados de la muerte eterna porque Cristo pagó el precio; "*El justo, justificará a muchos, y cargará con los pecados de ellos*" (Isaías 53:11).

Hay personas que son atacadas por miedos infundados, como miedo a la soledad, a la enfermedad, a la muerte, a la vejez, al fracaso, etc. Incluso las personas más valientes tienen miedos que superar. Algo muy común que vemos todos los días, es que hay personas que le tienen miedo a algo tangible como las arañas o las cucarachas. Hay casos de personas que no pueden ver la sangre porque se desmayan. Este miedo se conoce como "**hematofobia**" y suele empezar en la infancia o en la adolescencia. Varios expertos han buscado una explicación a esta respuesta fisiológica en la evolución y lo han identificado como fobia. Según el psicólogo Christopher France de la Universidad de Ohio, este fenómeno se conoce como la fobia de la sangre y las inyecciones. Explica que al ver la sangre caer goteando, las individuos experimentan una disminución en su frecuencia cardiaca y presión arterial, y que ésto reduce el flujo de sangre oxigenada al cerebro, lo cual provoca que la persona se desmaye. El desmayo asegura que más sangre llegue al cerebro. El miedo se convierte en un problema cuando comieza a tomar control de tu vida y como resultado se va afectando tu funcionamiento.

Veamos otros ejemplos: Decides poner un negocio o emprender un nuevo proyecto, pero el miedo a fracasar comienza a atacar tu mente y aunque no hay ninguna evidencia de que vas a fracasar, tu temor y tu inseguridad comienza a causar efectos negativos en tu negocio o en lo que has comenzado hacer. Sabes, la palabra que hables dará fruto negativo o positivo, de derrota o de éxito. Lo mismo sucede si estás enfermo y comienzas a declarar palabras negativas sobre tu vida, éstas te traerán muerte. Otro ejemplo es, cuando vas a tomar un examen y tus miedos, tus nervios e inseguridad no te ayudan a lograr la puntuación que esperabas. Tal vez tienes miedo al fracaso, al cambio o a otra cosa que sea más difícil de determinar. Independientemente de lo que te dé miedo, aprende a reconocerlo, enfrentarlo y superarlo, de forma que nada pueda refrenarte en la vida. No permitas que tu mente se llene de pensamientos de miedo, no olvides que Dios no nos ha dado espíritu de temor, sino de amor, valor y dominio propio (2 Timoteo 1:7). Nelson Mándela decía: "*No es valiente quien no tiene miedo, sino quien sabe conquistarlo.*" En Proverbios 12:18, leemos que "la lengua de los sabios es medicina." Por lo tanto, sométete a Dios, resiste al diablo y éste huirá de ti (Santiago 4:7). Llena tu mente de la Palabra de Dios, de Sus promesas para tu vida, piensa que tu mente es tu disco duro el cual tú llenarás, y así, cuando necesites información puedas accesarla en el momento preciso. Enfrenta, supera y vence, el miedo, comienza a confesar una y otra vez la Palabra de Dios, conviértela en tu ley espiritual (Salmo 19:7-14). Pídele al Espíritu Santo que te muestre lo que provoca el miedo en ti. No olvides que Jesucristo nos dio autoridad en Su nombre y el Espíritu Santo nos enviste de Su poder para hacer sus obras: *"De cierto, de cierto os digo: El que en mí cree, las obras que yo hago, él las hará también; y aun mayores hará, porque yo voy al Padre"* (Juan 14:12). Para vencer necesitas tres cosas, **fe**, **autoridad** y **poder**, y ya las tienes como hijo de Dios, solo necesitas apropiarte de ellas y usarlas.

1. **Fe** - es uno de los principios fundamentales de la Palabra de Dios. La Biblia señala que "Fe" es la certeza (seguridad) de lo que se espera, la convicción de lo que crees, aunque no lo ves (Hebreos 11:1). "Es necesario acercarnos a Él, para que Él se acerque a nosotros" (Santiago 4:8). "Pero sin fe es imposible agradar a Dios; porque es necesario que el que se acerca a Dios crea que le hay (que Él existe), y que es galardonador (premia) de los que le buscan" (Hebreos 11:6). Énfasis añadido.

2. **Autoridad** - "exousia" (palabra griega) que significa poder legítimo, real, y pleno para actuar, o para poseer, controlar, usar o disponer de algo o de alguien. Para que alguien pueda tener autoridad necesita recibirla de alguien que tiene mayor autoridad. El origen de autoridad está en el Padre Eterno, quien posee autoridad suprema por derecho propio. La Biblia señala: *"Sométase toda persona a las autoridades superiores; porque no hay autoridad sino de parte de Dios, y las que hay, por Dios han sido establecidas."* Dios, delegó autoridad sobre Adán, para que gobernara sobre el huerto (Paraíso) del Edén, los animales y los cuidará, debía ser un buen mayordomo. El hombre tenía el deber de ejercer su dominio bajo la autoridad delegada de su Creador, pero al pecar perdió toda la autoridad delegada que le había sido otorgada, pero, en Cristo, fue recuperada, Él recibió total autoridad de su Padre. Si se habla de autoridad es imposible concebirla sin el poder que esta conlleva. Así lo declaró: "Toda potestad (exousia) me es dada en el cielo y en la tierra" (Mateo 28:18), y vemos como esa autoridad o potestad (exousia) nos fue devuelta, "He aquí os doy potestad de hollar serpientes y

escorpiones, y sobre toda fuerza del enemigo, y nada os dañará." Cristo, no solo nos modeló autoridad, sino que nos delegó autoridad en Su nombre, y al someterse al Padre nos enseñó humildad, sumisión y obediencia. Todo lo que Cristo hablaba o hacía honraba siempre al Padre, y mostraba sumición a Él. "Honra a tu padre y a tu madre, que es el primer mandamiento con promesa" (Efesios 6:2). En Juan 5:30, Jesús decía:

- "No puedo yo hacer nada por mí mismo… no busco mi voluntad sino la voluntad del que me envió, la del Padre"

- "Mi doctrina no es mía, sino de aquel que me ha enviado" (Juan 7:16).

- "Yo hago siempre lo que le agrada a Él" (Juan 8:29).

- "No he venido por mi cuenta, sino que Él me ha enviado" (Juan 8:42).

- "Las palabras que os digo, no las digo por mi cuenta" Juan 14:10).

- "El mundo ha de saber que amo al Padre y que obro según el Padre me ha ordenado" (Juan 14:31).

- "No se haga mi voluntad, sino la tuya" (Lucas 22: 42; Mateo 26: 42).

Dios ha puesto todo lo creado bajo autoridad para que reine el orden. El hombre que ha nacido de nuevo ha recibido autoridad delegada de parte de Cristo, pero para poner esa autoridad en acción necesita el poder que viene por el Espíritu Santo (Hechos 1:8).

3. **Poder** - La palabra griega para "poder" es "dunamis", que es la raíz

de las palabras "dinámica y dinamita." Poder es la fortaleza intrínseca o habilidad; es el dinamismo que capacita a una persona para hacer que la gente haga algo, cambien y logren cosas aún frente a circunstancias opuestas. El ángel le dijo a Zacarías que Juan el Bautista, vendría en el espíritu y poder de Elías (Lucas 1:1).

El poder de las palabras

Los griegos decían que la palabra era divina, y los filósofos elogiaban el silencio. Muchas veces escuchamos el dicho de que "una imagen vale más que mil palabras." Hay diferentes tipos de **poder**, y aquí veremos uno que dependiendo de como lo usemos será su efecto; te hablo del poder de las palabras, es tan real que no hacen falta demasiadas para causar una alegría o una profunda tristeza. Cada vez que abres tu boca, estás declarando vida o muerte, y lo que sale por ella es lo que vas a comer, *"La muerte y la vida están en poder de la lengua, y el que la ama comerá de sus frutos"* (Proverbios 18:21). El Rey Salomón dijo: *"Te has enlazado con las palabras de tu boca y has quedado preso en los dichos de tus labios"* (Proverbios6:2). La Palabra de Dios es vida al que la halla, y medicina a todo su cuerpo (Proverbios 4:22). Así pues, debemos cuidar nuestras   palabras porque **la voluntad de Dios es que seamos prosperados en todas las cosas, y que tengamos salud, así como prospera nuestra alma** (3 Juan 1:2). ¡Cuidado! Porque lo que sale de la boca, del corazón sale; y esto contamina al hombre (Mateo 15:18). Jeremías declaraba: "Fueron halladas tus palabras, y yo las comí; y tu palabra me fue por gozo y por alegría de mi corazón" (Jeremías 15:16). ¿Qué saldrá de tu boca hoy, vida o muerte? Todo depende con qué estás alimentando tu corazón. Para cambiar tus palabras, primero debes cambiar el contenido de tu corazón. Cristo dijo: "De la abundancia del corazón habla la boca" (Lucas 6:45). Pablo nos exhorta en Efesios 4:29, *"Ninguna palabra corrompida salga de vuestra boca, sino la que sea buena para edificación...*" Esta es una verdad revelada que tenemos que poner en práctica, porque con mucha facilidad de una misma boca sale bendición y maldición (Santiago 3:10). Hacen muchos años, quizas diez, cuando sólo utilizabamos el *"e-mail"* para enviar mensajes, recibí uno (anónimo) acerca del poder de la palabra y quiero compartirlo contigo, porque es muy poderoso:

"De la palabra depende muchas veces la felicidad o la desgracia, la paz o la guerra. Con el uso de expresiones agresivas, lastimamos o provocamos heridas a quien van dirigidas; provocando resentimiento y dolor que se volverán a nosotros. La verdad puede compararse con una piedra preciosa, si la lanzamos sobre el rostro de alquien puede herir, pero si la envolvemos en un hermoso y delicado papel, y la ofrecemos con ternura, ciertamente será aceptada con agrado. Una palabra fuera de lugar es capaz de arruinar algo hermoso por lo cual hemos luchado. Una palabra amable puede suavizar una relación, una palabra alegre puede iluminar el día, una palabra oportuna puede aliviar la carga, una palabra de amor puede curar y dar felicidad, una palabra inrresponsable puede encender una discordia, una palabra cruel puede arruinar una vida, una palabra de resentimiento puede causar odio, una palabra brutal puede herir o matar. Las palabras son vida, bendicen o maldicen, alientan o abaten, salvan o condenan; son la minifestación de nuestro mundo interior. Cuando cuidamos nuestro lenguaje, purificamos nuestro mundo interior. Muchas enfermedades son el producto de nuestros pensamientos desequilibrados. La violencia, las mentiras, el resentimiento, y tantas otras, existen y conviven con nosotros en este mundo. Por tanto, debemos cultivar cualidades de amor, verdad y gratitud; creando un mundo interior, donde la bondad y la verdad brillen; para luego extender este mundo interior a las personas a nuestro alrededor. Las palabras no se las lleva el viento como dice un refrán popular, sino que dejan huellas, positivas o negativas. Una cometa (chiringa decimos en Puerto Rico) se puede recoger después de echarla a volar, pero las palabras jamás se podrán recoger una vez que han salido de nuestra boca. Piensa en ésto, y cuida tus pensamientos, porque estos se convierten en acciones, las acciones se convierten en hábitos, y los hábitos se convierten en nuestro destino. Piensa muy bien antes de hablar cuando estés airado o resentido, cálmate primero, y habla sólo cuando estés en paz. ¡Cuída lo que sale de tu boca! Las palabras mal habladas manchan y corrompen la mente y el corazón.

Santiago 3:1, nos señala que todos ofendemos muchas veces, y que si alguno no ofende en palabra, éste es varón perfecto, capaz también de refrenar todo el cuerpo. Y cita: "He aquí que nosotros ponemos freno en la boca de los caballos para que nos obedezcan y así dirigimos todo su cuerpo. Mirad también las naves; aunque tan grandes y llevadas por impetuosos vientos, son gobernadas con un muy pequeño timón por donde el que las gobierna quiere. Así también la lengua es un miembro pequeño, pero se jacta de grandes cosas. He aquí cuán grande bosque enciende un pequeño fuego. Y la lengua es un fuego, un mundo de maldad. La lengua está puesta entre nuestros miembros, y contamina todo el cuerpo, e inflama la rueda de la creación, y ella misma es inflamada por el infierno" (Santiago 3:2-6). La lengua tiene la capacidad de contaminar el resto del cuerpo, por lo que es importante cuidar lo que hablamos y lo que escuchamos. Escuchar es mucho más que oír. No contestes antes de escuchar y comprender; ésto fomentará el respeto mutuo. También pensar antes de hablar es fundamental, pues nos evita muchas situaciones incómodas y desagradables. *__Pensar es el trabajo más difícil que existe. Quizas sea ésta la razón por la que haya tan pocas personas que lo practican__*" (Pensamiento de Henry Ford). Solo tenemos que mirar el poder tan grande que hay en la Palabra, cuando leemos el primer capítulo de Génesis, vemos como Dios usó la Palabra para *crear*. David oró a Dios que pusiera guarda a su boca, que guardara la puerta de sus labios (Salmos 141:3). También oró que las palabras de su boca y la meditación de su corazón fueran gratos delante de su Eterno Dios (Salmos 19:14). David sabía que él no podía controlar su boca sin la ayuda de Dios, como tampoco nosotros podemos. La historia del sultán y el sabio nos relata cómo en una misma situación, podemos entender y actuar de diferentes maneras:

Un Sultán soñó que había perdido todos los dientes. Después de despertar, mandó llamar a un Sabio para que interpretase su sueño. — ¡Qué desgracia, mi Señor! Exclamó el Sabio. Cada diente caído representa la pérdida de un pariente de Vuestra Majestad. — ¡Qué insolencia! Gritó el Sultán muy enfurecido. ¿Cómo te atreves a decirme semejante cosa? ¡Fuera de aquí! Llamó a su guardia y ordenó que le dieran cien latigazos. Más tarde el Sultán ordenó que le trajesen a otro Sabio, y le contó lo que había soñado. Este, después de escuchar al Sultán con atención, le dijo: — ¡Excelso Señor! Gran felicidad os ha sido reservada. El sueño significa que sobrevivirás a todos vuestros parientes. Se iluminó el semblante del Sultán con una gran sonrisa y ordenó que le dieran cien monedas de oro. Cuando el Sabio salía del Palacio, uno de los cortesanos le dijo admirado: —¡No es posible! La interpretación que habéis hecho de los sueños es la misma que hizo el primer Sabio. No entiendo por qué al primero le pagó con cien latigazos y a ti con cien monedas de oro. — Recuerda, buen amigo mío, respondió el segundo Sabio, *"que todo depende de la forma en el decir... uno de los grandes desafíos de la humanidad es aprender a comunicarse."*

Habla victoria, confiesa las promesas de Dios, cree lo que estás confesando y verás como todo a tu alrededor comienza a cambiar. Mientras más llenas tu corazón de la Palabra, menos espacio habrá para los dardos de fuego del enemigo, porque tu corazón estará saturado de la Palabra de Dios, y ésta comenzará a salir de tu boca y provocará un cambio de actitud. ¡Come la Palabra! ¡Habla la Palabra! ¡Vive la Palabra! Tu camino será prosperado y tendrás éxito en todo lo que emprendas. Dios le habló a Josué y le dijo: "Nunca se apartará de tu boca este libro de la ley, sino que de día y de noche meditarás en él, para que guardes y hagas conforme a todo lo que en él está escrito; porque entonces harás prosperar tu camino, y todo te saldrá bien" (Josué 1:8). Aprende la Palabra, declárala en voz audible hasta que la creas, para que tu fe se ejercite; la Palabra es vida y medicina a tu cuerpo y tiene poder creativo (Proverbios 4:20-22); ¿Qué vas hablar, lo que Dios dice de ti, lo que Cristo hizo por ti, o lo que dice el diablo y el mundo de ti? Cristo dijo al centurión: *"Vé, y como creíste, te sea hecho"* (Mateo 8:13).

Mi hijo, Pastor Héctor Muñoz, me regaló un libro en el 2008, que ha sido de bendición a mi vida. Esta cita del autor es muy cierta e impactó mi vida: *"Le he dicho a mi pueblo que puede tener lo que dice, pero mi pueblo está diciendo lo que tiene*" ("El poder creativo de Dios," página 40, Charles Capps). No hemos creído y menos aprendido a usar la autoridad que Cristo, nos ha delegado: "Y habiéndonos resucitado con Él, nos hizo sentar con Él en el Cielo…" (Efesios 2:6). Estar sentado nos habla de gobierno, el rey está sentado gobernando, decretando, y nosotros por lo tanto, como reyes gobernamos y decretamos Su palabra (la que Él habló). El enemigo no tiene poder sobre nosotros, porque nos ha sido delegada autoridad, como cuerpo somos los pies de Cristo en la tierra, para poner todo bajo nuestros pies y apropiarnos de la herencia que nos ha sido dada: "Puesto los ojos en Jesús el autor y consumador de la fe, el cual por el gozo puesto delante de él sufrió la cruz, menospreciando el oprobio y se sentó a del trono de Dios" (Hebreos 12:2);

Dice la Palabra "que la muerte y la vida están en poder de la lengua, y el que la ama comerá de sus frutos" (Proverbios 18:21); y que de la abundancia del corazón habla la boca (Lucas 6:45). "El hombre será saciado de bien del fruto de su boca; y le será pagado según la obra de sus manos" (Proverbios 12:14). Toda palabra positiva que sale de tu boca dará buenos frutos, pero toda palabra negativa será lazo para tu alma, recuerda que en tu alma están las emociones y solo tú puedes tomar control de ellas o permitir que ellas te controlen a ti. Te estoy compartiendo lo que yo estoy viviendo, lo que he estado aprendiendo y practicando. A través de estos años he estado pasando por pruebas, que he vencido en el nombre de Cristo, y otras que también estoy venciendo en Su nombre; estoy siendo formada, porque mi alfarero, está trabajando con esta vasija de barro, pero yo no olvido que la excelencia del poder es de Él y no mía, mas sé como dice la Palabra que para Él soy un tesoro que Él depositó en esta vasija de barro (palabras de Pablo). En capítulos anteriores te hablé parte de mi testimonio y te presente medicamente algunas soluciones que me han ayudado, pero yo he vencido con la Palabra (que es Cristo), más ahora que he entendido quien soy yo, en esta dimensión que Él llamó **tierra**, cumpliendo mi llamado, y mi destino hasta que Él regrese o me llame a Su presencia. Y te digo como decía Pablo: "No que lo haya alcanzado ya, ni que ya sea perfecto; sino que prosigo, pora ver si logro asir aquello para lo cual fui también asido por Cristo Jesús. Hermanos, yo mismo no pretendo haberlo ya alcanzado; pero una cosa hago: olvidando ciertamente lo que queda atrás y extendiéndome a lo que está delante, prosigo a la meta, al premio del supremo llamamiento de Dios en Cristo Jesús" (Filipenses 3:12-14). Te puedo asegurar, he visto resultados, soy más que victoriosa en Cristo, mi fe aumenta cada día, hablo lo que no es como si fuera.

Uno de los daños que el estrés produce en nuestro cuerpo es el llamado *"tinnitus"*, yo lo he estado padeciendo por muchos años. La última vez que sufrí de mucho estrés y mucha molestia cervical (lo cual hace que se desarrolle el *tinnitus*), el ruido subió mucho y no podía dormir. Recuerdo que mi hijo mayor, Junior, me dijo: ¡Mami, decide que vas a dormir y duerme! Este consejo tenía que ver mucho con la fe, pero yo decidí seguir el consejo de mi hijo. Y les testifico que vencí por la fe, y duermo. Ahora estoy mucho mejor y la promesa de mi Padre Eterno, es que el tinnitus desaparecerá completamente, y yo le creo a Él. No olvido que la fe es tener la seguridad de lo que espero, y estar convencida de que voy a alcanzar lo que no veo. Mi sugerencia para ti es que comiences a poner en práctica todo lo que te he presentado y sé determinado y firme hasta que lo alcances. Si la vida está en la sangre, y Cristo derramó Su sangre, y murió por nosotros para redimirnos de la maldición de la ley, la cual es muerte física y muerte espiritual (separados del Padre), entonces cuando Él resucitó nos dió vida juntamente con Él, y recobramos la vida eterna y al hombre espiritual (un espíritu vivificado) que se había apartado de su Creador. Por lo tanto, ya no vivo yo, vive Cristo en mí, y si Él vive en mí yo tengo vida, y vida en abundancia. He aprendido a orar diferente y hablo sanidad a mi cuerpo en voz audible: Por ejemplo: *"La sangre (vida) de Cristo fluye por mi torrente sanguíneo, fluye a cada célula de mi cuerpo restaurando mi cuerpo y trayendo sanidad a cada fibra de mi ser."* Te exhorto a que declares la Palabra en una forma personal, ¡hazla tuya! ¡Hay poder en tu boca! Háblale a tu cuerpo, el cual es el diseño perfecto de tu Creador, recuerda que el cuerpo fue creado para que él mismo se restaure. Está verdad ha impactado mi vida, saber que solo soy administradora de este cuerpo, que no me pertenece, y tengo que rendirle cuentas a mi Señor ¡Ésto ha cambiado mi vida, este conocimiento ha renovado mi mente!

"La ansiedad no libera el mañana de sus penas, solo vacía el presente de su fortaleza."

Charles Spurgeon

Capítulo 3

El estrés y sus consecuencias

Según el Dr. Paul Rosch presidente del "American Institute of Stress," el estrés se ha convertido en el problema de salud más común en los Estados Unidos. Se ha estimado que en los Estados Unidos el 43% de los adultos sufren a causa de los efectos adversos del estrés y que entre el 75 y el 90 por ciento de las visitas a los médicos son para condiciones que se relacionan de alguna manera con éste. Sentir estrés o tensión nerviosa es algo normal en nuestra rutina diaria, pero es importante no permitar que éste se convierta en estrés destructivo.

Todo este tren de vida que llevamos desemboca en un estado de fatiga que se manifiesta a través de una serie de trastornos físicos y psicológicos, a los que se le ha dado el nombre de "estrés," considerado como: "**La *Enfermedad del Siglo XXI*.**" El estrés bloquea tu Sistema, haciéndolo incapaz de funcionar de manera óptima. Estudios han encontrado que aquellas personas que sufren de estrés y ansiedad tensan y contraen sus músculos. Y esto es real porque yo personalmente mordía mis labios, doblaba los dedos de mis pies cuando estaba dormida y los músculos de mi cuello, principalmente estaban muy tensos a causa del estrés. Cuando iba a hacerme la "manicure" de mis manos la manicurista siempre me decía: "relájate." Y te hablo de mi experiencia, la cual estoy venciéndo a medida que mi mente va siendo renovada; segura de que todo lo que busco está dentro de mí, porque Su Espíritu Santo mora en mí, y me ayuda a vencer, pues en Él soy más que vencedora. La repuesta está dentro de mí.

Varios estudios han demostrado que el dolor crónico puede no solo provenir de una lesión física sino por estrés y por problemas emocionales. Cita la Dra. Susanne Babbel, para "Psychology Today, que *'las causas del estrés son varias, y sin duda el factor más común es la presión en el ámbito laboral.'* De acuerdo a la organización benéfica del Reino Unido, *"Mind"*, el trabajo es la principal causa de estrés en la vida de los británicos, generando factores que pueden tener un impacto significativo en su bienestar. Te puedo testificar que es cierto, porque fue en mi trabajo donde comencé a sentir los efectos del estrés. Existen otras situaciones que generan estrés: como perdida de un ser querido, una enfermedad, problemas financieros, familiares, terminar una relación sentimental, la economía, cualquier pensamiento o frustración, la incertidumbre (espera de los resultados de pruebas de laboratorio, resultados de exámenes académicos, resultados de una entrevista de trabajo, etc.). Todas estas situaciones generan ansiedad. A largo plazo, el estrés afecta tu estado emocional, mental, físico, y además tu conducta.

¿Qué es estresante para ti?

Lo que es estresante para ti puede no serlo para otra persona. Por ejemplo: una persona puede estar aterrorizada porque tiene que dar una charla o conferencia delante de un grupo de personas, mientras que otra persona puede disfrutar hacerlo porque le gusta ser el centro de atención. Lo más importante es que aprendas a identificar las situaciones que te provocan estrés, y enséñale a tu cuerpo a controlarse y a relajarse cuando estás pasando por una situación estresante. Además, existen estrategias que te ayudan a cambiar tus emociones negativas y bajan tu nivel de éstres. Aprende algunas técnicas de relajación que te ayuden a aflojar tus músculos, a tranquilizar tu mente, hasta que logres restaurar la armonía entre el cuerpo y el espíritu. Una técnica que uso y es muy eficaz es respirar profunda y calmadamente. Sigue estos ejercicios de respiración profunda hasta que te ientas más tranquilo, esta técnica relaja, aumenta la oxigenación sanguínea, fortalece el aparato respiratorio, el sistema cardiovascular y calma los nervios. Una de las técnicas más estudiadas es un método se psicología energética llamado Técnica de liberación emocional (EFT) (español.mercola.com/eft-tle.aspx.). Disminuye la azúcar, la cafeína, el chocolate y añade ejercicio a tu rutina diaria, porque tiene grandes beneficios que te ayudarán a prevenir el estrés y la ansiedad; ya que libera la sustancia química llamada **serotonina**, que te hace sentir más feliz y menos estresado, mejora la circulación, previene condiciones cardiacas, y permite sacar la frustración y la ira de manera constructiva. En niveles adecuados, la serotonina produce una sensación de placer y bienestar en nuestro cuerpo, pero todo lo contrario es cuando se encuentra en niveles bajos, debido a una mala alimentación o a periodos prolongados de estrés, se asocia con trastornos de ansiedad. Ahora bien, para lograr aumentar los niveles de serotonina debemos trabajar dos áreas muy importantes: cuerpo y mente. Mi técnica preferida es meditar y declarar en voz audible la Palabra de Dios, pues aquieta mi alma, es por lo que te exhorto a que lo pongas en práctica, pues, la Palabra es medicina a tu cuerpo (Probervios 3:8; 4:20-22).

El estrés es el gran enemigo del sistema nervioso, por lo que debemos acabar con él tan pronto se presente en nuestras vidas. Cuando una persona se expone a un periodo intenso de actividad física va a tener repercusiones o efectos en su sistema nervioso y en su estado de salud en general. Personas expuestas al ruido, al calor, en general a todo tipo de actividades que afecten positiva o negativamente a nuestros sentidos de percepción o especiales sufrirá los efectos de esas acciones (Web Medline Plus). El mundo actual es muy estresante y solo si estamos firmes en el Señor vamos a vencer. Según Henry Van Dyke, "***La felicidad es interior, no exterior, por lo tanto, no depende de lo que tenemos, sino de lo que somos.***"

El hipotálamo, es una pequeña, pero importante parte del cerebro, ésta controla ciertos procesos metabólicos y otras actividades del sistema nervioso autóctono. Y cuando estamos demasiados estresados, desprende ciertas señales hormonales de alarma o alerta para prepararnos para la huida o la lucha ante una amenaza, las cuales están arriba de cada riñon (las glándulas suprarrenales), las que a la vez desprenden una oleada de hormonas, entre ellas la **adrenalina** y el **cortisol**, considerada por la comunidad científica como la hormona del estrés y del insomnio. ¿Por qué? Pues actúan como una respuesta del organismo ante el peligro o preocupación de algo en específico, por eso cuando se producen algunos síntomas de alerta como la alteración del ritmo cardíaco, contracción de los vasos sanguíneos o dificultad para respirar. Si los niveles de cortisol no disminuyen por la noche, debido a que la respuesta de estrés se mantiene activa, lo normal es que encontremos dificultades para conciliar el sueño. Cuando nuestros niveles de cortisol son óptimos, nos sentimos mentalmente fuertes, claros y motivados, pero cuando están bajos, tendemos a sentirnos confundidos, apáticos y fatigados. En un cuerpo sano, la respuesta al estrés aparece para luego permitir que la respuesta de relajación asuma el control. Pero, quien mejor puede diagnosticar un desequilibrio hormonal es un especialista en la materia, un endocrinólogo. Te ofrezco algunos consejitos para disminuir los altos niveles de cortisol:

A. **Practica técnicas de relajación con regularidad**: ejercicios de relajación, meditación, técnicas de respiración para contrarrestar los periodos de tensión, y ejercitarte un poco más, etc.

B. **Una buena dieta**: Ya que una disminución en las calorías va a aumentar los niveles de cortisol.

C. **Evitar el consumo de bebidas excitantes**: café, sodas y alcohol. Eliminar los edulcorantes (endulsantes) artificiales, sobre todo aspartame (NutraSweet, Equal, Spoonful y Equal-Measure), los cuales estimulan en exceso el funcionamiento de las glándulas suprarrenales.

D. **Controla el consumo de dulces**: Lleva una dieta rica en proteína, carbohidratos complejos, grasas buenas y muchos vegetales y verduras.

E. **Dormir bien**: Para que nuestro organismo ponga en marcha el mecanismo de renovación y recuperación celular.

Se dice por ahí que el estrés es exceso del presente, la depresión es exceso del pasado y la ansiedad exceso del futuro, pero de acuerdo a la Biblia, Dios conocía cada situación negativa que el ser humano iba a confrontar como consecuencia del pecado de Adán y Eva, todo se relaciona con el alma, porque es ahí donde está la mente y las emociones. Por tal razón, Dios nos ha dado promesas, y a Su Espíritu Santo para vencer. Dice en Su Palabra que echemos toda ansiedad sobre Cristo, porque Él tiene cuidado de nosotros (1 Pedro 5:7). Debemos aprender a enfrentar las situaciones estresantes de la vida diaria de acuerdo a los mandatos y promesas que Dios nos enseña a través de Su Palabra, para que este mundo no nos dañe. El deseo de nuestro Eterno Dios para la humanidad desde el principio de la creación es: "Gloria a Dios en las alturas, y en la tierra paz, buena voluntad para con los hombres" (Lucas 2:14). También nos dio un mandato en Mateo 6:33, *"Mas buscad primeramente el reino de Dios y su justicia, y todas estas estas cosas os serán añadidas."* Tenemos una herencia bien grande, pero no todos la conocen, no saben usarla o no la reclaman. El afán en que vivimos hoy día nos roba la paz por lo que es necesario separar un tiempo en nuestras tareas diarias y hacer un análisis de instropección o auto-análisis (mirar dentro de nosotros) y pregúntarnos: ¿Por cuales cosas me estoy afanando? ¿A qué le estoy dando mayor prioridad en mi vida? ¿Quién ocupa el primer lugar en mi vida? ¿En qué o en quién he puesto mi confianza? Si haz puesto tu confianza en Cristo, apóyate en cada una de Sus promesas para tu vida y deposita en Él toda ansiedad, porque Él cuida de ti (1 Pedro 5:7). Por nada estés afanoso, sino sean conocidas tus peticiones delante de Dios en toda oración y ruego, con acción de gracias. Y la paz de Dios, que sobrepasa todo entendimiento, guardará tu corazón y tus pensamientos en Cristo Jesús (Filipenses 4:6-7). Confía plenamente en el Señor, y echa tu carga sobre Él, y Él te sustentará; porque Él no permitirá jamás que el justo caiga" (Salmo 55:22).

Las siguientes promesas dada al pueblo de Israel, ya se ha cumplido en Cristo: *"He aquí que yo les traeré sanidad y medicina; y los curaré, y les revelaré abundancia de paz y de verdad"* (Jeremías 33:6). Entonces apropiémonos de ella. Dios sabía que la paz es una necesidad básica en la vida del ser humano. La palabra hebrea para *"paz"* es 'Shalom', y uno de Sus nombres es *"Jehová Shalom,"* que significa 'Yo soy el Dios de la paz'. Shalom significa paz, bienestar y es una forma de saludo o despedida entre los judíos. La palabra **Shalom** tiene su origen en el idioma hebreo, transmite un deseo de salud, armonía, paz interior, calma y tranquilidad para aquel o aquellos a quien está dirigido el saludo. En el idioma hebreo, las palabras van más allá de una palabra pronunciada, sino que engloba en sí la emoción, la intención y el sentimiento. Es por eso que en varios pasajes de la Biblia se encuentra la palabra Shalom, que significa paz, deseo de bienestar entre las personas, las naciones, o entre Dios y el hombre. *"Tú guardarás en completa paz a aquel cuyo pensamiento en ti persevera; porque en ti ha confiado"* (Isaías 26:3). Existen algunas situaciones que nos roban la paz, entre ellas están las que tú no puedes controlar y las que tú si puedes controlar. Por lo que necesitamos que nuestro hombre interior sea fortalecido con poder, por el Espíritu Santo (Efesios 3:16). Todos hemos sentido estrés en alguna ocasión debido a alguna situación económica, un divorcio, perder el trabajo, cargas de trabajo excesivas, enfermedades, etc. No todo el estrés es malo, a veces nos puede motivar a lograr ciertas tareas. Pero, se torna peligroso cuando interfiere por largo período de tiempo con nuestro modo de vida normal, y puede aumentar cualquier problema emocional que haya surgido de algunos eventos traúmaticos en el pasado, e incrementar pensamientos suicidas. Recuerdo muy bien que cuando yo estudiaba en la Universidad, alguien me preguntó que cúal era mi concentración, a lo que yo le respondí que estudiaba pedagogía. Esa persona me dijo: *"¡Ay, Bendito! no sabes lo que haces, pues no es fácil, porque todos los maestros se enferman."* Yo no le preste atención y continué mis estudios. Luego, al terminar mi preparación comencé a trabajar como maestra de escuela elemental; y ciertamente había mucha presión, pero yo amaba mi profesión y a los niños. Como profesionales nos ofrecían muchos talleres de cómo manejar el estrés. Entonces, yo ya conocía sobre el daño que puede causar el estrés destructivo, pero uno cae en la rutina diaria y se le olvida aplicar lo que aprendió; y simplemente me descuide, todo quedó en conocimiento. Luego continue estudiando y comencé a trabajar como directora escolar, y no sabes tú, que era más responsabilidad, más trabajo, y más estrés. Yo disfrutaba lo que hacía, pero descuide mi salud. Y batallé con el estrés por mucho tiempo, el cual afectó mi sistema nervioso y endocrino al nivel que tuve que pasar por cirugía a corazón abierto, como normalmente decimos. Hoy, puedo entender que fue lo que me pasó, pues yo casi nunca me enfermaba. Comencé a estar muy

muy ansiosa, a no dormir bien, y a tener presión alta. Fui al médico, y me hicieron análisis de sangre los cuales revelaron que la glándula tiroides estaban descontroladas. La glándula tiroides juega una función importante durante el estrés, ya que estimula a la producción de tiroxina. Esta hormona aumenta la tasa metabólica de los tejidos del cuerpo. Tales cambios afectan el humor, la energía, la irritabilidad nerviosa y un aumento en la presión sanguínea (http://www.saludmed. com/Bienestar/Cap 4/Estres-R.html). Todo fue tan rápido que en un abrir y cerrar de ojos estaba yo en un quirófano, pasando por una cirugía de alto riezgo. Gracias a Jesucristo, nunca sufrí un infarto, pues en medio de todas estas circunstancias mi amado Padre celestial me guardaba. Te comparto mi experiencia porque deseo que cuides tu salud, y sobre todo, que escuches cuando tu cuerpo te habla.

Nuestro cuerpo es templo del Espíritu Santo y debemos cuidarlo. Yo ni escuche, ni hice caso a tiempo a las señales que mi cuerpo me enviaba. Estaba tan sumergida en mi trabajo, pues era como un escape a mi soledad, y ahí estaba dejando toda mi energía. Ten presente que sentir estrés o tensión nerviosa cada día es algo normal de la vida urbana del siglo XXI. La respuesta de estrés es una respuesta automática del organismo a cualquier cambio ambiental, externo o interno, mediante la cual se prepara para hacer frente a posibles demandas que se generan como consecuencia de la nueva situación (Labrador, 1992). Por lo que la mayor parte del estrés es temporal, lo peligroso es permitir que se haga crónico. El estrés destructivo perjudica al sistema inmunológico, lo ideal es aprender a manejar el estrés como una fuerza constructiva y no como una fuerza destructiva. No podemos controlar todas las situaciones que nos rodean, pero si podemos controlar nuestras actitudes hacia esas situaciones. En ese periodo de tiempo yo no sabía manejar todo lo que estaba viviendo, y ésto comenzó a provocar en mí episodios de ansiedad (preocupación y miedo constante). Y se manifestaban en mi cuerpo síntomas como: nerviosismo extremo, dolor de cabeza, episodios de frío y calor, dolor de pecho, sensación de querer salir huyendo de donde me encontraba, pensamiento de que me iba a morir, presión alterial muy alta, pánico extremo, etc. Mi cuerpo me estaba avisando que algo no marchaba bien. Hoy, puedo entender lo que decía Job: "*De oídas te conocía, mas ahora mis ojos te ven*" (Job 42:5); también entiendo que mi cuerpo respondía así, como resultado de un desequilibrio en el sistema nervioso, el cual me provocaba los ataques de pánico. Las personas que sufren ataques de pánico o de ansiedad tienen que comprender que este es el resultado de no saber manejar las emociones, por lo tanto debemos aprender a manejar cada situación que surge en nuestra vida antes de que ellas nos manejen a nosotros, y surja un desorden psicológico. Los ataques de pánico han sido identificados como un desorden psicológico; ahora lo puedo ver claro, pues era **un desorden en mi alma** (psiquis), en mi mente, y no puedes afrontar una situación y caes en una red de mentiras diabólicas. Medicamente es descrito como una alteración del comportamiento y del razonamiento de una persona. Todo está en tu mente, tú no puedes salir de esa situación sin la ayuda del Señor, te sientes solo, abandonado; solo puedes ver la mano de Dios que no se ha acortado todavía, ves cuando Él la extiende hacia ti, y tú decides asirte de ella, Él y solo Él te saca de ese pozo, a veces es con una porción de la Palabra que en ese momento te hace reaccionar.

El ataque de pánico es un exceso de adrenalina que entra al torrente sanguineo, y puede ocurrir en forma temporal o más prolongada. Es un mensaje de miedo que le indica a las glándulas suprarrenales que hay una emergencia. Si usted para un ataque de pánico al momento que comienza, la reacción solo tiene que durar tres minutos, porque toma tres minutos para que sus glándulas suprarrenales llenen su cuerpo de adrenalina. Y también solo toma tres minutos para que su cuerpo pare esta reacción de adrenalina. Siga estos cuatro pasos para parar un ataque de pánico: relájese y haga respiraciones lentas, hondas y completas; pare los pensamientos negativos, envíe un mensaje a su cerebro, declare la Palabra de Dios sobre su vida, y acepte sus emociones identificando que es lo que le causa temor. El primer paso para hacerle frente a esta situación es identificar que la provocó y trabajar con la situación. Yo personalmente creo que el principal problema es la ansiedad que se fundamenta en el **temor**. Vives con el temor de que en cualquier momento vuelvas a sufrir un episodio de ansiedad, el cual te va a llevar a un ataque de pánico. Sabes, todo comienza con el estrés que te produce alguna situación que no sabes como manejarla. Cuando se experimenta estrés durante mucho tiempo, la hormona del cortisol también favorece la aparición de adrenalina.

El estrés extremo te puede llevar a la ansiedad y a los ataques de pánico; o sea que la ansiedad y los ataques de pánico es una respuesta normal al estrés. Yo pude haber buscado ayuda para aprender a manejar lo que estaba viviendo, pero no lo hice. Sabes, la ciencia solo te va a enseñar a entender lo que está pasando a tu cuerpo, para que aprendas a controlarlo cuando aparecen los síntomas, y lo peor es que consumes medicamentos (adictivos) que no van ha erradicar el problema. Los médicos no buscan la causa (para erradicar el problema), solo trabajan los efectos y te ayudan a controlarlos, pero éstos siempre van a estar ahí. Las personas que te rodean nunca te van a entender, porque es algo que sólo tú puedes entender, u otra persona que haya pasado por la misma situación. Muchos te van a señalar y comentarán: Pero, tú eres cristiana. ¿Qué puerta abriste? ¿Oye, pero tú te la pasas hablando de sanidad, y estás enferma? Bueno, todo lo que el enemigo persigue es robar tu paz. Ahora bien, no toda enfermedad es consecuencia del pecado. Jesús, lo aclaró muy bien cuando le preguntaron por un ciego: ¿Quién pecó para que naciera así? ¿Él o sus padres? Y Jesús respondió: "Ni él ni sus padres." Porque su enfermedad tenía como propósito que se manifestara la Gloria de Dios en él." Hay personas que piensan que por ser cristianas están libres de enfrentar situaciones psicológicas, de enfermedad, y hasta de relaciones interpersonales, etc. Estas personas olvidan que estamos rodeados de fuerzas externas que nos afectan, si no estamos firmes en la Palabra, en comunión con Cristo, descuidamos lo que aprendemos o simplemente descuidamos nuestro cuerpo, y podemos ser afectados. Además, tenemos un enemigo el cual anda como león rugiente buscando a quien devorar, el cual sólo vino a robar (la paz) matar (la vida física o espiritual) y a destruir (todo lo que le permitamos), leelo en Juan 10:10 b y en 1 Pedro 5:8-9. Si estás viviendo una situación similar, no te desesperes, busca ayuda, pero sobretodo abrázate a tu Sanador, a tu Padre Eterno, como dice este versículo: "Busqué a Jehová y Él me oyó, y me libró de todos mis temores" (Salmo 34:4). El temor, la ansiedad, la depresión y otras manifestaciones físicas de nuestro cuerpo son el resultado de cómo están nuestros pensamientos, nuestra alma. No olvides que sólo tú puedes controlar como piensas y actúas, ¡nadie más!

El temor es lo opuesto a la fe, ya que nos limita, mientras que la fe nos abre puertas. El temor no viene de Dios, sus efectos pueden ser mortales; es el arma que usa Satanás desde Adán y Eva, cuando Satanás condujo a Eva al pecado comenzó atacando la mente de ella. Y lo podemos comprobar con la declaración que hizo Pablo en Segunda de Corintios 11:3, *"Pero temo que como la serpiente con su astucia engañó a Eva, vuestros sentidos sean de alguna manera extraviados de la sincera fidelidad a Cristo."* Mas cuando ponemos nuestra confianza en Cristo, y creemos que Él tiene el control absoluto de cada uno de nuestros pensamientos, situaciones, nunca seremos estremecidos, ¿Sabes por qué? Él nos lo ha prometido en Su Palabra, y fiel es Aquel que ha prometido. Reinhold Niebuhr Teólogo americano, en el 1943 declaró palabras muy sabias en medio de una oración: *"Dios, concédeme la serenidad para aceptar las cosas que no puedo cambiar, valor para cambiar aquellas que puedo, y la sabiduría para reconocer la diferencia."*

Campo de batalla, "la mente"

El maligno actúa en la mente del hombre, porque sabe que la mente es el *potencial intelectual del alma*, por lo que pone argumentos en su mente. La palabra *"Argumento,"* en griego se traduce como **imaginaciones o pensamientos**. De acuerdo a 2 Corintios 10:5, la mente es el campo de batalla del enemigo, por lo que nos exhorta a derribar argumentos y toda altivez que se levanta contra el conocimiento de Dios, y llevar cautivo todo pensamiento a la obediencia a Cristo. Tú puedes ganar la batalla en tu mente, cada engaño puede ser revelado por el Espíritu Santo, y cada fortaleza puede ser destruida con Su dirección. Por lo tanto, requiere de práctica y disciplina, porque esta batalla con la mente es día a día. Por lo tanto, debemos aprender a identificar cuando esta batalla se libra en la mente, y no permitir que el enemigo la gobierne. Inmediatamente que identificas un argumento lanzado a tu mente, debes llevar ese pensamiento cautivo a Cristo (2 Corintios 10:3-5). El primer paso para obtener la victoria, es ganar las batallas en la mente, y renovar nuestra mente, porque sino la vieja naturaleza (Psiqué) tomará dominio en nosotros. Nuestra mente tiene que estar libre de toda contaminación, para poder cumplir la voluntad de Dios en nuestras vidas y poder alcanzar nuestro destino eterno en Él; debemos permitir que el Espíritu Santo renueve, transforme nuestra mente. *"Transformar"* es 'metamorphoo' y significa, cambiar en otra forma (Diccionario Vine, # 3339). Pablo dice que nosotros tenemos el Espíritu de Dios, por eso pensamos como Cristo (Corintios 2:16). Entonces, podemos alinear nuestros pensamientos con Su voluntad. Sólo aquellos que se dejan enseñar por el Espíritu, son los que podrán entender las verdades reveladas por Dios y podrán hacer Su voluntad. *"Porque los que viven en la carne, ponen la mente en las cosas de la carne, pero los que viven conforme al Espíritu, en las cosas del Espíritu"* (Romanos 8:5). Martín Lutero dijo: *"No puedo evitar que las aves vuelen sobre mi cabeza, pero si puedo evitar que hagan nido en ella."* Esas aves son los pensamientos del viejo hombre, Pablo, lo describe muy bien cuando dijo que todos nosotros en otro tiempo vivíamos en las pasiones de nuestra carne, satisfaciendo los deseos de la carne y de la mente, y éramos por naturaleza hijos de ira, lo mismo que los demás (Efesios 2:3). **Necesitamos llenar la mente de la Palabra.** La renovación de la mente es un proceso continuo, ya que la mente es la puerta a tu corazón. Aquel que confíe en el Señor y su pensamiento persevere en Él, será guardado en completa paz (Isaías 26:3). El Salmo 37 nos muestra un corazón apacible en medio de un "Mundo Turbulento". Es un Salmo de retos, principios, promesas y cambios. Me impacta la promesa de que los justos heredarán la Tierra, y te lo repite varias veces. Es de reto porque te reta a ser diferente en medio de una generación que camina sin temor, e indiferente al Dios Eterno. Es de cambios porque comienza diciéndote que no te impacientes a causa de la prosperidad del impío; que confíes en el Señor; que pongas tu delicia en el Señor; que encomiendes tu camino al Señor; que guardes silencio ante el Señor y esperes en Él (frase repetida tres veces). Su propósito es exhortar al **justo** a seguir la piedad y la integridad. Desde Génesis hasta Apocalipsis, Dios nos ha mostrado Su gracia y misericordia; *porque con amor eterno nos ha amado; por tanto, nos ha prolongado Su misericordia* (Jeremías 31:3). ¡Cuida tu mente!

"*Descubre Su presencia, busca a Dios en ti y escúchalo.*"

K Sosa

Capítulo 4

Derramada en Su presencia

El día 1 de noviembre de 2014 me sentía muy estresada, y fui a mi computadora, y al abrir mi página principal, mire un artículo que llamó mi atención. El artículo trataba sobre cómo reparar el metabolismo. Comencé a leer, y para mi sorpresa el Espíritu Santo comenzó a hablarme a través del artículo. Hubo una oración del artículo que impacto mi vida en ese momento, y tuve que dejar la lectura del artículo e irme a postrar delante del Señor. La autora del artículo citaba: "Tu momento crucial llega cuando dejas de buscar alguna repuesta fuera de ti y está en tu propio cuerpo." Allí, derramada en Su presencia, escuche la tierna voz del Espíritu Santo, que susurró a mi oído la oración que me había impactado tanto en la lectura del artículo. ¡Ah, y por cierto era un artículo secular! Claro, el Espíritu Santo fue más exacto y más profundo cuando me dijo: *¿Por qué buscas fuera, lo que está dentro de ti?* En ese momento vino a mi memoria el pasaje de Isaías 53:5, pero sólo la porción que declara, "El castigo de nuestra paz fue sobre él…" El Espíritu Santo quería que yo recordara que ya Cristo me había dado la victoria, y que Él era parte de mí. Sabes, durante tiempo de estrés podemos disfrutar de perfecta paz siempre que mantengamos nuestros pensamientos en el Señor, y resistamos todo pensamiento contrario a lo que dice Cristo de nosotros. No olvidemos que la paz, no es ausencia de problemas o situaciones; simplemente es saber que Él ha vencido al mundo, que Él es la fuente de paz, y estará en nosotros todos los días hasta el final. Cristo nos dice en Juan 14:27, "La paz os dejo, mi paz os doy; yo no os la doy como el mundo la da. No se turbe vuestro corazón, ni tenga miedo." En el artículo que yo había leído, la escritora citaba que el sistema nervioso autónomo tiene dos ramas: el sistema nervioso parasimpático (pensar: paz) y el sistema nervioso simpático (piensa: estrés).

No soy especialista en salud, pero intentaré explicarte lo más sencillo posible la función tan importante que tiene el sistema nervioso en nuestro cuerpo. Éste organiza, controla y coordina las funciones corporales para el buen funcionamiento de nuestro cuerpo. El sistema nervioso se divide en dos partes, el sistema nervioso central (SNC) y el sistema nervioso periférico (SNP). El sistema nervioso central es la parte del sistema nervioso hacia la que llega información, la procesa y genera órdenes. Dentro del sistema nervioso periférico, está el sistema nervioso **autónomo**, el cual se divide en: sistema nervioso **simpático** (exitado) y sistema nervioso **parasimpático** (pasivo). La función de estas dos ramas del sistema nervioso es que controlan nuestras acciones involuntarias, actúa sobre los vasos sanguíneos, músculos o glándulas, y regula los procesos vitales o la homoestasis. Este sistema nos prepara para la acción. Este es el sistema que media en la respuesta de estrés hormonal.

Las conductas de lucha y de huida están mediadas por el **sistema nervioso simpático** (exitado). La reación de lucha o huida es un mecanismo automático de supervivencia que prepara al organismo para tomar acción (huyes o luchas) en un momento de crisis. Todas las sensaciones que produce el cuerpo suceden para preparar el cuerpo para huir o luchar, pero cuando no sabes porque están sucediendo vas a pensar que algo grave está pasando en tu cuerpo y por lo tanto, el miedo te paraliza y no reacionas adecuadamente. Algunas sensaciones que se producen son: aumenta la frecuencia de latidos del corazón, dilata los bronquios y las pupilas, estimula las glándulas suprarrenales, (sudoración excesiva o hiperhidrosis en manos, axilas o cara) relacionada con una hiper estimulación del sistema simpático. El sistema simpático es el responsable de la regulación de los mecanismos homeostáticos de lo organismos vivos. Las fibras de este sistema llegan a casi todos los órganos y sistemas del cuerpo, desde la pupila del ojo hasta controlar la motilidad (capacidadad de movimiento) intestinal. Además nos ayuda a sentir las sensaciones de frío o calor.

El sistema nervioso parasimpático (pasivo) se origina en el cerebro y la parte inferior de la médula espinal. Sus funciones son diferentes, la principal función es la de generar un estado de reposo que permita al organismo ahorrar o recuperar energía, provocando una relajación del cuerpo y recuperando su estado tras la presencia de estímulos activadores (algún suceso por el cual estás pasando). O sea, es responsable de la regulación de órganos internos, del descanso, de la digestión y las actividades que ocurren cuando el cuerpo está en reposo, como el sueño. También regula el aparato cardiovascular, el gastrointestinal, el respiratorio y regula el estrés cuando el cuerpo aumenta los niveles del mismo, en este momento el sistema nervioso parasimpático entra en funcionamiento para lograr relajarlo. De este modo podemos considerar al sistema parasimpático (pasivo) el reflejo inverso del sistema simpático (exitado), debido a que ambos sistemas en general realizan acciones que se oponen entre sí. Varias Fuentes de información: Demedicina.com, www. enciclopediasalud.com, Kandel, E.R.; Schwartz, J. H & Jessell T. M. (2001). Principios de neurociencia. Cuarta edición. McGraw-Hill Interamericana. Madrid. Guyton, A. C. & Hall, J. (2006); Metabolismo TV com, Frank Suarez; Tratado de Fisiología Médica. Elsevier; 11th edition. Me impacto mucho conocer esta información y además pude ubicarme en el sistema simpático (exitado) y aprendí que mi sistema nervioso simpático (aunque en verdad no es tan simpático) estaba super activado o sea el estilo de vida que yo estaba llevando (provocado por el trabajo y las preocupaciones) había provocado en mí un desequilibrio hacia el lado simpático (exitado) del SNA, así respondía mi cuerpo a situaciones estresantes. Esta respuesta en mi cuerpo era provocada por el sistema nervioso simpático (responsable de ayudar al ser humano a lidiar con el estrés). Por primera vez, comencé a entender cómo funcionaba yo realmente. Encontré esta definición sencilla de la función principal del Sistema Nervioso: "su función sería captar y procesar rápidamente todo tipo de señales (procedentes del entorno o de nuestro propio cuerpo), controlando y coordinando a su vez, los demás órganos del cuerpo. De este modo, a través del Sistema Nervioso, logramos una interacción eficaz, correcta y oportuna con el medio ambiente." Fuente de información: blog.cognifit.com/es/ sistema-nervioso-parasimpatico.

Puedo ver la grandeza de nuestro Creador, al crear un diseño tan perfecto. Esta información para mí era desconocida, y era precisamente todo lo que yo estaba sintiendo y viviendo desde hace aproximadamente quince años. Hace apenas cinco años atrás había pasado una crisis de ansiedad muy fuerte, la cual vencí en el nombre de Cristo. Y apenas dieciséis meses después, nuevamente estaba sintiendo ansiedad. Tuve una crisis de ataques de pánico muy fuerte. Pero el Espíritu Santo trajo a mi corazón este pasaje bíblico en Deuteronomio 31:8 (Biblia Peshitta), *"**Yahweh es quien va delante de ti, Él estará contigo, no te dejará solo ni te desamparará; no tengas temor, ni tiembles ni te aterrorices**."* Esta Palabra me hizo reaccionar y entender que Él nunca me dejará. La Palabra cita en 1 Pedro 5:7, que echemos toda nuestra ansiedad sobre Cristo, porque Él tiene cuidado de nosotros. Aún conociendo yo este pasaje bíblico, y declarándolo, no se hacía 'rhema' en mí. Rhema proviene del griego y en español significa palabra o sea la Palabra de Dios revelada a nosotros por el Espíritu Santo. Revelada a tu corazón, porque puede estar en tu mente y no haber llegado a tu corazón. Es una palabra específica de parte del Señor, para una necesidad personal y puede venir de varias maneras a tu vida: a través de la Palabra audible, en sueños, en visiones, o al estudiar la Biblia. Y pensé que cómo era posible que Dios usará un simple artículo secular para abrir mis ojos. Yo conozco los pasajes bíblicos que hablan sobre la paz, y los declaro todo el tiempo. Pero había algo importante, Él quería que yo entendiera, "que Él nos creó, que somos hechura suya, y no conocemos nuestro cuerpo." Y le pedí perdón por haber descuidado mi salud emocional, mental y física. Recordé que mi cuerpo es templo de Su Espíritu Santo, que no me pertenece, que solamente soy su administradora, y por lo tanto, tengo que darle cuenta a mi Dios de lo que hago o permito en mi cuerpo, y en mi vida.

Por naturaleza, el hombre busca en lo externo lo que Dios ha puesto en él desde que lo creó. Salomón lo declaró en Eclesiastés 3:11: "Él ha hecho todo apropiado a su tiempo. También ha puesto la eternidad en sus corazones; sin embargo, el hombre no descubre la obra que Dios ha hecho desde el principio hasta el fin." Luis Cernuda, poeta español (1902), expone en su poesía, la antítesis entre la realidad y el deseo, cuando citó: *"Oh Dios. Tú que nos has hecho para morir, ¿por qué nos infundiste la sed de eternidad que hace al poeta?"* Cernuda expone dos ideas: "la muerte y la eternidad", su deseo de vivir eternamente y la realidad de que todo lo que vive muere. Job se preguntaba: *"El hombre que muere, ¿volverá a vivir?"* (Job 14:14). ¡El hombre natural anhela la eternidad! En pleno siglo XXI, todavía algunos buscan en lo místico la eternidad y como liberar sus cargas emocionales. El hombre desde siempre ha buscado la felicidad y la eternidad equivocadamente, será acaso, que desconoce que sólo Dios puede satisfacerlo verdaderamente y que sólo en Él se encuentra la eternidad.

Según ciertas tradiciones orientales como la visión hinduista de las nueve chakras creen que se les permite vivir como seres superiores, con una parte divina, otros por la Astrología Oriental, que estudia la influencia de los planetas en la vida del hombre, y otros con el I-Ching, con las 64 puertas a través de las cuales se expresa la divinidad en la persona (esto es adivinación), y otros se guían por la Cábala, del hebreo qabbālāh, esta es una corriente de interpretación mística y alegórica del Antiguo Testamento. El concepto se refiere al conjunto de doctrinas que mediante el esoterismo y el cumplimiento de ciertos preceptos, pretende revelar el mensaje de Dios y del mundo. Pero, los que hemos nacido de nuevo a través del agua y del espíritu, sabemos que nuestro Creador puso en nosotros Su Espíritu Santo, parte de Él, para que pudieramos encontrar no solo la felicidad, sino también la eternidad. Esa eternidad que perdimos con la caída del hombre. Entonces, ¿qué es eternidad? Isaías 57:15 nos revela que Dios "habita la eternidad". Según el diccionario Larousse, *"eternidad"* se define como 'tiempo que no tiene fin,' o sea que no existe el tiempo. Y te preguntarás: ¿Por qué Dios puso dentro de mí algo de Él, a pesar de ser yo una vasija de barro? Como dice Salomón en Eclesiastés: *"Él ha puesto eternidad en nuestros corazones y a pesar de ello, no alcanzamos a comprender Su obra en nosotros."* Pablo lo expresa así: *"Pero tenemos este tesoro en vasos de barro, para que la excelencia del poder sea de Dios, y no de nosotros"* (2 Corintios 4:7). El Padre nos compara con vasijas de barro, porque así como el barro está en las manos del alfarero, así nosotros estamos en Sus manos, para que Él nos formé. Y sabemos que es un proceso muy duro por el cual tenemos que pasar mientras somos formados.

La autoridad del alfarero

Usaré la autoridad que tiene el alfarero sobre la arcilla como ilustración para mostrar la autoridad de Dios sobre los hombres y sobre todo lo creado. Y habló Dios a Jeremías, y le dijo:

> "Levántate y vete a casa del alfarero, y allí te haré oír mis palabras. Y descendí a casa del alfarero, y he aquí, que él trabajaba sobre la rueda, y la vasija de barro que él hacía se echó a perder en su mano; y volvió y la hizo otra vasija, según le pareció mejor hacerla. Entonces vino a mí palabra de Jehová, diciendo: ¿No podré yo hacer de vosotros como este alfarero, oh casa de Israel? dice Jehová. He aquí que como el barro en la mano del alfarero, así sois vosotros en mi mano, oh casa de Israel" (Jeremías 18:1-6).

El alfarero es una persona que moldea el barro para hacer ollas, platos y otras vasijas de barro cocido. El significado literal del término hebreo *'yoh·tsér'* (alfarero) es **"formador"** o *'uno que forma'* (Jeremías 18:4). Cuando el alfarero trabaja con el barro, comienza lavando y limpiando el barro de impurezas, luego lo deja reposar, después holla el material húmedo con los pies para hacerlo pastoso y maleable (Isaías 41:25). Luego, lo amasa a mano, y lo coloca sobre la rueda de alfarero para darle forma. Pone la pella de barro sobre la rueda, y a medida que ésta gira, va formando con las manos una vasija (Jeremías 18:3-4). Y la deja lista para el proceso del pulido. Mas cuando la vasija se rompe en la rueda, la falla no está en la habilidad del alfarero sino en la "arcilla". Luego, coloca su **"sello"** en la vasija, y al final de este proceso, la pone en el horno de fuego, el cual dará dureza necesaria y la estructura final a la vasija.

Génesis 2:7 cita: Y todo comenzó en el principio: ***"Entonces Jehová Dios formó al hombre del polvo de la tierra, sopló en su nariz aliento de vida, y fue el hombre un ser viviente."*** ¡Que hermoso! Como puedo imaginar a nuestro alfarero tomando el barro en sus manos. Él conocía la calidad del barro, sus propiedades, y sobretodo que era maleable (se le puede dar distintas formas sin quebrarlo o romperlo). Entonces decidió usar el barro, Él sabía cual era el diseño que quería crear, lo podía romper y volver a formar hasta lograr el diseño perfecto. Y comenzó a trabajar sobre esa idea, ese diseño que tenía en su mente. Comenzó a darle forma hasta lograr un **Diseño perfecto, exclusivo,** luego lo pulió, y decidió darle un toque especial, único, diferente; quiso ponerle un sello de autenticidad, exclusivo, que distinguiese ese diseño que tenía en su mente, algo Suyo, Su firma, Su ADN. Entonces sopló y le dio vida; sabía que si Su creación se echaba a perder, Él podía volver a darle forma, podría hacerla de nuevo. Ya quedaba el paso final, la prueba final, ***meterla al horno de fuego;*** si la vasija resistía esta prueba final saldría fuerte, perfecta, y Él lograría Su propósito eterno, Su Obra Maestra, terminada y "conformada a la imagen de Su Hijo" (Romanos 8:29). Y es que Dios (Elohim) es nuestro alfarero, y nosotros somos sus vasijas de barro (unión de tierra y agua), por lo que Él puede rompernos (aunque nos duela) y hacernos de nuevo. A Él le plació poner eternidad en esas vasijas de barro, para que así como dijo Pablo, la excelencia del poder sea de Él (Dios), y no de nosotros.

Se cuenta que en Inglaterra había una pareja que gustaba de visitar las pequeñas tiendas del centro de Londres. Al entrar en una de ellas se quedaron prendados de una hermosa tacita. — ¿Me permite ver esa taza? Preguntó la señora: — ¡nunca he visto nada tan fino! En las manos de la señora, la taza comenzó a contar su historia: "Usted debe saber que yo no siempre he sido la taza que usted está sosteniendo. Hace mucho tiempo era solo un poco de barro. Pero un artesano me tomó entre sus manos y me fue dando forma. Llegó el momento en que me desesperé y le grité: — ¡Por favor, ya déjeme en paz! Pero él sólo me sonrió y me dijo: — Aguanta un poco más, todavía no es tiempo. Después me puso en un horno. ¡Nunca había sentido tanto calor! Toqué a la puerta del horno y a través de la ventanilla pude leer sus labios que me decían: — Aguanta un poco más, todavía no es tiempo. Cuando al fin abrió la puerta, mi artesano me puso en un estante. Pero, apenas me había refrescado, me comenzó a raspar, a lijar. No se cómo no acabo conmigo. Me daba vueltas, me miraba de arriba a abajo. Por último me aplicó meticulosamente varias pinturas. Sentía que me ahogaba. — Por favor, déjame en paz!, le gritaba a mi artesano; pero él solo me decía: — Aguanta un poco más, todavía no es tiempo. Al fin, cuando pensé que había terminado aquello, me metió en otro horno, mucho más caliente que el primero. Ahora si pensé que terminaba con mi vida. Le rogué y le imploré a mi artesano que me respetara, que me sacara, que si se había vuelto loco. Grité, lloré; pero mi artesano sólo me decía: — Aguanta un poco más, todavía no es tiempo. Me pregunté entonces si había esperanza. Si lograría sobrevivir a aquellos tratos y abandonos. Pero por alguna razón aguanté todo aquello. Fue entonces que se abrió la puerta y mi alfarero me tomó cariñosamente en sus manos y me llevó a un lugar muy diferente, era precioso. Allí todas las tazas eran maravillosas, verdaderas obras de arte, resplandecían como solo ocurre en los sueños. No pasó mucho tiempo cuando descubrí que estaba en una fina tienda, y ante mí había un espejo. Y una de esas maravillas era yo. ¡No podía creerlo! ¡Esa no podía ser yo! Mi alfarero entonces me dijo: — Yo sé que sufriste al ser moldeada por mis manos. ¡Mira tu hermosa figura! Sé que pasaste terribles calores, pero ahora observa tu sólida consistencia, sé que sufriste con las raspadas y pulidas, pero mira ahora la finura de tu presencia. Y la pintura te provocaba nauseas, pero contempla ahora tu hermosura. ¿Y si te hubiera dejado como estabas? — ¡*Ahora eres una obra terminada*! ¡*Lo que imaginé cuando te comencé a formar*!

¡Oh, Amado Dios! Así somos nosotros en Tus manos. Tú no te detendrás hasta lograr que seamos conformados a la imagen de tu Hijo. Yo estoy dispuesta, aunque el proceso comenzó hace mucho tiempo y no ha terminado. Te pregunto: ¿Y tú, lo estás? Pablo declara en Romanos 9:21-24: ¿O no tiene potestad (autoridad) el alfarero sobre el barro, para hacer de una misma masa un vaso para honra y otro para deshonra? ¿Y qué, si Dios, queriendo mostrar su ira y hacer notorio su poder, soportó con mucha paciencia los vasos de ira preparados para destrucción, y para hacer notorias las riquezas de su gloria, las mostró para con los vasos de misericordia que **Él preparó de antemano para gloria**, a los cuales también ha llamado, esto es, a nosotros, no sólo de los judíos, sino también de los gentiles." El alfarero utiliza **barro**, **agua** y **fuego** para darle forma a la vasija. Como podemos ver la vasija es hecha de "**barro**" al igual que nosotros. El alfareo produce una mezcla de barro, agua y fuego, y es ese mismo proceso por el cual Dios está trabajando continuamente con el hombre (el barro). El "**agua**" representa la Palabra de Dios, el "**fuego**" (la prueba) lo usa para darle una forma definida o sea lo mete al horno de la '**prueba**' que puede ser su debilidad, sus luchas internas o sus crisis, o la enfermedad. Es ahí donde opera el fuego de Dios, endureciendo el barro y la vasija, y dándole una nueva forma definida y permanente. Él continua trabajando con nosotros y nos sigue dando forma a través de las pruebas, hasta lograr el producto deseado, y lograr Su propósito eterno, que todos lleguemos a la unidad de la fe y del conocimiento pleno del Hijo de Dios, a la condición de un hombre maduro, a la medida de la estatura de la plenitud de Cristo (Efesios 4:13). Pero, el hombre se rebela porque no entiende el propósito del alfarero. Isaías lo describe así: ¡Ay del que pleitea (contiende) con su Hacedor! Dira el barro al alfarero, ¿qué haces? (Isaías 45:9). En Romanos 9:20, Pablo lo describe así: "Mas antes, oh hombre, ¿quién eres tú, para que alterques con Dios? Dirá el vaso de barro al que lo formó: ¿Por qué me has hecho así?" Así que, ¡no mas lucha entre la vasija y su alfarero, dejémonos formar por Él! Isaías 64:8 declara: "*A pesar de todo, Señor, tú eres nuestro Padre; nosotros somos el barro, y tú el alfarero. Todos somos obra de tu mano.*" Él conoce nuestra condición, se acuerda de que somos polvo (Salmo 103:14). Nuestro Creador, puso la eternidad en estas vasijas de barro, por lo que nada externo a ti puede satisfacer esa necesidad de lo eterno que Él ha puesto en ti. Dentro del hombre hay una aspiración por lo eterno. Buscamos lo que sentimos en nuestros corazones en cada experiencia personal, en cada logro alcanzado. Pero luego de alcanzarlo sentimos un vacío, ¿Lo has experimentado alguna vez? Yo sí, varias veces. Dios ha puesto en tu corazón ese anhelo por lo eterno, con el fin de que lo busques. Y nada material va a llenar esa expectativa, solo Su presencia. Y eso lo logramos cuando entramos en contacto con nuestro Creador, y desarrollamos una **comunión íntima** con Él; es ahí que saciamos esa necesidad. Solamente a través de Cristo, podemos acercarnos al Padre y alcanzar la vida eterna (Juan 3:36); porque Cristo es el camino, la verdad y la vida, y nadie llega al Padre, sino por él (Juan 14:6). Pablo dice que a fin de que, así como reinó el pecado en la muerte, reine también **la gracia** que nos trae **justificación** y **vida eterna** por medio de Jesucristo nuestro Señor (Romanos 5:21 (NVI). Dice que ya hemos sido **lavados**, **santificados**, y **justificados** en el nombre del Señor Jesús (1 Corintios 6:11). "Mas ahora que habéis sido libertados del pecado y hechos siervos de Dios, tenéis por vuestro fruto la **santificación**, y como fin, la **vida eterna**" (Romanos 6:22). La santificación es el resultado y la consecuencia inseparable de la regeneración.

Comunión íntima con tu Creador

Comunión fue lo que el primer hombre perdió al pecar. Entonces Dios, entregó a Su Hijo como ofrenda, derramando su sangre en la cruz del Calvario por nuestro pecados. Su deseo eterno es tener muchos hijos similares a Jesús, su primogénito. Es así como nuestro nacimiento espiritual comienza, cuando creemos en Jesucristo como el Hijo de Dios, nos arrepentimos y confesamos al Padre nuestros pecados: *"Si confesamos nuestros pecados, él es fiel y justo para perdonar nuestros pecados y limpiarnos de toda maldad"* (1 Juan 1:9). De esta manera Jesucristo, el Hijo, nos presenta santos, sin mancha y sin pecado delante de Su Padre. Una de las condiciones para tener comunión con Dios es "SER SANTOS." ¡Pero, no te asustes ante tal demanda! Porque santo quiere decir 'apartados', 'separados' del pecado. La palabra en hebreo *"kadhash"* significa la separación de una persona o un objeto para Dios, el 'Santo'. Y cuando se separa o se aparta algo con un propósito determinado no se puede usar para otra cosa. Entonces apartados, separados del pecado podemos iniciar una comunión íntima con el Padre a través de Su Hijo Jesucristo. En I Pedro 1:15-16 leemos: *"Sino que así como aquel que os llamó es santo, así también sed vosotros santos en toda manera de vivir; porque escrito está*: **SED SANTOS, PORQUE YO SOY SANTO.**" La palabra "**santificación**" significa '**consagración**' (ser apartado). Pablo habla de la santificación, y señala que hemos sido santificados por la ofrenda del Cuerpo de Jesucristo hecha una vez para siempre, porque con una sola ofrenda ha hecho perfectos para siempre los que están siendo santificados (Hebreos 10:10-12). Sabemos que desde el principio, el pecado produjo una separación entre Dios Padre y el hombre; el costo para restablecer esa comunión fue el sufrimiento y la muerte de Su propio Hijo. El apóstol Juan escribió, proclamando muy claro: "Lo que hemos visto y oído, eso os anunciamos, para que también vosotros tengáis comunión con nosotros; y nuestra comunión verdaderamente es con el Padre, y con su Hijo Jesucristo" (1 Juan 1:3). Y Juan recalcó: **"Si decimos que** tenemos comunión con Él, y andamos en tinieblas, mentimos, y no practicamos la verdad" (1 Juan 1:6). También Pablo lo dijo: "Fiel es Dios, quien los ha llamado a tener comunión (koinonia) con su Hijo Jesucristo, nuestro Señor" (1 Corintios 1:9). El sustantivo "Koinonía" es la palabra griega que se traduce generalmente por 'comunión,' el verbo es 'koinonéo'. Ambos términos provienen de otra palabra griega "koinonós" que se traduce por 'compañero' y 'participante'. Primera de Corintios 2:14 señala que la comunión íntima y personal con nuestro Dios es algo que el hombre natural no percibe ni entiende: "Pero el hombre natural no percibe las cosas que son del Espíritu de Dios, porque para él son locura, y no las puede entender, porque se han de discernir espiritualmente." El hombre natural vive de acuerdo con lo natural y su alma (intelecto y sus emociones) lo gobierna, por ahí lo clasifican como un hombre almático (porque no ha nacido de nuevo). Al hombre natural, el príncipe de este mundo le ha cegado la mente para que no le resplandezca la luz del Evangelio de la salvación, la cual es el Cristo (2 Corintios 4:4). La revelación sólo es a través del Espíritu Santo. Por lo tanto, el "hombre natural" no puede entender las cosas reveladas, porque no ha recibido al Espíritu que es de Dios. El hombre natural solo entiende con el alma, o sea la "Psiquis" del griego 'Psiqué' (Strong 5590), es alma humana, del hebreo 'anima'. La intimidad es el resultado de una relación de absoluta confianza entre dos personas. Si tú decides conocer a una persona y tratarla más de cerca, tendrás que pasar mucho tiempo con esa persona para llegar a conocer cómo es y cómo piensa. Lo mismo pasa con nuestro Dios, mientras más tiempo pasamos con Él, más lo conocemos y mientras más leemos y meditamos en Su Palabra más conocemos Su carácter y Su corazón. Cultiva Su presencia cada día; como decía David, el dulce cantor de Israel: "Anhelo habitar en tu casa para siempre y refugiarme debajo de tus alas" (Salmos 61:4); "Todo mi ser te desea por las noches; por la mañana mi espíritu te busca" (Isaías 26:9). Te exhorto a que comiences a desarrollar un hábito de pasar tiempo a solas con Él, y de escuchar la voz del Espíritu Santo, hasta que logres ser uno con Él, de espíritu a espíritu: "El que se une al Señor, un espíritu es con Él" (1 Corintios 6:17). Y de ésto te doy fe, porque he tenido esa experiencia personal de sentir esa unión de espíritu a espíritu con mi Salvador y Señor. Y te puedo testificar delante de Su Presencia, que ha sido algo tan sublime e inefable, de tal naturaleza o tan grande que no se puede expresar con palabras, por ser algo tan extraordinario e inexplicable con palabras humanas.

Te voy a compartir esta anécdota personal: Cuando yo me desempeñaba como directora escolar, un día que estaba reunida con mi personal de trabajo, pues teníamos una junta (reunión), y recuerdo que siempre antes de comenzar la junta yo hacía una oración de reflexión, pero, no sé porque (Dios, si sabe) ese día, compartí con ellas (pues ese día no habían varones en la junta) una experiencia personal que yo había tenido en mis momentos de intimidad con mi Señor. Recuerdo que les dije: "Saben por ahí dicen que lo máximo, lo más que satisface al hombre como a la mujer, es un orgasmo, ¡mas yo te digo, que no es verdad! Lo máximo, lo más sublime, lo más inefable, es cuando tu espíritu se une al espíritu de tu Creador, y se hacen uno. Y les dije: "No hay palabras como describirlo. Cuando ésto ocurre, no deseas salir de Su presencia." Mostrándoles mis manos les dije: "Tengo cinco dedos en cada mano y puedo contar con ellos las pocas veces que he tenido esta inefable experiencia." (Inefable significa que no se puede explicar con palabras). ¿Y sabes? me sobran muchos dedos, pues han sido dos, a lo sumo tres veces, en mi largo caminar con mi Salvador y Señor Jesucristo." Cristo me encontró en el 1975, pues yo era la que estaba perdida, Él siempre ha estado presente. Yo sentía la presencia del Señor mientras compartía esta experiencia tan maravillosa. Recuerdo, en ese momento había un silencio en el lugar donde estabamos reunidas, que si caía un alfiler en el piso se iba a escuchar. Yo sé que fue el Espíritu Santo quien permitió que yo compartiera esta experiencia con ellas, al igual que hoy la estoy compartiendo contigo a través de este libro. Ruego a Cristo, y espero en Él, que sirva para animarte a buscar esa intimidad con Él, porque estoy absolutamente segura que será de bendición a tu vida.

El ajetreo en que vivimos y el poco tiempo que invertimos en compartir con Cristo, nos impide experimentar este tipo de experiencia. Sabes, es necesario compartir con Él. ¿Cómo se sentiría tu esposo si tú lo ignoraras? ¿Por qué crees que la Palabra usa la analogía del matrimonio para representar a Cristo y la Iglesia? En la Carta a los Efesios (5:22-33) al igual que en los Profetas del Antiguo Testamento (Isaías, Jeremías, etc.) encontramos la analogía del matrimonio entre Cristo e Israel, Su pueblo. Luego, Pablo usa esta misma analogía del matrimonio con la relación de Cristo y la Iglesia y en su carta a los Efesios escribe: **"Cristo amó a la Iglesia y se entregó a sí mismo por ella"** (Efesios 5:25). En Génesis 2:24 y en Efesios 5:31, Pablo habla de la unión del hombre y la mujer, y dice: **"Los dos se harán una sola carne."** Pablo utiliza la relación que existe entre Cristo y la Iglesia, y la que existe entre el esposo y la esposa, representando al hombre y a la mujer unidos por el vínculo matrimonial, viven juntos, son uno, y hay un pacto entre ambos hasta que la muerte los separe. ¡Que pena, muchos no habíamos nacido de nuevo, ni teníamos el conocimiento de esta verdad, y pasamos por un divorcio! Como puedes ver en un matrimonio hay unidad, compañerismo, alianza o pacto de fidelidad, hay una relación íntima entre ambos. Es por ésto que vemos la analogía del matrimonio, Cristo y la iglesia, el hombre y la mujer, esa unión donde los dos son una sola carne. Este término "una sola carne" viene del libro de Génesis en la narración de la creación de Eva (Génesis 2:21-24). Y esta unión o relación se da en intimidad, es por eso que debemos anhelar esta relación espiritual con nuestro Amado. Es necesario hacer un alto en este corre-corre en que vivimos, y hablar con Él, y escucharlo, no debemos olvidar que somos Su casa, Su morada aquí en la tierra. Te aseguro que cuando comiences a pasar tiempo con Él, en el lugar secreto vas a anhelarlo cada día más y más. Cuando lo hacemos, más pasión vamos a tener por Su presencia y mayor oportunidad de descubrirla en cada detalle de nuestro diario vivir, y de todo lo que nos rodea. Él nos habla a través de Su Palabra, de nuestros pensamientos, de circunstancias, de otras personas, y de sueños.

La oración es un arma poderosa para acercarte a Él. No es simplemente acercarte a Él por una situación o necesidad que tengas, sino, mas bien cultivar Su amistad, es deleitarte en Su compañía, en Su presencia, y sobre todo en escucharlo. Me gusta la frase que usa mi Pastor, (por cierto, es el esposo de mi hija) cuando dice desde el púlpito: *"No cambio cuando le hablo a Dios, sino que cambio cuando Él me habla a mí."* Así que no ores hasta que Él te escuche, ora hasta que tú lo escuches a Él. Es una gran verdad como lo afirma la Palabra: "Acontecerá que si oyeres atentamente la voz de Jehová tu Dios, para guardar y poner por obra todos sus mandamientos que yo te prescribo hoy, también Jehová tu Dios te exsaltará sobre todas las naciones de la tierra. Y vendrán sobre ti todas estas bendiciones, y te alcazaran, si oyeres la voz de Jehová Dios" (Deuteronomio 28:1-2). Es importante aprender a escuchar la voz del Eterno, pues Él nos da instrucciones cuando nos habla. ¡Cultívala! ¿Cómo? Teniendo comunión íntima con Él. La palabra "**escuchar**" viene del hebreo *'shamá'* y es una raíz primaria que significa oír inteligentemente, con atención, atender, dar oídos, discernir, entender, escuchar fielmente, prestar atención; porque no es lo mismo escuchar que oír. El Diccionario de la Real Lengua Española dice que escuchar es prestar atención a lo que se oye; dar oídos, atender a un aviso, consejo o sugerencia; aplicar el oído para oír algo. Hay dos condiciones para caminar en comunión con el Eterno, estas son: temerle y ser justo. Lo podemos comprobar en la Palabra, el Salmo 25:14, cita que "**la comunión íntima de Jehová es con los que le temen, y a ellos hará conocer su pacto.**" Además Proverbios 3:32 afirma: "**Porque Jehová abomina al perverso; mas su comunión íntima es con los justos.**" Esta comunión es una relación tan estrecha que ambos comparten los secretos más íntimos. La palabra "*comunión*" viene del griego es "*Koinonía*", que significa tener amistad, comunión, compañerismo, participación, amistad, y comunicación.

El temor a Dios

El temor a Dios trata de respeto, de temor reverente, de fidelidad, y de amor. Ese temor es la disposición que el Espíritu Santo pone en nosotros para que actuemos con temor, y respeto delante de Su "*Deidad*". Esta palabra viene del griego *'theotes'* y significa **la cualidad o condición de ser Dios**, (Página 288, Thayer, Greek-English Lexicon). Colosenses 2:9, afirma *que en Cristo habita corporalmente, toda la plenitud de la Deidad, o sea de todo lo que Dios es.* La palabra "*plenitud*" es la cualidad de estar lleno, completo terminado, y en griego es *'pléróma'*. Los atributos de la '**Deidad**' (Dios), son: eternidad, inmutabilidad (no cambia), omnipotencia, omnisciencia, omnipresencia, santidad, infinito, perfecto, es amor etc. Cristo posee los atributos divinos y no hay otro ser que los posea. Los ángeles son seres celestiales, pero no poseen los atributos de Dios. Pablo lo confirma: "Mirad que nadie os engañe por medio de filosofías y huecas sutilezas, según las tradiciones de los hombres, conforme a los rudimentos del mundo, y no según Cristo. *Porque en Él habita corporalmente toda la plenitud de la Deidad,* y vosotros estáis completos en él, que es la cabeza de todo principado y potestad" (Colosenses 2:8-10). Énfasis añadido.

Regresando al concepto el temor a Dios, podemos leer en el libro de Proverbios 1:7, y en el Salmo 111:10, *que el principio de la sabiduría es el temor a Dios.* Y nos enseña la Palabra que el conocimiento del Santísimo es la inteligencia (Proverbios 9:10). Un excelente ejemplo lo encontramos en Génesis 6:8-9, el cual cita que Noé halló gracia ante los ojos del Eterno porque en Noé habitaba el temor de Dios, y **era un varón justo**, **y perfecto** en sus generaciones, por lo que Dios le hizo conocer su pacto (Génesis 6:18). La palabra *"perfecto"* aquí viene del hebreo *'shalém'* (Strong 8003) que significa amigable, pacífico, perfecto, entero, exacto, íntegro, cabal. ¡Así, el Eterno veía a Noé! Otro ejemplo lo vemos en Génesis 22:12, cuando Dios prueba a Abraham pidiéndole que ofrezca en holocausto a Isaac, su único hijo. Y Abraham obedeció, y cuando extendió su mano para degollar a su hijo, entonces el ángel de Dios le dijo: "No extiendas tu mano sobre el muchacho, ni le hagas nada; porque ya conozco que *temes* a Dios, por cuanto no me rehusaste tu hijo, tu único." Tal era la comunión de Abraham con Dios que fue llamado amigo de Dios (Santiago 2:23). Otro ejemplo que nos muestra la Biblia es a Moisés, quien fue un hombre integro, temeroso de su Dios. Dice la Palabra en que el hombre que teme a Dios es bienaventurado porque lo teme, y en sus mandamientos se deleita en gran manera. Cita el libro de Lucas 1:50, *"Su misericordia se extiende de generación en generación sobre aquellos que lo temen.* El hombre que teme a Dios será bendecido (beneficios), porque Dios le enseñará el camino que ha de escoger, y con el temor de Dios se apartará del mal, gozará de bienestar, su descendencia será poderosa en la tierra, y heredará la tierra. (Salmos 25:12-13; 112, Proverbio 16:6 b).

El temor de Dios en nosotros, nos permite superar el pecado y vivir en santidad (separados) delante de Él. No con nuestra fuerza sino con la que el Espíritu Santo pone en nosotros para resistir hasta el final. Pablo enseñaba a los hombres, les exhortaba y señalaba: "Así que, amados, puesto que tenemos tales promesas, limpiémonos de toda contaminación de carne y de espíritu perfeccionando la santidad en el temor de Dios" (2 Corintios 7:1). *"Porque es necesario que todos nosotros comparezcamos ante el tribunal de Cristo, para que cada uno reciba según lo que haya hecho mientras estaba en el cuerpo, sea bueno o sea malo. Conociendo, pues, el temor del Señor, persuadimos a los hombres"* (2 Corintios 5:11). "Así que, recibiendo nosotros un reino inconmovible, tengamos gratitud, y mediante ella sirvamos a Dios agradándole con temor y reverencia; porque nuestro Dios es fuego consumidor" (Hebreos 12:28-29). La enseñanza sobre el temor de Dios, es una de las que menos que se predica en nuestras iglesias hoy en día. Puede sonar contradictorio hablar del temor de Dios, cuando lo único que se enseña es que nuestro Dios es amor, y que es misericordioso. Y no mienten, porque éstos son dos de los muchos atributos de nuestro Dios. Necesitamos clarificar estos conceptos porque el mismo Apóstol Pablo cita que "Dios es amor y también fuego consumidor." La Palabra no se contradice porque Dios es un Dios justo y en Su justicia aplica ambos términos, amor y juicio. Necesitamos volvernos a Él, no es teniendo miedo de Él, sino temerle reverentemente, reconociendo que Él es el "ÚNICO DIOS VERDAERO" y nosotros somos sus hijos, y sin olvidar que tenemos Sus promesas, pero no te enfoques solo en sus promesas sino en Su presencia.

Leí un dicho que es muy cierto, dice así: *"El temor de Dios es el secreto para sostener la integridad."* La Biblia nos exhorta a través de muchas pasajes, tanto en el Antiguo Testamento, como en el Nuevo Testamento, a caminar en el temor de Dios. *"Entonces las iglesias tenían paz por toda Judea, Galilea y Samaria; eran edificadas, andando en el temor del Señor, y se acrecentaban fortalecidas por el Espíritu Santo"* (Hechos 9:31). El hombre ha perdido de vista quién es Dios y quién es el hombre. Mas la Biblia nos enseña que **"el principio de la sabiduría es el temor a Jehová"** (Proverbios1:7; Salmos 111:10). El Salmo 147:11 dice que Dios se agrada de los que le temen; y Job (28:28), pensaba que el temor de Dios es la sabiduría, y apartarse del mal la inteligencia.

La Biblia nos relata en la historia de Moisés, que Dios, trajó crisis a su pueblo. El propósito de la crisis y de las pruebas es para continuar siendo formados por el alfarero, y desarrollar el temor de Dios en los hombres para que no pequen. Estando Moisés delante del pueblo les dijo: **"No temáis,**

porque para probaros vino Dios, y para que su temor esté delante de vosotros, para que no pequéis" (Éxodo 20:20, NVI). Las palabras **"probar o prueba"** provienen de la palabra griega *'peraizo'*, y significa probar, o tomar un exámen. La prueba (como cité anteriormente) es un proceso por el cual Dios te permite pasar; pero no olvides que el maestro siempre está en silencio durante la prueba (pero está presente). Estando Jesús en el desierto clamó: **"Padre, si quieres, pasa *de mí esta copa*; *pero no se haga mi voluntad sino la tuya*"** (Lucas 22:42). Pero se sometió a la voluntad del Padre, pasó su proceso para que nosotros alcanzaramos la salvación. Él Padre nos disciplina a través de pruebas o procesos, para así formar nuestro carácter.

Recuerdas el 'aguijón' de Pablo, Dios le dijo: "Y para que la grandez de las revelaciones no me exaltase desmedidamente, me fue dado un aguijón en mi carne, un mensajero de Satanás que me abofetee, para que no me enaltezca sobremanera; respecto a lo cual tres veces he rogado al Señor, que lo quite de mí" (2 Corintios 12:7-8). La palabra **"aguijón"** en el griego es *'Sokops tei Sarki'*, que quiere decir **una espina en mi carne** y la palabra *'abofetear'* en el griego es *'kolaphizei'*, **dar de bofetadas**. De lo que deducimos que era abofetear en el rostro o sea el aquijón que afectaba sus ojos. Entonces esta condición que Pablo estaba batallando, muy bien podría estar relacionado con la enfermedad mencionada en Gálatas 4:13-15, donde Pablo aconseja a los Gálatas a no volver a la esclavitud: "Pues vosotros sabéis que a causa de una enfermedad del cuerpo os anuncié el evangelio al principio; y no me despreciasteis ni desechasteis por la **prueba** que tenía en mi cuerpo, antes bien me recibisteis como a un ángel de Dios, como a Cristo Jesús." Aparentemente ellos estaban conscientes de la enfermedad de Pablo en sus ojos, y según él lo afirma: "… porque os doy testimonio de que si hubieseis podido, os hubieráis sacado vuestros propios ojos para dármelos. Como vemos, el problema de Pablo pudo ser en la vista, el cual estaba relacionado a su encuentro con Cristo: "Mas yendo por el camino, aconteció que al llegarcerca de Damasco, repentinamente le rodeó un resplandor de luz del cielo, El dijo: ¿Quién eres, Señor? Y le dijo: Yo soy Jesús, a quien tú persigues; dura cosa te es dar coces contra el aguijón." Pablo cayó a tierra quedándose ciego y por tres días estuvo sin ver, y no comió ni bebió (Hechos 9:3-9). Entonces, Dios habla a su discípulo Ananías, y le da instrucciones de ir a ver a Pablo porque éste había sido elegido como instrumento para dar a conocer el nombre de Jesús a los gentiles. Pero, esta encomienda le iba a costar a Pablo muchas tribulaciones; como prisiones y aflicciones (Hechos 20:23;21:11-13), hasta completar el propósito eterno. Y cuando Ananías visita a Pablo, puso sobre él sus manos y le dijo: "...el Señor Jesús, que se te apareció en el camino por donde venías, me ha enviado para que recibas la vista y seas lleno del Espíritu Santo. Y al momento le cayeron de los ojos como escamas, y recibió al instante la vista; y levantándose, fue bautizado (Hechos 9:17-18). *El siervo que conoce la voluntad de su señor, y no se prepara para cumplirla, recibirá muchos golpes*" (Lucas 12:47, NVI). Y tú dirás: ¡Pero ya Cristo pagó por nuestros pecados! Pues sí, porque la ley no nos libra de nuestra naturaleza pecaminosa, sino que nos señala el pecado. Pablo le dijo a Timoteo: "Sabemos que la ley es buena, si uno la usa legítimamente; conociendo esto, que la ley no fue dada para el justo, sino para los transgresores y desobedientes, para los impíos y pecadores ..." (Timoteo 1:8-11). Y Juan señaló: "Pues la ley por medio de Moisés fue dada, pero la gracia y la verdad vinieron por medio de Jesucristo (la ley ya no sería escrita en tablas de piedras, sino en nuestros corazones a través del Espíritu Santo (Juan 1:17). Mucho antes de la venida del Mesías, el profeta Jeremías (31:33) lo profetizó: "Pero este es el pacto que haré con la Casa de Israel después de aquellos días, dice Jehová: *daré mi ley en su mente, y la escribiré en su corazón; y yo seré a ellos por Dios, y ellos me serán por pueblo.*" Aunque la ley contenía la verdad, no nos proveía de poder para cumplirla, Romanos 8:3 (NVI) lo describe así: "En efecto, la ley no pudo liberarnos porque la naturaleza pecaminosa anuló su poder; por eso Dios envió a su propio Hijo en condición semejante a nuestra condición de pecadores, para que se ofreciera en sacrificio por el pecado. Así condenó Dios al pecado en la naturaleza humana." Dios estableció la ley de vida en Jesucristo para mostrar Su justicia. "Porque el fin de la ley es Cristo, para justicia a todo aquel que cree (Romanos 10:4). Ahora podemos decir: "Porque la ley del Espíritu de vida en Cristo Jesús me ha librado de la ley del pecado y de la muerte" (Romanos 8:2). *El viejo hombre estaba bajo la ley del pecado y de la muerte, pero el nuevo hombre esta bajo ley del Espíritu de vida, es siervo de la justicia, no puede pecar.* Pablo lo explica así:

¿Qué, pues, diremos? ¿Perseveraremos en el pecado para que la gracia abunde? En ninguna manera Porque los que hemos muerto (tiempo pasado) al pecado, ¿cómo viviremos aún en él? ¿O no sabéis que todos los que hemos sido bautizados (sumergidos) en Cristo Jesús, hemos sido bautizados en Su muerte? Porque somos sepultados juntamente con Él para muerte por el bautismo (inmersión), a fin de que como Cristo resucitó de los muertos por la gloria del Padre, así también nosotros andemos en vida nueva. Porque si fuimos plantados juntamente (en unión) con Él en la semejanza de Su muerte, así también lo seremos en la de Su resurrección. Sabiendo esto, que nuestro viejo hombre fue crucificado juntamente con Él, para que el cuerpo del pecado sea destruido (incapacitado) a fin de que no sirvamos más al pecado. Porque el que ha muerto, ha sido justificado del pecado. Y si morimos con Cristo, creemos que también viviremos con Él. Sabiendo que Cristo, habiendo resucitado de los muertos, ya no muere; la muerte no se enseñorea más de Él. Porque en cuanto murió, al pecado murió una vez por todas; más en cuanto vive, para Dios vive. Así también vosotros consideraos **muertos al pecado,** pero vivos para Dios en Cristo Jesús, Señor nuestro. No reine (no gobierne), pues, el pecado en vuestro cuerpo mortal, de modo que lo obedezcáis en sus concupiscencias (pasiones, malos deseos). Ni tampoco presentéis vuestros miembros al pecado como instrumentos de iniquidad, sino presentaos vosotros mismos a Dios como vivos de entre los muertos, y vuestros miembros a Dios como instrumentos de justicia. Porque el pecado no se enseñoreará (no tendrá dominio) de vosotros; pues no estáis bajo la ley, sino bajo la gracia" (Romanos 6:1-14). Énfasis añadido.

Regeneración

Como resultado de la caída del hombre Dios se vio en la necesidad de efectuar una "nueva creación". A tráves de la muerte de Cristo, Dios nos ha r redimido del pecado y Su Espíritu vuelve a morar en el hombre y comienza un **ciclo de regeneración** en la vida del hombre, el cual lo va a llevar a la **santificación** o sea apartarnos para servir al Señor. Tal como nuestro nacimiento físico resultó en un nuevo individuo entrando en un mundo terrenal, nuestro nacimiento espiritual resulta en una nueva persona que entra en el reino celestial (Efesios 2:6). La regeneración es parte de lo que Dios hace por nosotros en el momento de la salvación, junto con el sello del Espíritu Santo (Efesios 1:13), Esta promesa de poner Su Espíritu en nosotros fue anunciada a Israel por Ezequiel (verso 36:27): "Pondré dentro de vosotros mi Espíritu, y haré que andéis en mis estatutos, y guardéis mis preceptos, y los pongáis por obra." Pablo lo entendió perfectamente, y así lo expone en Romanos 8:2, para ejemplo nuestro. *"Por lo tanto, la ley del Espíritu de vida en Cristo Jesús me ha librado de la ley del pecado y de la muerte."* Y Pablo continua diciendo: *"No estoy en la carne, sino en el Espíritu. El Espíritu de Dios mora en mí"* (Romanos 8:9). *"Me he revestido del nuevo hombre, que es renovado a la imagen del que lo creó"* (Colosenses 3:10. "Con Cristo estoy juntamente crucificado, ya no vivo yo, mas vive Cristo en mí, y lo que ahora vivo en la carne, lo vivo en la fe del Hijo de Dios, el cual me amó y se entregó a mismo por mí" (Gálatas 2:20).

La palabra "**regeneración**" procede de un término latino 'regeneratio,' **se trata del proceso y el resultado de regenerar, o sea lograr que algo recupere su forma o estado original.** La regeneración es una obra espiritual e interna, que se produce por la gracia de Dios, la cual genera cambios de actitud y conducta. Hay tres palabras griegas que se traducen como **regeneración**, la primera y la más usual es "**palingenesis**" compuesto de palin, 'otra vez' y genesis es 'comienzo o inicio'. A veces se traduce como **nacer de nuevo.** Dos veces le dijo Jesús a Nicodemo en Juan 3:3: *"De cierto, de cierto te digo, que el que no* **naciere de nuevo** (ser nacido una segunda vez del espítitu) no puede ver el reino de Dios." La palabra "**de nuevo**" en el versículo anterior, en el griego es ánothen que significa '**de arriba**', por esto podemos entender lo que Jesucristo le dijo a Nicodemo, maestro en las escuelas rabínicas de Israel, quien creyó que Jesús era Maestro, venido de Dios: "**El que naciere de nuevo** (ánothen, nacer de arriba), **no puede ver el reino de Dios**" (Juan 3:3). Porque en el primer nacimiento, Nicodemo había recibido el **bíos** (vida) y en el segundo nacimiento debía recibir la vida **Zoe**.

El nuevo nacimiento es literalmente la impartición de la naturaleza divina al corazón y a la vida del pecador, haciéndolo una nueva creación. La cual se lleva acabo mediante la unión personal con Jesucristo. 1 Juan 5: 12, nos dice: *"El que tiene al Hijo, tiene la vida; el que no tiene al Hijo de Dios no tiene la vida."* 2 Pedro 1: 4 cita: "Por medio de las cuales nos ha dado preciosas y grandísimas promesas, para que por ellas llegaseis a ser **participantes de la naturaleza divina**, habiendo huido de la corrupción que hay en el mundo a causa de la concupiscencia." Entonces el el hombre caído por naturaleza comienza a ser regenerado por el poder del Espíritu Santo en él. Comienza su mente a ser renovada en el conocimiento de la Verdad, la cual es el Mesías. Pablo nos habla de la esperanza de la vida eterna, señalando que Dios no puede mentir, y que nos había prometido la vida eterna desde antes del principio de los siglos (Tito 1:1-2); y nos salvó según Su misericordia, por medio del lavamiento de la **regeneración** y la **renovación** del Espíritu Santo, el cual derramó en nosotros abundantemente por medio de Jesús el Mesías, nuestro Salvador (Tito 3:5-6). Es el Espíritu Santo, quien despierta el sentido de necesidad espiritual en el hombre. Y Jesús le dijo a los discípulos: "De cierto os digo que en la **regeneración**, cuando el Hijo del Hombre se siente en el trono de su gloria, vosotros que me habéis seguido también os sentaréis sobre doce tronos, para juzgar a las doce tribus de Israel" (Mateo 19:28).

Jesús se refiere a regeneración como a **"una condición anterior, original, normal, sin defecto, o la restitución de algo que se ha quitado o perdido"** (Dictionary.com). Es equivalente a "los tiempos de la restauración de todas las cosas", profetizado desde tiempos antiguos, según señala Pedro, en Hechos 3:21. Hemos sido renacidos, no de simiente corruptible, sino de simiente incorruptible, por la Palabra de Dios (el verbo que se hizo carne, Jesucristo) que vive y permanece para siempre (1 Pedro 1:23). Y todo lo hizo nuestro Eterno Dios, para que seamos primicias de sus criaturas (Santiago 1:18). Por lo tanto, no olvidemos que la"**Gracia**" es el don(regalo) más grande que Dios nos ha dado, pero ésta no nos da licencia para pecar, o sea no lleva al libertinaje, sino al arrepentimiento. Hablamos de una salvación que puede librarnos del poder del pecado y presentarnos santos, sin mancha e irreprensibles delante de Él (Colosenses 1:22). En Romanos 6:1, plantea la siguientes preguntas: "¿Qué, pues, diremos?

¿Perseveraremos en el pecado para que la gracia abunde? Y en Hebreos 10:26 Pablo declaró: *"**Porque si pecáremos voluntariamente después de haber recibido el conocimiento de la verdad, ya no queda más sacrificio por los pecados.**"* Entendamos pues, que estamos bajo un proceso de **regeneración**, porque nuestro alfarero no ha terminado de trabajar con nosotros. Sin embargo, si decidimos voluntariamente vivir una vida de pecado, entonces el Espíritu Santo que habita en nosotros se contricta. *"... **La justicia de los rectos los librará;** mas los pecadores serán atrapados en su pecado ..."* (Proverbios 11:6).

Hemos entendido mal el concepto de la "gracia", ya que Dios desde el principio había expuesto su gracia sobre el hombre. Dice la Palabra en el original hebreo, que *"**Noé encontró gracia ante los ojos de Dios**"* (Génesis 6:8). El significado de gracia en el griego original de la Concordancia Strong dice: **"Gracia" influencia divina sobre el corazón, y su reflejo en la vida.** Miremos en el libro de Tito 2:11-13, éste nos describe cómo es realmente la gracia de Dios: "Porque la gracia de Dios se ha manifestado para la salvación de todos los hombres, y nos enseña que debemos renunciar a la impiedad, a los deseos mundanos, y vivir en esta época de manera sobria, justa y piadosamente, aguardando la esperanza bienaventurada y la manifestación gloriosa de nuestro gran Dios y Salvador Jesucristo, quien se dio a sí mismo por nosotros para redimirnos de toda iniquidad." Pablo le habló a la generación de su época y también nos habla a nosotros en esta época que nos ha tocado vivir. Él nos exhorta muy claramente: a que **no recibamos en vano la gracia de Dios** (2 Corintios 6:1), y es cierto, porque si solo la entendemos con nuestra mente, solo hemos recibido conocimiento, y nuestra vida no ha sido transformada. Y dice: "Por tanto, amados míos, como siempre habéis obedecido, no como en mi presencia solamente, sino mucho más ahora en mi ausencia, **ocupaos en vuestra salvación con temor y temblor**" (Filipenses 2:12). "Por eso, desde el día en que lo supimos no hemos dejado de orar por ustedes. Pedimos que Dios les haga conocer plenamente su voluntad con toda sabiduría y comprensión espiritual, *para que vivan de manera digna delante del Señor, agradándole en todo*. Esto implica dar fruto en toda buena obra, crecer en el conocimiento de Dios" (Colosenses 1:9-10).

El cristiano inmaduro toma leche y no alimento sólido porque es un bebé espiritual como lo llamaba Pablo: "Cuando yo era niño, hablaba como niño, pensaba como niño, juzgaba como niño; mas cuando ya fui hombre, dejé lo que era de niño." (1 Corintios 13:11). "Y todo aquel que toma leche es inesperto en la palabra de justicia, porque es niño. *Pero el alimento sólido es para los que han alcanzado la madurez, para los que por el uso tienen los sentidos ejercitados en el Discernimiento del bien y del mal"* (Hebreos 5:13-14). El cristiano inmaduro ha sido regenerado, pero es inmaduro y espiritualmene imperfecto ya que tiene un *'desarrollo retardado.'* En vez de ser maestro (el que enseña) no ha podido aprender los primeros rudimentos de la Palabra, por lo que necesita volver al principio, a los rudimentos (Hebreos 5:1-14). La madurez de un cristiano no depende de su edad ni de los años que lleva de ser cristiano. Porque la edad no necesariamente va de la mano con la madurez. Por eso Pablo le dice a Timoteo: Ninguno tenga en poco tu juventud, pero sé ejemplo de los fieles en Palabra. *"Como un instrumento, el alma tiene que ser ganada, dominada y regida en relación a los caminos mas altos y diferentes de Dios"* (Ian Thomas). Jesús dijo que con paciencia (perseverancia) ganaríamos nuestras almas (Lucas 21:19). Énfasis añadido. Y Pedro dijo cual sería el resultado: *"Obteniendo el fin de vuestra fe que es la salvación de vuestras almas"* (1 Pedro 1:9). Un cristiano inmaduro, también es un cristiano emocional, movido por emociones; buscando una experiencia en cada reunión, pero no crecimiento. Resumiendo, el alimento sólido es para los maduros, para los que tienen la capacidad de distinguir entre lo bueno y lo malo. En 1 Corintios 3:1, Pablo lo expone muy claramente: "Yo, hermanos, no pude dirigirme a ustedes como a espirituales, sino como a inmaduros, apenas niños en Cristo. Les di leche porque no podían asimilar alimento sólido, ni pueden todavía, pues aún son inmaduros. Mientras haya entre ustedes celos y contiendas, ¿no serán inmaduros...? El Señor quiere que seamos adultos espirituales, y que dejemos de ser niños inmaduros, quiere que alcancemos madurez espiritual y que estemos preparados para tomar responsabilidades, que podamos ejercer autoridad, y estemos listo para recibir nuestra herencia. Por eso es necesario desarrollar el carácter de Cristo en nosotros. La madurez es un proceso continuo y gradual, acompañado por la virtud y la humildad, la madurez es la combinación de carácter y conducta. Y Pablo dice: "*... hablamos sabiduría entre los que han alcanzado madurez en la fe*" (1 Corintios 2:6). Veamos este consejo, muy preciso que nos dejó Pablo: "Pues ustedes, mis hermanos, han sido **llamados a vivir en libertad, pero no usen esa libertad para satisfacer los deseos de la naturaleza pecaminosa**. Al contrario, usen la libertad para servirse unos a otros por amor. El amor no obra mal al prójimo; por lo tanto, el amor es el cumplimiento de la ley" (Romanos 13:8-10). Pues toda la ley puede resumirse en un solo mandato: "*Ama a tu prójimo como a ti mismo*", pero si están siempre mordiéndose y devorándose unos a otros, ¡tengan cuidado! Corren peligro de destruirse unos a otros" (Gálatas 5:13-15).

La justicia de Dios a través del Hijo

Su santidad, y la manifiesta porque Él es justo. Pablo señala que Él pagará a cada uno conforme a sus obras: vida eterna a los que, **perseverando** en bien hacer, buscan gloria y honra e inmortalidad, pero ira y enojo a los que son contenciosos y no obedecen a la verdad, sino que obedecen a la injusticia; tribulación y angustia sobre todo ser humano que hace lo malo, el judío primeramente y también el griego, pero gloria y honra y paz a todo el que hace lo bueno, al judío primeramente y también al griego; porque no hay acepción de personas para con Dios" (Romanos 2:6). Dios es un Dios justo, en busca de hijos que practiquen justicia. La palabra "*justo*" del latín *justus*, se deriba de la palabra justicia, lo que describe a una persona que actúa de acuerdo con la razón y la justicia (es.thefreedictionary.com/just). "*Hijitos, nadie os engañe. El que practica justicia es justo, como Él es justo*" (1 Juan 3:7). ¿Entonces, cómo definimos a una persona justa? Es una persona integra, recta e intachable, derecha, fiel, leal, honrada, genuina delante de Dios. ¿Puede un hombre ser justo delante de Dios? En Romanos 3:10, Pablo declaró: "Como está escrito: *No hay justo, ni aun uno, por cuanto todos pecaron, y están destituidos de la gloria de Dios.*" Está perfectamente claro en la Palabra de Dios que todos somos pecadores. Pero, Jesucristo nos justifica, o sea nos declara justos ante el Padre (Romanos 8:33). Él declara legalmente justo al pecador que pone su confianza en Su Hijo, y se arrepiente: "*Justificados, pues, por la fe, tenemos paz para con Dios por medio de* *nuestro Señor Jesucristo"* (Romanos 5:1). La justicia de Dios es dada a todo aquel que cree. Por lo tanto, resumimos que la justificación viene de Dios declarando justos a aquellos que creen por fe y reciben al Cristo, como su Salvador. Además Pablo lo resume muy bien en Romanos 5:18-19: "Así que, como por la transgresión de uno vino la condenación a todos los hombres, de la misma manera por la justicia de uno vino a todos los hombres la justificación de vida. Porque así como por la desobediencia de un hombre los muchos fueron constituidos pecadores, así también por la obediencia de uno, los muchos serán constituidos justos." "Porque a los *que antes conoció*, también los *predestinó* para que fuesen hechos conformes a la imagen de su Hijo, para que él sea el primogénito entre muchos hermanos. Y a los que *predestinó*, a éstos también *llamó*; y a los que llamó, a éstos también *justificó*; y a los que **justificó**, a éstos también glorificó" (Romanos 8:29-30).

Vuelvo a tomar como ejemplo a Noé, la Palabra lo describe como un hombre justo, íntegro y perfecto en sus generaciones (Génesis 6:8-9). Y señala la Biblia, que Noé halló gracia y honra ante los ojos de Dios. No solo fue justo sino obediente (*'shama'* pasión de escuchar o prestar atención), por lo que fue bendecido por Dios, por lo cual Él estableció Su pacto con Noé y sus descendientes (Genésis 9:9). Pablo dice que Noé fue **hecho heredero de la justicia que viene por la fe**: "Por la fe Noé, cuando fue advertido por Dios acerca de cosas que aún no se veían, con temor preparó el arca en que su casa se salvase; y por esa fe condenó al mundo, y fue hecho heredero de la justicia que viene por la fe" (Hebreos 11:7). En medio de una generación perdida, corrupta y pagana, Noé se apartó y no se contaminó. En medio de todas esas circunstancias él fue obediente, mantuvo comunión íntima con Dios, por lo cual podía escuchar Su voz. El apóstol Pedro llamó a Noé **"pregonero de justicia"** (2 Pedro 2:5); la Palabra lo llama "un hombre justo y lo describe como un **atalaya responsable** (Génesis 6:3). *Pregonero* y *predicador* es lo mismo, según el Diccionario Strong # 2783, *'kerux'* es un heraldo de la verdad divina, es decir predicador, pregonero. Noé **advirtió** al pueblo sobre el peligro que se avecinaba; siendo responsable delante de Dios de advertir al pueblo, si Noé desobedecía, Dios demandaría la sangre derramada sobre él. Mas Noé se mantuvo fiel y obediente durante el tiempo de gracia que Dios les estaba concediendo. Dios les había advertido: "No contenderá mi espíritu con el hombre para siempre, porque ciertamente él es carne; mas serán sus días 120 años" (Génesis 6:3). Pero, Noé halló gracia ante los ojos de Dios, porque la gracia reina por la justicia. Nosotros somos hombres y mujeres comunes y silvestres, (como decía mi Pastor Paul Badillo, en Puerto Rico), al igual que Noé, el cual halló gracia ante Su Dios, así también nosotros hemos hallado gracia en Su Hijo Jesucristo, por lo cual, no es imposible mantenernos justos, ya que Cristo nos ha justificado ante el Padre. Hoy, yo te profetizo lo que dice la Palabra: *"Decid al justo que le irá bien, porque comerá de los frutos de sus manos"* (Isaías 3:10); *"Mas el justo vivirá por fe"* (Habacuc 2:4, Hebreos 10:38). Estas Palabras se convierte en una promesa profética para ti, si lo crees porque tarde o temprano sucede en la vida de los que creen; de aquellos que permiten que la fe crezca en sus corazones para ayudarlos a alcanzar esa promesa profética, que como una esperanza se ha anidado en sus mentes y corazones. Entendamos pues, que recibimos la justicia de Dios, por la fe en Jesucristo. El Señor es nuestra justicia y nuestra única esperanza de ser perfecto. Pablo nos dice que nosotros le pertenecemos a Dios Padre en Jesuristo, el cual fue hecho para nosotros **sabiduría de Dios, justicia, santificación y redención"** (1 Corintios 1:30).

Primera de Juan 2:1-2 cita: "Hijitos míos, estas cosas os escribo para que no pequéis. Pero, si alguno ha pecado, abogado tenemos para con el Padre, a Jesucristo, el justo, quien es la propiciación por nuestros pecados, y no solamente por los nuestros, sino también por los de todo el mundo." Jesús dijo que separados de Él nada podemos hacer: "Yo soy la vid, vosotros los pámpanos; el que permanece en mí, y yo en él, éste lleva mucho fruto; porque separados de mí nada podéis hacer." Él ve el corazón del hombre (1 Samuel 16:7), y su disposición a obedecerlo, y se agrada. Sabemos que Dios no busca hombres perfectos, Él busca hombres dispuestos. Anímate y deléitate en Él, y verás como te concederá los deseos de tu corazón (Salmo 37:4). La obediencia es una acción de voluntad propia; nadie decide por ti. *"Pecado, pues, está en aquel que sabe hacer lo bueno, y no lo hace"* (Santiago 4:1). **La obediencia como acto de fe nos justifica ante nuestro Dios**. No podemos ignorar el ejemplo de perfecta y máxima obediencia al Padre que Jesúsa nos modeló; como hombre se sometió a los mandamientos de la Ley (para que se cumpliera la Palabra). Él dice: "El hacer tu voluntad, Dios mío, me ha agradado, *y tu ley está en medio de mi corazón.*" "Y aunque era el Hijo, aprendió la obedencia por el temor y sufrimientos que soportó" (Salmo 40:8, Hebreos 5:8). La palabra *"soportó"* significa: **soportar y pasar por una experiencia que implica dolor.** Ésto nos habla del sufrimiento de Jesucristo en la cruz. Aunque Él siempre había estado con el Padre, decidió participar de carne y sangre (Juan 1:2). Él decidió dejar a un lado todos los atributos de la Deidad para tomar la forma de siervo dispuesto a servir en todo. Y como hombre, **en nuestra misma condición humana**, clamó con ruegos, súplicas con gran clamor y lágrimas al que le podía librar de la muerte, al Padre (Juan 12:27, Hebreos 5:7-8). Él estaba consciente que debía cumplir la voluntad del Padre, y se negó a sí mismo y obedeció hasta la muerte. Cristo oró tres veces en el huerto de Getsemaní, diciendo las mismas palabras: **¡*Padre mío, si es posible pase de mí esta copa!*** (Mateo 26:44-46). Estando Él con sus discípulos en el Getsemaní les dijo: "Velad, y orad, para que no entréis en tentación; en verdad, el espíritu está dispuesto, pero la carne es débil" (Mateo 11:4). Pablo nos exhorta: "Haya, pues, en vosotros este sentir que hubo también en Cristo Jesús, el cual, siendo en forma de Dios, no estimó el ser igual a Dios como cosa a que aferrarse, sino que se despojó a sí mismo, tomando forma de siervo, hecho semejante a los hombres; y estando en la condición de hombre, se humilló a sí mismo, haciéndose obediente hasta la muerte y muerte de cruz " (Filipenses 2:5-11).

"Antes de concebirte ya te quería, antes de que nacieras ya te amaba, antes de que mis ojos te contemplara, yo moría por ti."

Jesús

Capítulo 5

¡Tus ojos vieron mi embrión!

David, rey de Israel, cuyo nombre significa "amado," clamaba a Dios diciéndole: *"Enséñame a hacer tu voluntad"* (Salmo 143:10). Él descubrió su necesidad absoluta de dependencia y de comunión con Su   Creador.   David, amaba a su Dios (pues nunca dobló rodilla ante Baal), era David un hombre conforme al corazón de Dios. Cuando pecaba se humillaba ante su Dios, no callaba o encubría su pecado, sino que lo confesaba y se arrepentía de todo corazón, se apartaba de él, y se mantenía firme en sus caminos. Él sabía que Dios (Elohim) lo perdonaba, pero también conoció las consecuencias que trajo su pecado. En los días del Rey David, unos 3,000 años atrás, la gente no tenía forma de saber precisamente lo que ocurría dentro del útero de una mujer embarazada. Sin embargo, David escribió lo siguiente en el Salmo 139:13-16, BTX:

> "Tú formaste mis riñones (entrañas), me tejiste en el vientre de mi madre. Te alabaré; porque asombrosa y maravillosamente fui formado. Maravillosas son tus obras, y mi alma lo sabe muy bien. No fueron encubiertos de ti mis huesos, aunque en lo oculto fui formado, y entretejido en lo más profundo de la tierra (vienre). ¡Tus ojos vieron mi embrión! Todos mis días fueron trazados en tu **Rollo** (Libro), **cuando aún no existía ninguno de ellos.**"

La Nueva Versión Viviente cita: "Tú creaste las delicadas partes internas de mi cuerpo y me entretejiste en el vientre de mi madre. ¡Gracias por hacerme tan maravillosamente complejo! Tu fino trabajo es tan maravillosamente complejo! Tu fino trabajo es maravilloso, lo sé muy bien. Tú me observabas mientras iba cobrando forma en secreto, mientras se entretejían mis partes en la oscuridad de la matriz. Me viste antes de que naciera. Cada día de mi vida estaba registrado en tu Libro. Cada momento fue diseñado antes de que un solo día pasara" (Salmo 139:13-16). Cuando David leía, en ese momento, él hace una declaración interesante: "**Semejante conocimiento es demasiado maravilloso para mí, ¡es tan elevado que no puedo entenderlo!**" (Salmo 139:6, NVV). Y añadió, "Te alabaré; porque formidables, maravillosas son tus obras; estoy maravillado, y mi alma lo sabe muy bien" (v. 14). Este Salmo 139, nos revela que Dios tiene diseñado y controlado todos los aspectos de la vida de sus hijos. El libro que señalaba David en este pasaje Biblico, podría ser el Libro de la Vida, porque desde antes de la fundación del Mundo su nombre estaba escrito allí. David nos dice que Dios (Elohim) tiene un **Libro** acerca de nosotros, donde están escritos detalles de nuestra vida, desde la formación completa de nuestro ser en el vientre de nuestra madre, nuestra herencia, todo el conocimiento acerca de nuestros sentimientos y pensamientos más íntimos, y nuestro destino. En ese último verso dice: "**Cada momento fue diseñado antes de que un solo día pasara.**" Está es la clave acerca de nuestro destino en las manos de nuestro Eterno Dios.

Cuántos de nosotros nos hemos preguntado alguna vez, cómo se convierte una semilla en un árbol, o cómo de un óvulo fecundado se desarrolla un bebé. También nos preguntamos por qué nos parecemos a nuestros padres. La respuesta a estas preguntas está muy relacionada con la información que contiene el ADN. En el caso del genoma humano o sea la codificación génetica en la que están contenidas todas las informaciones hereditarias y de comportamiento del ser humano, en otras palabras, es el código que hace que seamos como somos. Matthew Powner, cita que el ADN se ha configurado como una estructura preexistente a la vida misma y presente en el Universo a nivel prebiológico (publicado en la revista Journal of the American Chemical Society, doi.org/h6q). En los últimos cincuenta años se ha producido una explosión de nuevo conocimiento que nos ha permitido llegar a conclusiones predecibles en cuanto al mundo y al espacio exterior. ¿Por qué nos sorprende? ¿No se lo dijo el ángel a Daniel? "Pero tú, Daniel, cierra las palabras y sella el libro hasta el tiempo del fin. *Muchos correrán de aquí para allá, y la ciencia se aumentará*" (Daniel 12:4). Me pregunto: ¿Será el **ADN, el Libro de la vida?** Es solo una hipótesis, aunque podría ser como un registro demográfico donde se inscriben todos los que nacen.

El diseño perfecto

El hombre es el diseño perfecto que Dios creó para que dominara sobre toda la Creación (pero no, sobre el hombre mismo), sin embargo, la maldad y el pecado lo distorsionaron, y como consecuencia fue separado de su Creador. Hoy día, los Ingenieros Genéticos buscan crear una raza superior a través de la manipulación de los genes, pero sólo la Sangre de Jesucristo y la Palabra de Dios nos regenerará, y nos transformará en ese diseño perfecto que Él creó desde el principio de la creación, para que seamos esa **Nación Santa**, ese **Pueblo Escogido** que Él, en amor predestinó desde antes de la fundación del mundo (nos escogió en Cristo), para que fuéramos santos y sin mancha delante de Él (Efesios 1:3-5). Por lo tanto, registró en "**Su Libro**" todas las características del cuerpo físico, los detalles del alma, su temperamento, personalidad, etc. Por esta razón, cada ser humano es **Único**, pues cada detalle fue registrado en el **Libro de la Vida**. Nuestro Padre Eterno tiene un plan perfecto y eterno para que cada uno de nosotros cumplamos nuestro destino en Él. David descubrió ese plan perfecto y eterno que el Padre tenía para él, y decidió alcanzarlo. Según cuenta la Biblia, la causa fundamental de la muerte humana es moral y legal. El pecado fue la causa de la separación entre Dios y el hombre, y como resultado el hombre perdió la vida eterna, sufrió muerte espiritual, y como consecuencia muerte natural. La Biblia señala, "*pues todos han pecado y están privados* (destituidos) *de la gloria de Dios*", (de Su presencia) también dice que la paga del *pecado* es muerte… (Romanos 6:23). "*Pero Dios demuestra su amor para con nosotros, en que siendo aún pecadores, Cristo murió por nosotros*" (Romanos 5:8). Dios anhela tener una relación de papá contigo, porque Su deseo desde la eternidad es tener muchos hijos similares a Jesucristo, Su primogénito. Su plan comenzó desde el principio, antes de que nacieras, pues ya Él te conocía, le pertenecías. Y lo podemos comprobar en lo que también le dijo al Profeta Jeremías: "Antes que te *formase* en el vientre *te conocí,* y antes que *nacieses te santifiqué,* te di por profeta a las naciones" (Jeremías 1:5). Por lo que el profeta Jeremías nos lo dejó saber cuando profetizó: "Porque yo sé los pensamientos que tengo acerca de vosotros, dice Jehová, pensamientos de paz, y no de mal, para daros el fin que esperáis. Entonces me invocaréis, e iréis y oraréis a mí, y yo os oiré. Y me buscaréis y hallaréis, porque me buscaréis de todo vuestro corazón" (Jeremías 29:11).

Afirma la Escritura, que nuestro Creador cumplirá en ti Su propósito eterno, porque Su gran amor perdura para siempre; ¡*no abandonará la obra de Sus manos!* (Salmo 138:8). Nuestro Dios piensa muy diferente a nosotros: "Porque mis pensamientos no son vuestros pensamientos, ni vuestros caminos mis caminos, dijo Jehová. Como son más altos los cielos que la tierra, así son mis caminos más altos que vuestros caminos, y mis pensamientos más que vuestros pensamientos" (Isaías 55:8). Es por ésto que a través de diferentes circunstancias Él nos hace Su llamado y nunca llega tarde, siempre llega a tiempo, porque Él lo diseñó así desde antes de la fundación del Mundo. Todos estábamos muertos y Él nos dio vida, "*Oíd, y vivirá vuestra alma*" (Isaías 55:3). David estaba consciente, seguro de que desde el vientre de su madre Dios lo conocía y había contemplado su embrión mediante Su omnisciencia; esta seguridad la refleja David a través de todo su caminar con su Padre Eterno. Sabía que Él le había dado un nombre y le había llamado con un destino eterno, a pesar de las circunstancias que lo rodeaban; él sabía que había sido formado desde el vientre de su madre para cumplir el plan eterno. David sabía que su Padre Eterno había puesto **dentro de él** todo lo que necesitaría para lograr su destino aquí en la tierra. Hay planes en el corazón de nuestro Padre, que quieren manifestarse a tu vida, tú también al igual que David, desde el vientre de tu madre has sido llamado con un *propósto eterno.* Pero, depende de ti alcanzar ese destino. David tuvo que morir a su identidad como pastor para aceptar el llamado en su vida para ser Rey de Israel. Él era un joven ignorado en su propia casa, pero con un destino diseñado por Dios: Y él decía: *"Extraño he sido para mis hermanos, y desconocido para los hijos de mi madre"* (Salmos 69:8). David se sentía rechazado por sus hermanos, pero a pesar del desprecio de sus hermanos, Dios lo escogió, y lo ungió para ser rey de Israel. El más insignificante, el menor de ocho hermanos fue elegido para ser rey de Israel. David descubrió su verdadera identidad, él sabía quien era en Dios, por eso declaró en el Salmo 27: *"Jehová es mi luz y mi salvación, Jehová es la fortaleza de mi vida....* Y le creyó David a Dios, y puso su confianza en Él, y caminó en fe en pos de su llamado, al cumplimiento de su destino. ¡Que alto concepto tenía David de su Dios! Él sabía que el llamado de Dios para su vida tenía su nombre escrito, y nadie podía tomar su lugar. ¿Y tú qué concepto tienes de tu Dios? David tenía una fe y una seguridad inquebrantable que no le permitían dudar de su llamado. No creas que fue fácil para David lograr su destino, pues al igual que tú y que yo, él tenía limitaciones humanas, pero Dios, su Alfarero, lo moldeó para que cumpliera su destino. David tuvo que enfrentar muchas vicisitudes a lo largo del camino, entre ellas tuvo que enfrentar a su Goliat.

Los Goliat todavía recorren nuestro mundo. Gigantes como la soledad, la depresión, el divorcio, el resentimiento, la tentación, el temor, el desánimo, la preocupación, los problemas financieros, el fracaso, la culpabilidad, la enfermedad o la ira pueden estar dominando nuestra vida. Un gigante siempre nos hace ver nuestras limitaciones para hacernos creer que no podemos vencerlo. ¿Qué gigante o gigantes están amenazando hoy tu vida? ¡Puedes huir de los gigantes en tu vida, identifícalos y toma la decisión de confrontarlos! David entendió y creyó que el Dios a quien él le servía, era más grande que el gigante que lo estaba enfrentando, y declaró: *¡El mismo SEÑOR que me rescató de las garras del león y del oso me rescatará de este filisteo!* (1 Samuel 17:37). A David le molestó mucho que el filisteo lo maldijera, lo tuviera en poco y que provocara al ejército de Israel. Entonces dijo David al filisteo: "Tú vienes a mí con espada y lanza y jabalina; mas yo vengo a ti en el nombre de Jehová de los ejércitos, el Dios de los escuadrones de Israel, a quien tú has provocado" (1 Samuel 17:45). Las armas de David eran una honda y cinco piedras. Y lanzó David una piedra directo a Goliat, y una sola piedra fue suficiente para derrotar al gigante filisteo. David uso la honda, pero fue la mano de Dios la que le dio la dirección. Él se estaba enfrentando a un gigante espiritual y físico en ese momento, pero él contaba con armas espirituales y naturales para enfrentarlo. Y no solo venció al gigante sino que también le cortó la cabeza con su misma espada. Sabes, las armas de este mundo no sirven para vencer gigantes espirituales porque nuestras armas no son carnales. Pablo nos dice que "las armas de nuestra milicia no son carnales, sino poderosas en Dios para la destrucción de fortalezas" (2 Corintios 10:4). También nos aconseja a que no ignoremos las maquinaciones de Satanás para que él no gane ventaja alguna sobre nosotros (2 Corintios 2:10-11). Una vez que nos convertimos en hijos de Dios, somos trasladados del reino de las tinieblas al reino de la luz. Primera de Pedro 5:8 declara: "Vuestro adversario el diablo, como león rugiente anda alrededor, buscando a quien devorar." Y su propósito es hurtar, matar y destruir (Juan 10:10). Pablo lo llamaba el **"príncipe de la potestad del aire"** (Efesios 2:2). El apóstol Pablo afirma en la Palabra que estamos inmersos en una "lucha" (la cual comenzó en la eternidad), y esta lucha no es contra carne ni sangre: "Porque no tenemos lucha contra sangre y carne, sino contra principados, contra potestades, contra los gobernadores de las tinieblas de este siglo, contra huestes espirituales de maldad en las regiones celestiales (Efesios 6:12).

Pablo nos dice que debemos vestirnos con la armadura de Dios, para resistir hasta el final y permanecer firmes en el Señor. Una armadura es un conjunto de vestiduras especiales que llevaban puestas los sodados en los tiempos del Imperio Romano; estaba compuesta de diferentes materiales diseñados para la protección integral del soldado. Pablo nos exhorta en Efesios 6:10-11, *"Fortalézcanse con el gran poder del Señor. Pónganse toda las armadura de Dios para que puedan hacer frente a las artimañas del diablo"* NVI). El apóstol se refiere al enemigo, y siempre lo hace en singular, veamos: las *artimañas* del diablo, los *dardos de fuego del maligno*. Confía plenamente en Dios, ten ánimo, cree firmemente que Él está contigo en la prueba. **Para que** *que puedan hacer frente a* **las** *artimañas* **del diablo**, significa que tu fe no se apague, que permanezcas firme. Estas armas son espirituales, y provienen de nuestro Dios, nos han sido dadas para derribar argumentos, fortalezas (muralla, pared) de resistencia a la "Verdad" (la cual es Cristo), y al establecimiento del Reino en nuestras vidas. Es una lucha intensa, pero Dios no nos deja indefensos. Él provee la armadura espiritual que necesitamos para vencer. ¡Esa armadura es Cristo! Tienes que derribar para renovar, "Pues aunque andamos en la carne, no militamos según la carne; porque las armas de nuestra milicia no son carnales, sino ponderosas en Dios para la destruccion de fortalezas, derribando argumentos y toda altivez que se levanta contra el conocimiento de Dios, y llevando cautivo todo pensamiento a la obediencia a Cristo, y estando pronto para castigar toda desobediencia, cuando vuestra obediencia sea perfecta" (2 Corintios 10:3-6). Pablo nos está describiendo cual es nuestra protección en Cristo, y para eso utilizó la armadura que usaban los soldados en su época. Nunca olvides que en Cristo estamos ceñidos, vestidos y calzados. La armadura es un vestido espiritual, no material, nos vestimos con las armas de la luz (Romanos 13: 12-14). Si nos vestimos del hombre espiritual (Zoe), caminamos en el espíritu y no en la carne (Psiqué) así el enemigo no puede atacarnos. "Digo, pues: *Andad en el Espíritu, y no satisfagáis los deseos de la carne*" (Gálatas 5:16). Obviamente que la 'carne' está relacionada con Adán, y el 'Espíritu' está relacionado con Cristo. Por lo tanto, si vivo "según la carne", ya no estoy viviendo lo que yo soy 'en Cristo'. No olvidemos que **Cristo en nosotros es la esperanza de gloria**. Veamos la armadura espiritual:

1. **Ceñid vuestros lomos con la 'Verdad'** – Esta es la Palabra, el verbo, Cristo, porque Él es la verdad y la justicia será ceñidor de tus lomos y la fidelidad ceñidor de tu cintura (Isaías 11:5).

2. **Vestíos de la 'Coraza de Justicia'**: Ésta protegía el pecho, el abdomen y la espalda. Nuestra justicia es el Mesías, Cristo, es el fruto que desarrollamos por caminar en la luz (Cristo) (Efesios 5:9).

3. **Calzados vuestros pies con el apresto del 'Evangelio de la Paz'** Cristo es nuestro **Princípe de Paz**. En Colosenses 3:15, ",,, la paz del Mesías gobierne en nuestro corazones. Me gusta como lo dice la versión Textual: "*La paz del Mesías sea árbitro en nuestro: corazones.*" Cierto, porque la paz como árbitro va a determinar acertadamente, el resultado de una situación en tu corazón.

4. **Sobre todo, tomad el 'escudo de la Fe' para apagar todos lo dardos de fuego del maligno:** *Cristo es el autor y consumador de la fe.* Probada es toda palabra de Dios; Él es escudo para los que en Él se refugian (Proverbios 30:5, Biblia de las Américas). Somos llamados a resistir, a estar preparados para el ataque y firmes en la fe. La fe es un principio de acción y de poder. Somos guardados por el poder de Dios, mediante la fe (1 Pedro 1:5).

5. **Tomad el 'Yelmo de la salvación':** El yelmo se usaba para proteger la cabeza. Cubrir la mente (pensamientos) con el yelmo de la esperanza y la salvación por medio de Cristo. "Pero nosotros, que **somos del día** seamos sobrios habiéndonos vestidos con la coraza de fe y amor, y con la esperanza de salvación como yelmo" (Tesalonisenses 5:12). El acto de tomar esta protección espiritual consiste en recibir lo que Dios nos ha dado y si fracasamos es porque no nos hemos apropiado de lo que ya es nuestro.

6. **Tomad la 'Espada del Espíritu que es la Palabra de Dios':** La espada es un arma de ataque y de defensa, y aquí es comparada con la Palabra, que es el "Verbo", el cual es Cristo. *"Porque la Palabra de Dios es viva y eficaz, y más cortante que toda espada de dos filos; y penetra hasta partir el alma y el espíritu, las coyunturas y los tuétanos,* y discierne los pensamientos *y las intenciones del corazón"* (Hebreos 4:12).

7. **'Orando en todo tiempo', con toda oración y súplica en el Espíritu** – A través de la Biblia vemos como hombres y mujeres de fe vencieron al enemigo. Elías oró, y Dios envió fuego del cielo para consumir la ofrenda del altar que él había construido en presencia de los enemigos del Señor. Eliseo oró, y el hijo de la sunamita resucitó de los muertos. Jesús oró junto a la entrada de la tumba de Lázaro, y el que había estado muerto durante cuatro días resucitó. John Wesley oró, y llegó el avivamiento a Inglaterra. Jonathan Edwards, oró y llegó el avivamiento a Northampton, Massachusetts (EUA), y miles

de personas se sumaron a las iglesias.

Nuestro Dios nos ha provisto de varias armas para estar firmes contra las artimañas del diablo. Entre ellas encontramos:

1. **La obediencia** – Trae bendición a nuestras vidas. Cristo fue el ejemplo más grande y perfecto de obediencia a nuestro Padre Eterno. Él dijo: "Porque he descendido del cielo, no para hacer mi voluntad, sino la voluntad del que me envió" (Juan 6:38). 1 Samuel 15:22-23 declara: ¿Se complace el Señor tanto en holocaustos y sacrificios como en la obediencia a la voz del Señor? He aquí, el obedecer es mejor que un sacrificio, y el prestar atención, que la grosura de los carneros. Porque la rebelión es como pecado de adivinación, y la desobediencia, como iniquidad e idolatría. Jesús declaró: "El que me ama, mi palabra guardará; y mi Padre le amará, y vendremos a él, y *haremos morada con él*" (Juan 14:23). Ralph Waldo Emerson (1803-1882), poeta y pensador estadounidense decía que obediencia y autoridad espiritual están íntimamente ligadas y jamás pueden ser separadas, **porque únicamente el que obedece tiene derecho al mando**. La mayor demanda de Dios es que obedezcamos. 1 Samuel 15, nos relata que Dios ordenó al rey Saúl que atacara a los amalecitas, y los destruyera por completo, pero después de la victoria, Saúl desobedeció y perdonó a Agag, rey de los amalecitas, junto con lo mejor de las ovejas, y el ganado. No los destruyó con el argumento de que los había dejado para sacrificarlos al Señor. La desobediencia de Saúl le costó el reino. No puede ejercer autoridad quien no obedece. Pedro y Juan respondieron al concilio judío: "**Juzgad si es justo delante de Dios obedecer a vosotros antes que a Dio**s" (Hechos 4:19). La obediencia es la llave que abre la puerta a toda bendición y va acompanada de fe. Cita la Palabra, que obedecer a Dios es mejor que un sacrificio (1 Samuel 15:22).

2. **La alabanza** – David decía: "En ti he sido sustentado desde el vientre; de las entrañas de mi madre tú fuiste el que me sacó; de ti

será siempre mi alabanza" (Salmo 71:6). La alabanza atrae la presencia de nuestro Dios, desata Su poder, libera el manto profético, y trae la victoria. (Salmo 8:2). David, era un adorador, un gran guerrero, con grandes multitudes cantaba de sus victorias en batalla (2 Samuel 23:1-2).

El poder de la alabanza es un arma de guerra muy grande, cuando alabamos a Dios, Él pelea nuestras batallas. El Salmo 149:6-9 declara: "Exalten a Dios con sus gargantas, y espadas de dos filos en sus manos, para ejecutar venganza entre las naciones, y castigo entre los pueblos; para aprisionar a sus reyes con grillos, y a sus nobles con cadenas de hierro; para ejecutar en ellos el juicio decretado; Gloria será esto para todos sus santos." 2 Crónicas 20:22-23 cita: "Y cuando comenzaron a entonar cantos de alabanza Jehová puso contra los hijos de Amón, de Moab y del monte de Seir, las emboscadas de ellos mismos que venían contra Judá, y se mataron los unos a los otros." Isaías 30:32, nos muestras las armas de guerra: "Y cada golpe de la vara justiciera que asiente Jehová sobre él, será *con panderos y con arpas*; y en batalla tumultuosa peleará contra ellos." Otro ejemplo bíblico lo vemos en Pablo y Silas estando en la cárcel de Filipos: "Como a la medianoche, Pablo y Silas estaban orando y cantando himnos a Dios, y los presos les escuchaban. Entonces, de repente sobrevino un fuerte terremoto, de manera que los cimientos de la cárcel fueron sacudidos. Al instante, todas las puertas se abrieron, y las cadenas de todos se soltaron (Hechos 16:25-26). Como resultado de la alabanza sobrevino de repente un gran temblor y los cimientos de la cárcel se sacudían, se estremecían y temblaban. Al instante se abrieron todas las puertas de la cárcel y las cadenas del pesado cepo se soltaron instantáneamente. Como resultado de este milagro ocurre la conversión del carcelero y su familia. Despertando el carcelero, y viendo abiertas las puertas de la cárcel, sacó la espada y se iba a matar, pensando que los presos habían huido. Pablo clamó a gran voz, diciendo: — No te hagas ningún mal, pues todos estamos aquí. Él entonces, pidiendo luz se ningún mal, pues todos estamos aquí. Él entonces, pidiendo luz se precipitó adentro, y temblando, se postró a los pies de Pablo y de Silas; y sacándolos, les dijo: — Señores, ¿qué debo hacer para ser salvo? Ellos dijeron: — Cree en el Señor Jesucristo, y serás salvo, tú y tu casa. Y le hablaron la palabra del Señor a él y a todos los que estaban en su casa. Y les lavó las heridas; y en seguida se bautizó él con todos los suyos. Y llevándolos a su casa, les puso la mesa; y se regocijó con toda su casa de haber creído a Dios (Hechos 16:22-34).

En 2 Reyes 3:15, vemos que mientras el tañedor tocaba su instrumento, fue liberado el espíritu profético sobre Eliseo. La alabanza y la adoración atraen la presencia del Señor. La alabanza y la adoración, desatan Su poder a favor de nuestra circunstancia, inundan la atmósfera, confunde a nuestros enemigos, y desatán el don de profesía. David amaba alabar al Señor (Salmo 34:1). Palabras hebreas traducidas como"Alabanza". Alabar es "engrandecer, exaltar, magnificar, celebrar, regocijarse, gloriarse en algo, rendir honor a Dios" (2 Crónicas 7:3). Tal loor o alabanza debe ser expresado con gran alegría, engrandecer excitadamente, tremenda explosión de entusiasmo al alabar. De aquí deriva la palabra "Aleluya." La cual no tiene transliteración en ningún idioma (Salmo 117:1).

Cantamos cánticos claros de alabanzas a Dios. Celebramos por medio de expresarle nuestra gratitud en cánticos. **Shabach** – Significa "dar exclamaciones a toda voz," dar un grito de victoria, gloriarse en la victoria." La alabanza no siempre tiene que expresarse dando exclamaciones altas, hay ocasiones en las que una exclamación de triunfo es la única manera apropiada para alabar a nuestro Dios. Salmo 47:1, "Aclamad a Dios con voz de júbilo." **Zamar** – Significa tocar o interpretar instrumentos de cuerda. Es obvia la referencia de alabar a Dios con instrumentos musicales, y da la sensación de cantar alabanzas con acompañamiento de instrumento musicales. **Yadah**– El significado primario es "confesar palabras de agradecimiento." También comunica la idea de"levantar o extender las manos" en acción de gracias a Dios y expresión de gratitud. **Barak** – Significa "arrodillarse en adoración." Expresa una adoración profunda. Arrodillarse delante de alguien es manifestar humildad, demostrando así, que la posición y dignidad de tal persona son superiores.

En cierta ocasión, Josafat, el Rey de la Casa de Judá, enfrentó un vasto ejército enemigo de Siria y de otras naciones que al igual que en nuestros días estaban empeñadas en destruir a Israel (2 Crónicas 20). Cuando Josafat escuchó que estas tres naciones estaban congregadas para invadir su tierra, llamó a los hombres de su pueblo y proclamó un ayuno por toda Judá. El Rey sintió temor y se humilló delante de Dios para pedirle dirección y consejo. Él tuvo temor al igual que tú y yo, lo hemos sentido cuando enfrentamos una situación difícil. Josafat sabía a quién acudir y preguntarle qué hacer. Y dijo el Rey: "Jehová Dios de nuestros padres, ¿no eres tú Dios en los cielos, y tienes dominio sobre todos los reinos de las naciones? ¿No está en tu mano tal fuerza y poder, que no hay quien te resista? !Dios nuestro! ¿no los juzgarás tú? Porque en nosotros no hay fuerza contra tan grande multitud que viene contra nosotros; no sabemos qué hacer, y a ti volvemos nuestros ojos" Entoces, el Rey de la Casa de Judá, puso frente del ejército la gente que alababa al Señor, diciendo: *"Glorificad a Jehová, porque Su misericordia es para siempre"* (v. 21). Cuando comenzaron a entonar cantos de alabanza, Dios puso contra los hijos de Amón, de Moab y del monte de Seir, las emboscadas de ellos mismos que venían contra Judá, y se mataron los unos a los otros. Otro ejemplo lo vemos cuando el rey Ezequías, le dijo al pueblo: "Él cuenta con la fuerza de los hombres, pero con nosotros está el Señor nuestro Dios para ayudarnos a luchar nuestras batallas" (2 Crónicas 32:8). "Jehová peleará por vosotros, y vosotros estaréis tranquilos" (Éxodo 14:14-16; Nehemías 4:20, Deuteronomio 3:22). El pueblo adoraba a Dios y el enemigo huía.

3. **La Palabra de Dios** – Es una ponderosa arma de "Guerra" cuando la confesamos con nuestra boca. Cuando Jesús fue tentado en el desierto contestó los ataques directos de Satanás con la Palabra, diciedo: **"Escrito está"** (Mateo 4:1-11). La Palabra es el arma más poderosa contra las tentaciones del diablo. David lo expone así: **"En**

mi corazón he guardado tus dichos, para no pecar contra ti" (Salmo 119:11). Pablo dijo: "Ciertamente, la palabra de Dios es viva y poderosa, y más cortante que cualquier espada de dos filos. Penetra hasta lo más profundo el alma y del espíritu, hasta la médula de los huesos, y juzga los pensamientos y las intenciones del corazón" (Hebreos 4:12).

4. **El nombre de Cristo** – Filipenses 2:9-10 declara: "Por lo cual Dios también le exaltó hasta lo sumo, y le dio un nombre que es sobre todo nombre, para que en el nombre de Cristo se doble toda rodilla de los que están en los cielos, y en la tierra, y debajo de la tierra."

5. **La Sangre de Jesús y el poder de nuestro testimonio** – Ellos le han vencido (al diablo) por la sangre del Cordero, por la Palabra de su Testimonio, y menospreciaron sus vidas hasta la muerte" (Apocalipsis 12:13). Énfasis de la autora.

6. **La oración** – Hay diferentes tipos de oraciones: Pablo nos exhorta a "orar sin cesar.": "Ante todo, exhorto a que se hagan rogativas, oraciones, peticiones y acciones de gracias por todos los hombres, por los reyes y por todos los que están en eminencia, para que vivamos quieta y reposadamente en toda piedad y honestidad" (1 Timoteo 2:1). La oración de acuerdo: "Otra vez os digo, que si dos de vosotros se ponen de acuerdo en la tierra acerca de cualquier cosa que pidieren, les será hecho por mi Padre que está en los cielos" (Mateo 18:19). La oración de acción de gracias, tiene como motivo la alabanza. La intercesión (petición por otras personas o situaciones). "Y busqué entre ellos hombre que hiciese vallado y que se pusiese en la brecha delante de mí, a favor de la tierra, para que yo no la destruyese; y no lo hallé" (Ezequiel 22:30).

"Pero el fundamento de Dios está firme, teniendo este sello: "Conoce el Señor a los que son suyos, y: Apártese de la iniquidad todo aquel que invoca el nombre de Cristo."

2 Timoteo 2:19

Capítulo 6

Misterios opuestos: Piedad e Iniquidad

Luego de la caída del hombre surge el desorden, el miedo, y el vacío, porque a causa de la iniquidad surge el pecado. La iniquidad es transmitida al momento de ser concebido el embrión, dicen que es como nuestro ADN espiritual; es la semilla que produce el fruto de pecado. "**Iniquidad**" viene de la palabra griega "*anomia*," y esta viene de '*anomos*' cuyo significado literalmente es "**sin ley** o negación de la ley". En el vocablo hebreo es "*awon*," que significa pecado, maldad o sea el término indica una ofensa, intencional o no, en contra de la Ley de Dios, por lo tanto es iniquidad. Una tercera palabra define este término y es "*paranomia*" lo cual significa: "**quebrantamiento de la ley**." Es aquello que va en contra o para afirmar lo que es sin ley, en definición: es todo aquello que se revela a lo que Dios mismo ha establecido. Se encuentra 231 veces en el Antiguo Testamento. De acuerdo al diccionario de la Real Academia española, iniquidad siqnifica "maldad o injusticia grande." La **injusticia** es la máxima expresión del misterio de la iniquidad. Es sinónimo de "mala conducta;" esta es la semilla diabólica de donde todo el mal se origina y es transmitida al hombre desde su nacimiento. Etimológicamente esta palabra quiere decir lo *torcido*, de hecho es lo que se tuerce del camino recto y perfecto de Dios.

La iniquidad es la "trasgresión a la ley de Dios"; su origen se encuentra en la caída de Lucifer: "*Perfecto eras en todos tus caminos desde el día que fuiste creado, hasta que se halló en ti maldad. A causa de la multitud de tus contrataciones fuiste lleno de iniquidad y pecaste*" (Ezequiel 28:15). "Con la multitud de tus maldades y la iniquidad de tus contrataciones **profanaste santuario** (verso 18). Surge la iniquidad en el momento en que este arcángel lleno de belleza y perfección le da cabida a un pensamiento que lo aparta de Dios, y empieza a creer algo diferente y opuesto a la justicia divina. Así mostramos la causa y el efecto: la iniquidad es la causa y el pecado es el efecto, o sea el fruto. Te pregunto: ¿Hemos nacido así? Nacemos pecadores, Isaías 5:2 cita: "… pero vuestras iniquidades han hecho división entre vosotros y vuestro Dios y vuestros pecados han hecho que oculte de vosotros su rostro para no oíros." La iniquidad causa separación entre Dios y el hombre. La Biblia dice que las iniquidades están grabadas en el corazón, además se transfieren de generación en generación y están desde el nacimiento con la persona (Salmo 58). La iniquidad es el pecado que heredamos de Adán y Eva, muchos le llaman "pecado original," y fue la causa de la caída de toda la humanidad. La meta de un hombre sin ley es destruir todo lo que se llame ley. Hechos 2:23, dice que a Jesús lo prendieron, lo mataron y lo crucificaron hombres inicuos, es decir, hombres sin ley.

El "**Misterio de la Piedad**", ordenado por Dios, para ser revelado a sus hijos, aquellos que están en peregrinación en está tierra. Estaba escondido en el Viejo Pacto; es Cristo, quien se encarnó (tabernaculizó) y nació de una mujer; Él tuvo que cumplir con todos los requisitos estipulados como humano para venir a redimirnos de la maldición de la Ley que pesaba sobre nosotros. Una sentencia de muerte espiritual-natural, que no nos permitía disfrutar de la vida eterna. Misterio es un secreto sagrado que sobrepasa la lógica. Dice Pablo en 1 Timoteo 3:16, "*E indiscutiblemente, grande es el misterio de la piedad:* Dios fue *manifestado* en carne, *justificado* en el Espíritu, *visto* de los ángeles, *predicado* a los gentiles, *creído* en el mundo, *recibido* arriba en gloria." Por lo tanto, sólo Jesucristo (cuando nos volvemos a Él), rompe con esa maldición. La muerte de Cristo "nos redimió de la maldición de la ley," que es la pena de muerte, que todos merecemos por infringir la ley de Dios.

La ley cumplió su misión hasta Cristo, como señala Pablo: "Pero antes de que viniese la fe, estábamos confinados bajo la ley, encerrados (en espera) para aquella fe que iba a ser revelada. De manera que la ley ha sido nuestro ayo, para llevarnos a Cristo, a fin de que fuesemos justificados por la fe. Pero venida la fe, ya no estamos bajo ayo, pues todos sois hijos de Dios por la fe en Cristo Jesús" (Gálatas 3:23-26). Y así, "al llegar la plenitud de los tiempos (tiempos determinados por Dios Padre), *envió Dios a su Hijo, nacido de mujer, nacido bajo la ley, para rescatar a los que se hallaban bajo la ley*" (Gálatas 4:4-5). *Cumpliendo toda la ley, Cristo nos liberó del poder de la ley.* "*Cristo nos rescató de la maldición de la ley, haciéndose Él mismo maldición por nosotros*" (Gálatas 3:13). Al volvernos a Cristo se rompe esa maldición, ese ciclo de iniquidad, y marcamos y sellamos una generación futura. "*Bienaventurado el hombre a quien Jehová no culpa de iniquidad, y en cuyo espíritu no hay engaño*" (Salmo 32:2).

Los israelitas usaban este refrán para explicar las maldiciones generacionales sobre sus hijos: "Los padres comieron las uvas agrias, y los dientes de los hijos tienen la dentera" (Ezequiel 18:2). Dios les habló a través del profeta y les dijo que nunca mas tendrían que usar ese refrán en Israel, y que todas las almas eran de Él, y el alma que pecare esa morirá. Ezequiel 18:20 cita: "El alma que pecare, esa morirá; el hijo no llevará el pecado del padre; ni el padre llevará el pecado del hijo; *la justicia del justo, será sobre él, y la impiedad del impío, será sobre él.*" Luego a través del profeta Jeremías (31:30), les dijo: "Cada cual morirá por su propia maldad; los dientes de todo hombre que comiere las uvas agrias, tendrá la dentera. Y luego les anuncia el Nuevo Pacto a la Casa de Israel. Entendemos pues, que en el Nuevo Pacto somos nuevas criaturas: "Ahora, pues, ninguna condenación (maldición) hay para los que están en Cristo, *porque la ley del espíritu de vida en Cristo Jesús*, te ha libertado de la ley del pecado y de la muerte" (Romanos 8:1). Pero, solamente tú eres responsable de tus actos, la iniquidad heredada es una tendencia a pecar, pero tú decides si pecas. En 2 Tesalonicenses 2:13, Pablo dice "Pero nosotros debemos dar siempre gracias a Dios respecto a vosotros …, de que os haya escogido desde el principio para salvación, mediante la santificación por el Espíritu y la fe en la verdad." Tito 1:1-2, nos habla de la fe de los escogidos de Dios y el conocimiento de la verdad *que es según la piedad*, la esperanza de la vida eterna, la cual Dios, que no miente, prometió desde antes del principio de los siglos. Entonces, la fe hace crecer el conocimiento de la verdad según el misterio de la piedad.

Adán, la muerte - Cristo, la vida

La iniquidad es inherente al ser humano, lo conocemos como el pecado hereditario, el cual ha sido transmitido a través de todas las generaciones de la raza humana hasta nosotros. Así como heredamos las características físicas de nuestros primeros padres, heredamos su naturaleza pecaminosa (conoció el bien y el mal). Pablo lo afirma: "Por medio de un solo hombre el pecado entró en el mundo, y por medio del pecado entró la muerte; fue así como la muerte pasó a toda la humanidad, porque todos pecaron" (Romanos 5:12). Y Pablo añade: *"Porque la paga del pecado es muerte, mientras que la dádiva de Dios es vida eterna en Cristo Jesús, nuestro Señor"* (Romanos 6:23). Como podemos ver el pecado es una transgresión de la perfecta "Ley de Dios," provocada por Satanás. Según el apóstol Juan (3:4) todo aquel que comete pecado, infringe también la ley de Dios. Santiago describe el pecado así: "Sino que cada uno es tentado, cuando **de su propia concupiscencia es atraído y seducido**. Entonces la concupiscencia, después que ha concebido, da a luz el pecado; y el pecado, siendo consumado, da a luz la muerte" (1:14-15). **Concupiscencia** de acuerdo al diccionario es apetito y deseo desordenado de bienes materiales o placeres sexuales (deseos de la carne). Miremos este ejemplo: Cuando Caín y Abel le llevaron una ofrenda a Dios, Abel llevó de los primogénitos de sus ovejas, de lo más gordo de ellas; y agradó a Dios su ofrenda, pero no miró con agrado la ofrenda de Caín, él cual llevó del fruto de la tierra. Ésto enfureció a Caín, y su semblante decayó. Por lo cual Dios le preguntó: ¿Por qué te enfureces y tu semblante ha decaído? Además le dijo: ¿Si obras bien, no serás enaltecido? *Pero si no obras bien el pecado está a la puerta, y su concupiscencia va contra* ti, 'pero tú puedes dominarla' (dominar la carne, así lo dice la versión original del hebreo). Vemos en este pasaje la actitud que Caín asumió cuando vió que la ofrenda de Abel fue aceptada y la de él no fue aceptada; vemos como fluyó en Caín un fruto de la carne, pero me impactó mucho ver que Dios le dijo que él podía dominar su carne. También podemos ver la actitud de ambos hermanos al escoger la ofrenda para Dios. Pablo dice que por la fe Abel ofreció a Dios un mejor sacrificio que Caín, por lo cual alcanzó el testimonio de que era justo, dando Dios testimonio de sus ofrendas; y por la fe, estando muerto, todavía habla (Hebreos 11:4, NBLH). Entonces, de quién se hace esclavo el hombre, como resultado al ser vencido por la concupiscencia (la carne) la cual da el fruto del pecado? Pedro lo dice muy claro: "Porque el que es vencido por alguno es hecho esclavo del que lo venció" (2 Pedro 2:19). Dios le había advertido a Adán que no podía comer del árbol de bien y del mal, y le había anunciado las consecuencias, diciéndole: "De todo árbol del huerto podrás comer; *más del árbol de la ciencia* (conocimiento) *del bien y del mal no comerás*; porque el día que de él comieres, ciertamente morirás" (Génesis 2:16-17). Vemos que Eva mintió cuando fue tentada por la serpiente al decirle: *"Del fruto de los árboles del huerto podemos comer; pero del árbol que está en medio del huerto dijo Dios: No comeréis de él, ni le tocaréis, para que no muráis"* (Génesis 3:2-3). Pero, comprobamos con la Palabra, que Dios no dijo en ningún momento que no tocasen el árbol, lo que Él le dijo fue que no comieran del árbol. El tentador tentó a Eva a través de sus sentidos, ella vio que el árbol era bueno para comer y que era agradable a los ojos y deseado para alcanzar conocimiento. Y tomó de su fruto y le dio a comer a Adán. Dice la Palabra que los ojos de ambos se abrieron y se dieron cuenta que estaban desnudos o sea tomaron conciencia de que habían perdido sus vestiduras de gloria y descendieron a un nivel material. En el acto sintieron verguenza, culpabilidad y rechazo. Antes de la caída todas sus necesidades eran suplidas, se sentían protegidos, y seguros en la presencia de Dios, ahora habían perdido su identidad, tenían el entendimiento entenebrecido, totalmente ajenos a la vida de Dios a causa de la ignorancia que había en ellos, por la dureza de sus corazones (Efesios 4:18). En el acto perdieron su inocencia, pues ya conocían el bien y el mal. Y sus ojos perdieron la luz espiritual, la gloria que tenían en el Edén; cayeron en una ceguera espiritual. Adán no fue engañado, sino que la mujer, siendo totalmente engañada, incurrió en transgresión (violación de la ley; pero Adán, sabiéndolo participó con ella en el pecado (1 Timoteo 2:14). Ambos desobedecieron la autoridad de Dios. Y fue así que el hombre perdió el señorío y el dominio de la tierra, a consecuencia del pecado; ésto trajo como resultado que el mundo entero cayera bajo el dominio del maligno; Juan lo expone así: "Sabemos que somos de Dios, y el mundo entero está bajo el maligno (1 Juan 5:19). Adán y Eva se rebelaron contra la perfecta ley dada por Dios, la violaron y la consecuencia fue el castigo, o sea la muerte espiritual y física, ya no iban a disfrutar de la presencia de su Padre Eterno, ni de la vida eterna.

Sabemos que toda transgresión debe ser seguida de expiación, para que se cumpla la ley. Por lo tanto, la rebelión y el pecado de nuestros primeros padres se le llama iniquidad, un pecado que pasa de generación en generación ¿Qué hacen nuestras iniquidades entre nosotros y Dios? Isaías 59:2 cita: ... **pero vuestras iniquidades han hecho división entre vosotros y vuestro Dios, y vuestros pecados han hecho ocultar de vosotros su rostro para no oír.**" David lo confirma en el Salmo 51:5, "*He aquí, en maldad he sido formado, y en pecado me concibió mi madre.*" En la versión 'Complete Yewish Bible' lee: "*Cierto, yo nací culpable, era pecador desde el momento en que mi madre me concibió a mí.*" Sólo Cristo nos puede redimir de nuestras iniquidades. El Apóstol Pablo dijo a los corintos: "Porque primeramente os he enseñado, en primer lugar, lo que asimismo recibí: que Cristo murió por nuestros pecados, conforme a las Escrituras" (1 Corintios 15:3). Jesucristo nos redimió de nuestras iniquidades. Pablo lo describe así: "Porque lo que era *imposible para la ley, por cuanto era débil por la carne,* Dios, enviando a su Hijo en semejanza de carne de pecado y a causa del *pecado, condenó al pecado en la carne;* para que la justicia de la ley se cumpliese en nosotros, que no andamos conforme a la carne, sino conforme al Espíritu" (Romanos 8:3-4). Y aclara: "Pero ahora estamos libres de la ley, por haber muerto para aquella en que estábamos sujetos, de modo que *sirvamos bajo el régimen nuevo del Espíritu y no bajo el régimen viejo de la letra*" (Romanos 7:6).

Concluimos pues, que la consecuencia de la iniquidad es el pecado, el cual heredamos de Adán y Eva, el cual fue eradicado de nuestras vidas cuando nacimos de nuevo. El pecado es una conducta repetitiva de una actitud o acción, y a las consecuencias de dicho pecado. El significado bíblico de iniquidad, se refiere a aquello que es '*injusto*'. Se considera algo que está fuera de la moral de Dios, aquello que está incluso fuera de la moral de los hombres. David sintió la iniquidad: "**...** porque sobre mi echaron iniquidad" (Salmo 55:1). "Ordena mis pasos con tu palabra, y ninguna iniquidad se enseñoree de mí" (Salmo 119:133). Mas, cuando conocemos la verdad, ésta nos hace libres. Las promesas de Dios son nuestro llavero, refúgiate en cada una de ellas. Cada llave nos provee salud integral del espíritu, alma y cuerpo. Además sirven como faro que alumbra nuestro camino cuando estamos en completa oscuridad. Nosotros somos hijos de luz, y por lo tanto, no nos sentiremos cómodos en la oscuridad. En Su Palabra está el poder para sanar y transformar por complete nuestra vida. Fíjate muy bien en la premisa y en la promesa de este texto: **Premisa:** "Ahora, pues, ninguna condenación hay para los que están en Jesús el Mesías, porque la ley del Espíritu de vida en Jesús el Mesías te ha librado de la ley del pecado y de la muerte. **Promesa:** Porque la ley del Espíritu de vida en Cristo Jesús, me ha librado de la ley del pecado y de la muerte." La llave es caminar en el Espíritu de vida en Jesús (Romanos 8:1-2, BTX). Si no has nacido de nuevo y quieres acercarte a Cristo y te arrepientes de tus pecados y comienzas a vivir conforme a lo que Él ha establecido en Su Palabra, entonces Él suelta las cuerdas, esas influencias o fuerzas invisibles de maldad, que tienen derecho legal contra ti. Solo necesitas fe y decidirte a comenzar a obedecer a Cristo, creerlo y aceptarlo como tu Salvador, para que toda semilla de iniquidad sea destruída en tu vida. La Biblia afirma que Adán pasó a su descendencia el pecado, pero Cristo pagó por nuestra redención, "Él se dio a sí mismo por nosotros *para redimirnos y purificar para sí un pueblo propio, celoso de buenas obras*" (Tito 2:14). Cristo destruyó el poder de la iniquidad y ahora el pecado no tendrá poder sobre ti, si tú lo crees y lo permites. ¿Acaso sientes el peso de algo que no te deja avanzar? Necesitas arrepentirte de tus pecados, confesarlos, pedir perdón, y rechazar toda herencia de iniquidad. David lo hizo: "Mi pecado te declaré, y no encubrí mi *iniquidad*. Dije *Confesaré mis transgresiones* a Jehová; y tú perdonaste la maldad de mi pecado" (Salmo 32:5). "Él es quien perdona todas tus iniquidades, el que sana todas tus dolencias" (Salmo 103:3). También lo vemos en Nehemías 9:2 revela: "Y ya se había apartado la descendencia de Israel de todos los extranjeros; y estando en pie, *confesaron sus pecados, y las iniquidades de sus padres*." En el Nuevo Testamento Pedro y Pablo nos recuerdan no olvidar la purificación de nuestros antiguos pecados, **ni la naturaleza divina que habita en nosotros**. Y nos dice que el Señor conoce a los que son suyos; y nos exhorta: "Apártese de iniquidad todo aquel que invoca el nombre de Cristo" (2 Timoteo 2:19). "Así que, amados, puesto que tenemos tales promesas, limpiémonos de toda contaminación de carne y de espíritu, perfeccionando la santidad en el temor de Dios" (2 Corintios 7:1). "Por lo cual, oh amados, estando en espera de estas cosas, (la promesa) procurad con diligencia ser hallados por Él, sin mancha e irreprensibles, en paz" (2 Pedro 3:1). "Por medio de las cuales nos ha dado (Dios) sus preciosas y grandísimas promesas, para que por ellas llegaseis a ser participantes de la naturaleza divina, (vida zoé) habiendo huido de la corrupción que hay en el mundo a causa de la concupiscencia (Apetito desordenado de placeres)" (2 Pedro 1:4). Énfasis de la autora.

Pablo dice que "no **entristezcamos** al Espíritu Santo de Dios, por el cual fuimos sellados para el día de la redención" (Efesios 4:3). La palabra griega para "*contristar*" es '*lupeo,*' que significa causar dolor o pena; y **el sello del Espíritu Santo es el pago de garantía de la promesa final**. Pablo declaró en Romanos 8:5-8: "Porque los que son de la carne (vieja naturaleza, Psiqué) piensan en las cosas de la carne; pero los que son del Espíritu, en las cosas del Espíritu (nueva naturaleza, Zoé). Porque el ocuparse de la carne es muerte, pero el ocuparse del Espíritu es vida y paz. Por cuanto la mente carnal es enemistad contra Dios; **porque no se sujeta a la ley de Dios**, ni tampoco puede; y los que viven según la carne no pueden agradar a Dios." Algunos creyentes después de recibir a Cristo como su Salvador personal, continúan viviendo con las mismas ataduras, con los mismos malos hábitos, con los mismos pecados, debido a que hay áreas en sus vidas que aún los gobiernan y no pueden entender el porqué. Aunque cuando nacieron de nuevo hubo un cambio en ellos, y tenían el deseo de cambiar, pero la vida **Psiqué** en ellos está en constante lucha con el nuevo hombre vivificado, muchos terminan apartándose de los caminos del Señor. Por eso, Pablo lo describió como una lucha entre la carne y el espíritu. Pues la carne es atraída por el pecado; y el espíritu, donde mora el espíritu del Señor (en la persona que ha nacido de nuevo) anhela permanecer en su naturaleza divina. *"Pero ahora estamos libres de la Ley, por haber muerto para aquella en que estábamos sujetos, de modo que sirvamos bajo el régimen nuevo del Espíritu y no bajo el régimen viejo de la letra"* (Romanos 7:6). Porque todos los que son guiados por el Espíritu de Dios, éstos son hijos de Dios (Romanos 8:14).

Job decía: "¿Hay iniquidad en mi lengua? ¿Acaso no puede mi paladar discernir las cosas inicuas?" (Job 6:30). David exclamó: *"Confieso, pues, mi iniquidad; afligido estoy a causa de mi pecado"* (Salmos 38:18). Por lo general espíritus inmundos (demonios), visitan a las familias, pues ellos se creen con derecho legal. Una persona que ha "nacido de nuevo" tiene autoridad (delegada) en el nombre de Cristo para resistir ese espíritu inmundo, dejándole saber que ya no tiene derecho legal sobre su vida porque el Espíritu Santo mora en él. A través de el Espíritu Santo, somos santificados (separados) y podemos vencer el pecado y menguar hasta llegar a la estatura del varón perfecto, que es la unidad de la fe y del conocimiento del Cristo (Efesios 4:13). Jesús le dijo al Padre: *"Santifícalos en tu verdad; tu palabra es la verdad."* Solo la Verdad nos hará libres porque el ocuparse de la carne es muerte, pero el ocuparse del Espíritu es vida (Zoé) y paz. Por cuanto los designios de la carne son enemistad contra Dios; porque no se sujetan a la ley de Dios, ni tampoco pueden; y los que viven según la carne no pueden agradar a Dios" (Romanos 8:6-8). Y Jesús afirmó: "No todo el que me dice: Señor, Señor, entrará en el reino de los cielos, sino el que hace la voluntad de mi Padre, que está en los cielos. Muchos me dirán en aquel día: Señor, Señor, ¿no profetizamos en tu nombre, y en tu nombre echamos fuera demonios, y en tu nombre hicimos muchos milagros? Y entonces les declararé: Nunca os conocí; apartaos de mí, hacedores de maldad!" (Mateo 7:21-22).

Seamos sabios, escudriñemos las Escrituras, seamos como los hermanos de Berea; recibiendo el mensaje y examinándolo con cuidado para comprobar la Palabra que nos es enseñada (Hechos 17:11). Los de Berea no se tragaban cualquier cosa que Pablo les predicara, por más convincente que se escuchara, ellos la confrontaban con la Torah (Palabra de Dios). Jesús dijo: "Escudriñad las Escrituras; porque a vosotros os parece que en ellas tenéis la vida eterna; y ellas son las que dan testimonio de mí" (Juan 5:39). El Señor nos exhorta: "Mirad que nadie os engañe" (Mateo 24:4). Engañar (verbo) en griego es *"apatáo"* aquellos que engañan con palabras vanas, empequeñeciendo el verdadero carácter de los pecados mencionados. Otra palabra usada en griego es *"exapatao"* que significa engañar totalmente, seducir completamente (Concordancia Strong 538,1818). En este pasaje Cristo está hablando a sus discípulos, haciéndoles énfasis en que no se dejaran engañar, pues ellos estarían en ese riesgo. Y les dijo: "…porque se levantarán falsos Cristos (ungidos) y falsos profetas, y harán grandes señales y prodigios, de tal manera que *engañarán, si fuere posible, aun a los escogidos*" (Mateo 24:24). También Pablo lo enseñaba a sus discípulos: "*Nadie os engañe con palabras vanas, porque por esta cosas viene la ira de Dios sobre los hijos de desobediencia. Por tanto, no sean partícipes con ellos*" (Efesios 5:6-7). La Palabra de Dios es el arma (la espada) más poderosa que tenemos como hijos de Dios. El mismo Cristo, la usó contra Satanás y las falsas doctrinas del mundo, como ejemplo para nosotros. Pero si estudiamos la Palabra diligentemente, podremos defendernos de los ataques del maligno, y de los engaños del mundo. Pero si La iglesia occidental moderna, no menciona, sino que ignora el nombre de Satanás (para alertar al pueblo contra sus engaños). Todos sabemos que las mentiras son su arma. El diablo es real y es un estratega. Nosotros los cristianos somos los únicos que tenemos al Espíritu de "VERDAD" (1 Juan 4:6). No podemos olvidar que el diablo anda como león rugiente buscando a quien devorar. Él sabe, porque sabe, que es un enemigo derrotado, pero todavía persiste en su lucha. Pablo escribió en 2 Corintios 2:11: "…para que Satanás no gane ventaja alguna sobre nosotros; pues no ignoramos sus maquinaciones." No podemos ignorar sus maquinaciones. Una de ellas es hacer creer al mundo que él no existe y que tampoco el infierno existe. Veamos la frase de la película "The Usual Suspects" ['*Los Sospechosos de Siempre*']: "*El truco más grande que el diablo jamás haya inventado, es convencer al mundo de que él no existe.*" Una presa fácil para él son los que no leen la Biblia y se creen todo lo que oyen. ¡Despierta Pueblo, escudriña la Biblia! Escudriñar significa examinar, indagar, averiguar con cuidado y atención.

Vivimos en un mundo de confusión y engaño, donde las mismas abominaciones que Dios le prohibió y rechazó a Su pueblo, (desde el principio) existen ahora. Jesucristo le dijo a los judíos que habían creído en Él, "*Si vosotros permaneciereis en mi Palabra* (el Verbo, Cristo), *seréis verdaderamente mis discípulos; y conoceréis la verdad, y la verdad os hará libres*" (Juan 8:31-32). Jesús entraba en constante conflicto con los *saduceos* quienes eran los ricos e influyentes que se preocupaban más por la política que por los ricos e influyentes que se preocupaban más por la política que por la verdad, ellos negaban la resurrección, eran los modernistas, progresistas, liberales, conservadores extremistas, y los legalistas. Así como los **fariseos** eran los "separatistas", pues evitaban el contacto con los gentiles (naciones, pueblos), eran hombres educados, y que conocían la ley (pero la quebrantaban). Ambos tenían dominio en el Sanedrín, además amaban sus tradiciones, "aferrándose a ellas" (Marcos 7:3-8). Y Juan el Bautista al ver que muchos de los fariseos y de los saduceos venían a su bautismo, les decía: *¡Generación de víboras! ¿Quién os enseñó a huir de la ira venidera?* Jesús les dijo en Juan 8: 44, "Vosotros sois de vuestro padre el diablo y los deseos de vuestro padre queréis hacer. Él ha sido homicida desde el principio y no ha permanecido en la verdad, porque no hay verdad en él. Cuando habla mentira, de suyo habla, porque es mentiroso y padre de mentira." Y en Mateo 23:15; 33 les afirmó: "Ay, de vosotros, escribas y fariceos, hipócritas! porque recorréis mar y la tierra para hacer un prosélito (converso) y cuando llega a serlo, lo hacéis hijo del infierno dos veces más que vosotros." ¡Serpientes, generación de víboras! ¿Cómo escaparéis de la condenación del infierno?

Un "misterio" se manifiesta o se revela; y conforme al propósito eterno en Cristo fue revelado el **misterio de la piedad**, escondido desde los siglos, y revelado a la iglesia para que por medio de ella sea dado a conocer a los principados y potestades en los lugares celestiales (Efesios 3:9-11). Todo lo que se opone a Cristo es llamado "Anticristo", el cual es el misterio de la iniquidad, del engaño, y de la mentira. Pablo dice que el *'misterio de la iniquidad'* se manifestará, en su tiempo, y que ya ese "misterio" está en acción, sólo que hay quien al presente lo detiene, hasta que él a su vez sea quitado de en medio. Entonces se manifestará aquel inicuo, a quien *el Señor matará con el espíritu de su boca, y destruirá con el resplandor de su venida.* Este misterio es un engaño de iniquidad para los que se pierden, ese poder engañoso de iniquidad lo envía Dios para los hombres sin ley, para que crean la mentira, para que sean condenados todos los que no creyeron a la verdad, sino que se complacieron en la injusticia (2 Tesalonicenses 2:1-12). Apocalipsis 17:14, *"Ellos pelearán contra el Cordero, pero el Cordero los vencerá, porque él es Señor de señores, Rey de reyes; y los que están con él son llamados elegidos y fieles."*

"Hay un principio que es una barrera en contra de todos los argumentos y que no falla, dejando al hombre en la ignorancia para siempre. Este principio es condenar antes de investigar."

Herbert Spencer

Capítulo 7

Preexistencia, preordinación y predestinación

Fuimos elegidos según el previo conocimiento de Dios el Padre, mediante la santificación del Espíritu, **desde un principio** para ser obedientes, y para ser rociados con la sangre de Jesús el Mesías, para recibir una **herencia incorruptible, incontaminada** e **inmarcesible** (no puede marchitarse), reservada en el cielo para nosotros (un cuerpo incorruptible, de naturaleza divina) (1 Pedro 1:2;4). Fuimos escogidos por Él según nos **preordenó** desde antes de la fundación del mundo, así lo había decidido Dios, quien siempre lleva a cabo sus planes (Efesios 1:11). La palabra **Preexistencia** de Cristo, el diccionario la define como: existencia anterior, que ya existía. **Preordinación** es la acción y el resultado de preordinar o determinar en disponer, decretar, ordenar o designar el Ser Supremo todas las cosas desde la eternidad para que tengan su efecto a los periodos correspondientes. Dios nos escogió en Cristo, desde antes de la fundación del mundo para que fuéramos santos y sin mancha delante de Él (Efesios 1:4). *"Escogidos"* del verbo *escoger* significa *"hacer una selección"*. Podemos ver que Cristo seleccionó de entre la multitud que lo seguía a doce hombres para ser sus apóstoles. Juan 15:16, nos lo comprueba: *"No me elegisteis vosotros a mí, sino que yo os elegí a vosotros."* Y también podemos saber en qué momento fuimos elegidos o escogidos: **desde antes de la fundación del mundo, en la eternidad Dios nos incluyó por Su**

voluntad en Su Plan Eterno. Y el propósito por el cual nos escogió fue para que seamos santos y sin mancha delante de Él. Para redimirnos de toda iniquidad y purificar para Él un pueblo propio, celoso de buenas obras (Tito 2:14). Pablo, también nos dice que fuimos escogidos, predestinados en amor, para ser adoptados hijos suyos por medio de Jesucristo, para alabanza de la gloria de Su gracia, con la cual nos hizo aceptos en el Amado. Cristo nos rescató de nuestra vana manera de vivir recibida de nuestros primeros padres (1 Pedro 1:18). Y nos redimió con Su sangre preciosa como de un '*cordero*' sin mancha y sin contaminación, *ya destinado desde antes de la fundación del mundo*, pero manifestado en los postreros tiempos por amor a vosotros (1 Pedro 1:19-20), *el cual fue inmolado desde antes, desde el principio del mundo* (Apocalipsis 13:8, RVR; Complete Jewish Bible). Este sacrifico se dio por hecho antes que fuera manifestado. "Y nosotros sabemos que a los que aman a Dios, Él los ayuda en todo para bien, a los que *designó anticipadamente* para que fueran llamados, porque a los que *antes conoció* (tener un conocimiento previo), también los *predestinó* para que fuesen hechos conformes (transformados) a la imagen de su Hijo, para que él sea el primogénito entre muchos hermanos. Y a los que *predestinó,* a éstos también *llamó;* y a los que llamó, a éstos también *justificó*; y a los que justificó, a éstos también *glorificó*" (Romanos 8:29-30, Biblia Peshitta). Énfasis añadido.

"**Predestinó**" significa *destinar o asignar anticipadamente una cosa para un fin*. Y cita el texto que también los llamó, los justificó y también los glorificó. Romanos 11:29 dice que *los dones y el llamamiento de Dios son "irrevocables"*, esto quiere decir, 'no dar vuelta atrás', 'ni cancelar. Podemos comprobar que la salvación restaura al hombre a su propósito original. Aquí podemos ver el propósito, el designio, y la voluntad de Dios para el hombre. Y Jesús dijo *que muchos son los llamados, pero pocos los escogidos* (Mateo 22:14). La palabra "*llamado*" en griego es '*kaleo*' se usa para **convocar**. Sinónimo de llamado, es emplazado, o convocado. ¿Cómo se puede explicar ésto? Isaías nos deja saber que Dios anuncia lo por venir desde el principio, y que desde la antigüedad cosas que estaban hechas, y que sus designios se cumplirán; y hará todo lo que se ha propuesto (Isaías 46:10). Primera de Timoteo 2:3-4, dice que Dios quiere que todos sean salvos y lleguen a conocer la verdad. Y Juan 3;16 también nos dice: "*Porque de tal manera amó*

Dios al mundo, que ha dado a su Hijo unigénito, para que todo aquel que en él cree, no se pierda, mas tenga vida eterna." Todos son llamados, pero no todos responden al llamado. El propósito de la elección es la obediencia. Entonces vemos muy claro el deseo de nuestro Eterno Padre, Él no desea que ninguno se pierda, pero no podemos olvidar que Él nos otorgó libre albedrío, lo cual es una facultad de la razón para discernir entre el bien y el mal, o sea el hombre tiene que decidir, escoge muerte o vida.

El Pacto Eterno

De aquí parte todo el plan o destino eterno de Dios para la humanidad. Él se ha revelado y relacionado sucesivamente con el hombre a través de pactos (éstos son convenios, alianzas o acuerdos). La palabra hebrea para *"pacto"* es *'berith'*, y en griega *'diatheéke'*. El pacto establece un compromiso ratificado por un juramento y fija los términos establecidos. Hay dos tipos de pacto: el **pacto condicional** donde ambas partes establecen y cumplen los términos y el **pacto incondicional** donde una parte establece los términos, pero ambas partes lo cumplen. Y es a través de los pactos que Él ha determinado incondicionalmente la salvación del hombre; de aquellos que por fe creen y aceptan a Jesucristo como su Salvador personal. Desde la eternidad Dios planeó no solo la creación, sino la salvación y también la redención. El "Pacto Eterno" no es un pacto de obras, sino que es un pacto de gracia, concertado entre Dios Padre, y su Hijo, en la eternidad, desde antes de la fundación del mundo (Apocalipsis 13:8, RVR 1960). Es una promesa hecha antes de la existencia del hombre como lo es la propia eternidad de Dios. Pablo nos lo afirma en su carta a Tito, así: "Pablo, siervo de Dios y apóstol de Jesucristo, conforme a la fe de los escogidos de Dios y el conocimiento de la verdad que es según la piedad, en la esperanza de la vida eterna. La cual Dios, que no miente, prometió desde antes del principio de los siglos" (Tito 1:2).

Todo pacto es ratificado y sellado con sangre, por lo que la muerte y la sangre derramada de Jesús en la cruz, es el sello divino del nuevo pacto (Hebreos 9:16-18). Mediante Su sangre derramada nosotros recibimos salvación por la fe en Cristo. *"Porque esto es mi sangre del nuevo pacto, que por muchos es derramada para remisión de los pecados"* (Mateo 26:28;

Marcos 14:24). "Cuánto más la sangre de Cristo, el cual por el Espíritu eterno de ofreció a sí mismo sin mancha a Dios, limpiará vuestras conciencias de obras muertas para que sirváis al Dios vivo? Cada pacto representa un propósito divino, una promesa inalterable del cumplimiento de todo lo que Dios ha determinado. Requisitos del Pacto Eterno, que el Hijo debía cumplir:

- Asumir la naturaleza humana (carne y sangre) (Hebreo 2:9, 17; Juan 1;1, 14; 18).

- Nacer bajo la Ley (Gálatas 4:4-5).

- Cumplir perfectamente la Ley (1 Pedro 2:22).

- Morir para redimirnos y darnos la vida eterna (Romanos 4:25, 5:18; 1 Pedro 2:24; 3:18; Colosenses 2:14; Gálatas 4:4).

Pacto Edénico

El primer pacto que Dios hizo con el hombre, fue un pacto **condicional**, llamado el **Pacto Edénico**, donde la vida, la bendición, la muerte y la maldición dependían de la fidelidad de Adán (Génesis 1:26-31). Muchos le llaman un pacto de obras (la ley) porque dependía de la obediencia del hombre. "Y los bendijo Dios con estas palabras: ¡***Reprodúzcanse***, ***multiplíquense***, ***y llenen la tierra***! ¡***Domínenla***! ¡Sean los señores de los peces del mar, de las aves de los cielos, y de todos los seres que reptan sobre la tierra! Y dijo Dios: ¡Miren! Les he dado toda planta que da semilla y que está sobre toda la tierra, y todo árbol que da fruto y semilla. Ellos les servirán de alimento" (Génesis 1:28-29). Dios había plantado un huerto en Edén y puso allí al hombre y le ordenó: "***De todo árbol del huerto podrás comer, mas del árbol de la ciencia*** (conocimiento) ***del bien y del mal, no comerás, porque el día que de él comieres, ciertamente morirás***" (Génesis 2:16-17). La responsabilidad de Adán en el huerto sería cultivarlo, guardarlo, y ser un fiel mayordomo del huerto, y lo más importante, la obediencia; mantener pura la fuente de la vida.

Pacto Adánico

Después de la caída del hombre, Dios hace otro pacto con Adán, este sería un pacto **incondicional**, llamado el **Pacto Adánico**. Dios declara al hombre lo que sería su porción en la vida, por causa de su pecado, poniéndole condiciones a la vida humana desde ese momento en adelante. Dios decretó la promesa del Redentor, la cual se cumple en Cristo, quien haría juicio a la serpiente. Aquí podemos ver en forma implícita el **pacto de gracia**, o **nuevo pacto**, *"Y pondré enemistad entre ti y la mujer, y entre tu simiente y la simiente suya* (el Mesías)*; ésta te herirá en la cabeza, y tú le herirás en el calcañar"* (Génesis 3:15). La tierra es maldita y llevada a cautiverio como resultado del pecado del hombre (Génesis 3:117-19). En Romanos 8:19-22 leemos que a causa de esta maldición *la creación gime* por la *manifestación gloriosa* de los hijos de Dios. La palabra *"manifestación"* se deriva de la palabra *'apokalupsis,'* que quiere decir **descubrimiento, revelación**. El apóstol Pablo repite varias veces la palabra *creación* y dice que ella fue sometida a vanidad, que será liberada de la esclavitud de la corrupción, que gime a una y *sufre dolores de parto* (hasta la restauración de todas las cosas). Y también a la mujer le dijó, (porque todavía no era llamada Eva, fue después de la caída que Adán la llamó Eva, nombre que significa madre de todo viviente), Dios le dijo: *"Multiplicaré en gran manera los dolores en tus preñeces; con dolor darás a luz los hijos; y tu deseo será para tu marido, y él se enseñoreará de ti"* (Génesis 3:16). Génesis 1:1-11, nos revela el origen de la humanidad en general, todos somos descendientes de Adán, y todos descendemos de Noé y sus hijos. Al hombre lo señaló como cabeza de la mujer, y que se ganaría el pan, con el sudor de su rostro hasta que volviera a la tierra de donde fue tomado. A causa del pecado de nuestros primeros padres la humanidad se corrompió y la historia cambió.

Pacto Noádico

Cuando la descendencia de Adán comenzó a multiplicarse sobre la faz de la tierra, vió Dios que la maldad del hombre comenzó a multiplicarse, y había corrupción y violencia por todas partes. Y la gente sólo pensaba y planeaba hacer el mal. Entonces Dios sintió pesar y tristeza en su corazón de haber creado el ser humano y decidió borrarlos de sobre la faz de la tierra, pero Noé halló gracia ante sus ojos. Y dijo Dios: "Harás un Arca de madera de acacia (madera dura e incorruptible, símbolo del Arca del pacto, donde habitaba la presencia de Dios), para ti, y le dio instrucciones de como construirla. Entonces envió Dios un diluvio sobre la tierra y sólo se salvo Noé y su familia (ocho personas). Y después del diluvio estableció un pacto con Noé y su familia, un **pacto incondicional**, el cual revelaba el propósito de Dios para la generación subsiguiente. Fue reafirmado el orden normal de la Naturaleza (Génesis 8:22). La señal de este **Pacto Noádico**, fue el arcoíris. Bendijo Dios a Noé y a sus hijos, y les dijo: *"Fructificad y multiplicaos, y llenad la tierra."* Y les es permitido comer carne, pero carne con su vida que es su sangre, no podían comer. Este pacto repite algunos rasgos del pacto Adánico; aquí Dios introdujo un nuevo principio de gobierno humano como un medio de frenar el pecado. Además este pacto incluía la profecía concerniente a los descendientes de sus tres hijos. El pacto de Noé preparó el camino para Cristo, porque de su hijo Sem vendría el pueblo escogido por Dios, y la línea Davídica, de la cual vendría el Mesías prometido (escogido desde la eternidad, Génesis 3:15).

Pacto Abrahámico

También la generación de Noé le falló a Dios, y como no es el hombre quien elige a Dios, sino Dios al hombre; Éste eligió a Abraham. Porque la elección (llamado del Padre) no depende del deseo ni del esfuerzo humano, sino de la misericordia de Él. ¿Por qué decidió Dios llevar a cabo su plan por medio de Abraham y no de alguna otra persona? Génesis 18:19, nos contesta esta pregunta: "Porque yo sé que mandará (Abraham) a sus hijos y a su casa después de sí, que guarden el camino de Jehová, haciendo justicia y juicio, para que haga venir Jehová sobre Abraham lo que ha hablado acerca de él." Énfasis añadido. Dios escogió a Abraham, hebreo, y descendiente del linaje de Sem, para ser el padre de muchedumbre de gentes. A través de ellos **"todas las familias de la tierra serían bendecidas"** (Génesis 12:3; 22:8). Su propósito eterno era tener muchos hijos similares a Jesús, su Hijo Unigénito;

tener un pueblo obediente a Él; que estableciera su reino y autoridad en la tierra, y a través de la nación de Israel, todos los pueblos de la tierra llegarían a conocerle a Él. En este Pacto Abrahámico, la Tierra Prometida le fue dada por herencia a Abraham y a su descendencia. Los términos de esta promesa están basados en la fe (Génesis13:15-17). *"Bendeciré a los que te bendigan, y a los que te maldigan maldeciré. Y en ti serán benditas todas las familias de la tierra."* (Génesis 12:1-3).

En este **pacto incondicional** que Dios establece con Abraham le promete **una tierra** y ser **padre** de una **multitud de naciones**, por lo cual cambia el nombre de Abram por Abraham; el cual significa **padre de multitudes** (Génesis 17:5, comparar con Romanos 4:17-18). Y Abraham recibió el pacto eterno, y le respondió a Dios: 'Amén', y su fe le fue contada por justicia. *"Abraham creyó a Dios, y le fue contado por justicia; y fue llamado amigo de Dios"* (Santiago 2:21-23). Abraham permitó que Dios escribiera Sus leyes en su mente y en su corazón, y no necesitó las tablas de piedra, puesto que tenía la ley de Dios en su mente y en su corazón. Cita E.G. Waggoner, que el pacto eterno (o nuevo pacto) tenía como objetivo preparar a un pueblo para la venida de Cristo. Y dijo en el 1885: *"Dios está aún hoy, esperando que haya una generación que responda diciendo: 'Amén', tal como hizo Abraham."* El libro de Waggoner nunca se llegó a imprimir en Estados Unidos, por lo tanto, nunca fue ampliamente difundido. El libro consta de una serie de artículos escritos por Waggoner, tal como los publicó en la Revista inglesa *"Present Truth"* (E.G. Waggoner en su libro ["The Everlasting Covenant"] (*El pacto eterno*) en 1885-1900).

La circuncisión a todo varón fue la señal del pacto que Dios concertaba con Abraham por todas las generaciones, a través de tres líneas: Abraham, Isaac y a Jacob. Y le dijo Dios: *"En tu simiente serán benditas todas las familias de la tierra";* esta fue la promesa que le fue hecha acerca del Mesías prometido. Abraham murió aproximadamente 1,900 años antes del nacimiento del Mesías. Pero vemos como siglos despúes Jesús le dijo a los judíos: "Abraham, vuestro padre, se regocijó de ver mi día. Él lo vio y se gozó (Juan 8:56). Mas tarde Santiago escribió: ¿No fue justificado por las obras nuestro padre Abraham, cuando ofreció a su hijo Isaac sobre el altar? (Juan 8:56). Vemos que la fe actuaba juntamente con sus obras y que la fe fue completada por las obras. Y se cumplió la Escritura que dice: "Porque no por la ley fue dada a Abraham o a su descendencia la PROMESA de que sería HEREDERO DEL MUNDO, sino por la justicia de la fe" (Romanos 4:13).

Pacto Mosaico

Después que muere José en Egipto, su pueblo es sometido a esclavitud, ellos claman a Dios y Él los escucha y decide enviarles un libertador. Es así, como Dios se revela a Moisés como *"Yo Soy el que Soy"*, y lo envía al faraón para que dejara libre al pueblo de Israel; una vez libertado el pueblo debía guiarlos hacia la tierra de Canaán; donde debían instalarse de forma permanente. Dios habla a Moisés, y concerta un pacto que tuvo lugar en el Monte Sinaí con el pueblo de Israel y su descendencia; este pacto concertado entre Dios y la nación de Israel, les fue dado a través de Moisés mientras estaban viajando desde Egipto hacia la Tierra Prometida (Éxodo 19:5; 20:1-31; 34:28; Deuteronomio 5:6-22). Se le llama el *Pacto Mosaico* o Ley Mosaica, era un **pacto condicional** donde ambas partes estaban comprometidas a cumplir, incluía el principio de la bendición y la maldición (Deuteronomio 28) y fue temporal. Aunque contenía elementos de gracia, era básicamente un pacto de obras, *cuyo fin nos llevó a Cristo*. Cuando Dios llamó al pueblo de Israel a través de Moisés, todo el pueblo respondió unánime: "Todo lo que Jehová ha dicho, haremos" (Éxodo 19:8). Y por consiguiente se estableció el 'antiguo pacto'. Dios siempre ha querido tratar con el hombre desde el fundamento del pacto eterno.

Pacto Davídico

Dios hace pacto con David, del linaje de Abraham y descendiente de la tribu de Judá. Se le llama el *Pacto Davídico*, y está relacionado con el pacto Abrahámico, en el cual Dios **unilateral e incondicionalmente** promete mantener por **siempre un rey en el trono de Israel**: *"Tu casa y tu reino permanecerán para siempre delante de mí; tu trono será establecido para siempre"* (2 Samuel 7:13,16). Le promete entrar en una relación de padre e hijo con sus descendientes y que su misericordia no se apartaría de él

(Génesis 17:1-7, 2 Samuel 7:14). **Ambos pactos, el Abrahámico y el Davídico son el fundamento del evangelio del Reino de Dios**. El evangelio consiste en que se de a conocer a Cristo a los hombres, se trata de Cristo en los hombres, predicar a los hombres la posibilidad (depende de ellos por su libre albedrío) de que Cristo more en ellos. El pacto davídico es parte del pacto eterno. Fue a través del linaje Davídico que Jesús nació, y en Él se cumple la promesa dada a David (a través del Nuevo Pacto). El evangelio de Mateo empieza: *"Libro de la genealogía de Jesucristo, hijo de David, hijo de Abraham"* (Mateo 1:1). Pablo señala: "Acerca de su Hijo, nuestro Señor Jesucristo, que era del linaje de David *según la carne*" (Romanos 1:3). La naturaleza eterna de este pacto nos muestra que Dios considera su pacto y sus promesas eternas (para siempre). Aunque David vivía en tiempos de la ley y no descendía de la tribu de Leví (tribu de levitas, los únicos autorizados a ministrar en el tabernáculo), porque él nació de la tribu de Judá, pero se adelantó proféticamente y ministró a Dios en adoración, bajo la unción de Rey (Gobierno) y Sacerdote (Apocalipsis 1:6), viniendo a ser tipo de Cristo, ejerciendo la posición de Rey y Sacerdote. Seis siglos antes del nacimiento del Mesías, Jeremías profetizó que Él vendría del linaje de David: "He aquí, que vienen días dice Jehová, en que **levantaré a David renuevo justo y reinará como Rey**, el cual será dichoso (entendido), y hará juicio y justicia en la tierra. **En sus días será salvo Judá**, e Israel habitará confiado; y este será su nombre con el cual le llamarán: *Jehová justicia nuestra*" (Jeremías 23:5).

El Nuevo Pacto

Dios siempre hace referencia en la Biblia de: **"mi pacto"**, refiriéndose a su *'pacto eterno'*, el pacto de la gracia. El cual fue anunciado en el Edén al hombre caído como una promesa y revelado a Jeremías (31:31) como el *'Nuevo Pacto'*. La palabra *'nuevo'* se refiere a **algo de naturaleza distinta**, diferente a lo que anteriormente había o se había aprendido; en el griego es 'Neos' y hace referencia a algo nuevo. El nuevo pacto es diferente al antiguo pacto, porque son como el vino nuevo y el odre viejo, no se puede combinar los dos. Jesucristo quería hacerles comprender a sus discípulos lo que les estaba enseñando, por eso les relató la parábola del vino nuevo en odres viejos. Les dijo que no se echa el vino nuevo en odres viejos, porque los odres se revientan y el vino se derrama y se echan a perder los odres; también les dio otro ejemplo, y les dijo: "tampoco se pone un remiendo nuevo en un vestido viejo porque se romperá el vestido" (Mateo 9:14-17). Un odre viejo no sirve para almacenar vino nuevo, porque cuando se echa vino nuevo en un odre nuevo, en la medida que el vino se fermenta, el odre se expande. Pero, con el pasar del tiempo una vez el proceso de fermentación termina, el cuero del odre se endurece y pierde su elasticidad (envejece), entonces, si a un odre viejo, que ya se ha expandido y se ha puesto duro, si se le echa vino nuevo a un odre viejo cuando el vino nuevo comienza a fermentarse, el cuero viejo, en vez de expandirse, se rompe y el vino se echa a perder. Así pasa con nosotros muchas veces no queremos desechar el odre viejo, pensando que ese vino tiene más valor porque está añejo, y nos conformamos con ponerle un remiendo para seguir usándolo; nos resistimos al cambio, a los nuevos paradigmas, a una nueva revelación de parte del Espíritu Santo. No estamos dispuestos a usar un odre nuevo para recibir el vino nuevo porque para eso tengo que estar dispuesta a desechar el viejo odre. Así ha sucedido con el nuevo pacto, lo hemos recibido, pero no lo hemos entendido y menos comprendido. Pablo dijo que al decir nuevo pacto, se ha dado por viejo al primero; y lo que se da por viejo y se envejece, está próximo a desaparecer. (al igual que el odre viejo). Por lo tanto, como nos sentimos cómodos con nuestro odre viejo (ya es una reliquia), mejor le ponemos un remiendo y ahí seguimos echando vino nuevo, el cual se mezcla con el viejo y tenemos una mezcla de ambos. En las bodas de Caná, Jesús dejó el mejor vino para repartirlo al final, así también nuestro Padre Eterno dejó el nuevo pacto para revelárnoslo completamente en este tiempo final. Yo decidí desechar el viejo odre y comenzar a echar el mejor vino en un odre nuevo. Entiéndase que tú y yo somos esos odres. Resumiendo, vino nuevo en odre nuevo, significa tener la capacidad, estar dispuesto (permitir) a cambiar y adaptarse a lo nuevo. A una nueva revelación, que no es nueva porque siempre ha estado explícita en la Biblia, pero muchos no han podido entenderla y comprenderla. Así le ha sucedido al pueblo de Israel, tienen ojos y no ve, oídos y no oye, el entendimiento de ellos se endureció, y leen el Antiguo Testamento y el velo sigue ahí, porque sólo en Cristo es quitado (2 Corintios 3:14).

Cristo fue anunciado en el Antiguo Testamento, Zacarías, el padre de Juan el Bautista, quien era sacerdote, fue lleno del Espíritu Santo y profetizó: "Bendito el Señor Dios de Israel, porque visitó e hizó redención a su pueblo, y nos levantó Cuerno, de salvación, en la casa de David su siervo (Como habló por boca de sus santos profetas, desde el principio del mundo), salvación de nuestros enemigos y de la mano de todos los que nos aborrecen, para hacer misericordia con nuestros padres, y acordarse de su santo pacto: *"El juramento que juró a nuestro padre Abraham, de concedernos que, rescatados de mano del enemigo, lo sirvamos sin temor, en santidad y en justicia delante de Él, todos nuestros días"* (Lucas 1:67-75; BTX). *'Cuerno'* en el hebreo es símbolo de poder y victoria. El nuevo pacto fue profetizado a la Casa de Judá y a la Casa de Israel (Jeremías 31:31, 33) ellos no lo entendieron; mas Él vino a lo suyo y ellos no lo recibieron (Juan 1:11). Pero la promesa está vigente, y rogamos al Padre en el nombre de Cristo que sus ojos sean abiertos: Jesús anunció el nuevo pacto: *"Esto es mi sangre del nuevo pacto, que por muchos es derramada"* (Marcos 14:24a). Él vino como la luz del mundo, para dar luz a los que habitan en tinieblas y en sombra de muerte, para guiar nuestros pies hacia el Camino de paz (Lucas 1:79). Cuando nació el Mesías, un ángel del Señor se apareció ante los pastores de aquella región para anunciarles su nacimiento y de repente apareció una multitud (ángeles) del ejército celestial alabando a Dios, y diciendo: Gloria a Dios en las Alturas, y **en la tierra paz entre los hombres de su elección**! (Lucas 2:13-14; BTX).

El nuevo pacto que Dios profetiza a través de Jeremías es a través del derramamiento de la sangre de Jesucristo, y es un pacto espiritual, el cual lo cumplimos a través del Hijo, además es un *pacto incondicional*. Sería un pacto distinto al establecido con los padres (los pactos anteriormente mencionados), cuando fueron sacados de la tierra de Egipto. En este nuevo pacto la ley sería escrita en sus corazones y en sus mentes y no en tablas de piedras. El nuevo pacto es eterno, es un pacto de amor como cita Juan 3:16, *"Porque de tal manera amó Dios al mundo, que ha dado a su Hijo unigénito, para que todo aquel que en él cree, no se pierda, mas tenga vida eterna."* Es un pacto de gracia, establecido sobre mejores promesas; es mejor que el antiguo porque sustituye la condenación por la justificación, y la ley por la gracia; **haciendo de nosotros santuarios del Dios viviente** (Hebreos 8-12; Juan 3:16). *"Por eso, Jesús ha venido a ser fiador de un mejor pacto"* (Hebreos 7:22). El apóstol Pablo declara: "Pero antes que viniese la fe estábamos confinados bajo la ley (si haces o cumples, recibes), encerrados para aquella fe que iba a ser revelada. Según Pablo la ley fue solo un ayo que nos llevó a la gracia (Gálatas 3:23-24). Y afirma: *"Porque el pecado no se enseñoreará de vosotros; pues no estáis bajo la ley* (cumplimiento ritual), *sino bajo la gracia* (cumplimiento espiritual)." (Romanos 6:14, Énfasis añadido). "Ya no hay judío ni griego; no hay esclavo ni libre; no hay varón ni mujer; porque todos vosotros sois uno en Cristo Jesús. Y si vosotros sois de Cristo, ciertamente linaje (descendencia) de Abraham sois, y herederos según la promesa" (Gálatas 3:28-29).

Alegoría del Nuevo Pacto

La Alegoría de Sara y Agar, Pablo la usa como tipología para enseñarnos sobre los dos pactos. Definamos qué es una *"Alegoría"*, es la representación en la imaginación de alguna situación de modo que despierte el pensamiento de otra situación, o sea es una comparación con otro elemento para facilitar su comprensión. Pablo nos está hablando de Sara, la esposa de Abraham y de Agar su esclava, y compara el pacto de la ley y el pacto de la gracia. Para hablar de la transición entre los dos pactos, es necesario tener bien claro lo que ambos representan:

"Decidme, los que queréis estar bajo la ley: ¿no habéis oído la ley? Porque está escrito que Abraham tuvo dos hijos; uno de la esclava, el otro de la libre. Pero el de la esclava nació según la carne; mas el de la libre por la promesa. Lo cual es una alegoría, pues estas mujeres son los dos pactos; el uno proviene del monte Sinaí, el cual da hijos para esclavitud; éste es Agar. Porque Agar es el monte Sinaí en Arabia, y corresponde a la Jerusalén actual, pues ésta, junto con sus hijos, está en esclavitud. Mas la Jerusalén de arriba, la cual es madre de todos nosotros, es libre. Porque está escrito: Regocíjate, oh estéril, tú que no das a luz; prorrumpe en júbilo y clama, tú que no tienes dolores de parto; porque más son los hijos de la desolada, que de la que tiene marido. Así que, hermanos, nosotros, como Isaac, somos hijos de la promesa. Pero como entonces el que había nacido según la carne perseguía al que había nacido según el Espíritu, así también ahora. Mas ¿qué dice la Escritura? Echa fuera a la esclava y a su hijo, porque no heredará el hijo de la esclava con el hijo de la libre. De manera, hermanos, que no somos hijos de la esclava, sino de la libre" (Gálatas 4:21-31).

Pablo nos muestra la dicotomía (oposición) entre el nacimiento de Ismael (el hijo de la carne) e Isaac, (el hijo de la promesa), comparando así los dos pactos, el de Agar que representa esclavitud, el Antiguo Pacto, mientras que el de Sara, representa libertad, el Nuevo Pacto. Vemos que aunque Ismael e Isaac convivían juntos, Dios los separó porque la esclavitud y la libertad no podían habitar juntas, ésto es tipología de que el viejo pacto tenía que ser separado del nuevo pacto, no pueden convivir ambos. Estas dos mujeres representan los dos pactos: **Agar**, la esclava representa el pacto de las obras, o sea **cumplimiento perfecto de la ley**, este es el pacto concertado en el monte Sinaí en Arabia, en medio de la tempestad, fuego y humo, o mas bien, como el presentado en el huerto del Edén, donde Dios le dice a Adán que el día que coma del fruto del árbol moriría, pero si se mantenía sin mancha y sin pecado tendría la garantía de vivir; ese es el pacto de la ley (es condicional), mientras que **Sara** representa el **pacto de gracia** (incondicional). Este pacto consiste en que Cristo muere por los pecados del hombre, y pone su ley en sus corazones para que no se aparten de ella.

La diferencia de los dos pactos se basa en que uno fue hecho con el hombre y el otro con Cristo. El pacto de la ley era condicional (si haces o cumples, recibes), el pacto de la gracia fue firmado, sellado, y ratificado con la sangre de Cristo, es incondicional para nosotros, mas condicional para Cristo, que tenía que morir por el hombre (Si Cristo muere, el hombre, vivirá). Este nuevo pacto de salvación para el hombre, o pacto de gracia, Dios lo hizo con Cristo antes del pacto de obras, y Cristo lo **consume** antes de la fundación del mundo (Algunos datos tomados de Charles H. Spurgeon).

Note lo importante que es conocer y comprender la diferencia entre ambos pactos. Veamos cual es la verdadera descendencia de Abraham: Entonces dijo Dios a Abraham: "No te parezca grave a causa del muchacho y de tu sierva; en todo lo que te dijere Sara, oye su voz, porque *en Isaac te será llamada descendencia*" (Génesis 21:12). Varios pasajes biblícos nos confirman que en Isaac vendría la descendencia prometida a Abraham, Pablo afirma: "No que la palabra de Dios haya fallado; porque no todos los que descienden de Israel son israelitas, ni por ser descendientes de Abraham, son todos hijos; sino: *En Isaac te será llamada descendencia* "Sino que es judío el que lo es en lo interior, y la circuncisión es la del corazón, en espíritu, no en letra; la alabanza del cual no viene de los hombres, sino de Dios" (Romanos 2:29). "Mas a todos los que le recibieron, les dio la potestad de ser hechos hijos de Dios; los cuales *no son engendrados de sangre, ni de voluntad de carne, ni de voluntad de varón, sino de Dios*" (Juan 1:12-13). Esto es: No los que son hijos según la carne son los hijos de Dios, *sino los que son hijos según la promesa* son contados como descendientes" (Romanos 9:6-7). Luego, vemos que Abraham *es probado* por Dios: "Por la fe Abraham, cuando *fue probado*, ofreció a Isaac; y el que había recibido las promesas ofrecía su unigénito, habiéndosele dicho: *En Isaac te será llamada descendencia…*" (Hebreos 11:17-18). Y Abraham estubo dispuesto a ofrecer su promesa como un sacrificio vivo, santo y agradable a su Dios.

El nacimiento del pueblo de Israel

El nacimiento del pueblo de Israel, fue profetizado por Dios mismo, como consecuencia de la caída del hombre: "Pondré enemistad entre ti y la mujer, y Tentre tu simiente y la simiente suya; ésta te herirá en la cabeza, y tú le herirás en el calcañar" (Génesis 3:15). La simiente habría de venir de alguna nación o pueblo y Dios eligió un pueblo específico de entre todos los pueblos de la tierra bajo el antiguo pacto; entonces eligió a Israel, descendiente físico de Abraham, a través de Isaac y Jacob, porque era necesario que este pueblo elegido entrara en el plan de salvación diseñado por Dios desde la eternidad. Y fue elegido para llevar a cabo el cumplimiento de ésta Palabra dada por Dios, Israel sería el pueblo a través del cual nacería la simiente, y así, por medio de ellos, todos los pueblos de la tierra llegarían a conocerlo, y llevar a cabo Su propósito eterno sobre la tierra. Es así que surge el nacimiento del pueblo de Israel, con la promesa que Dios hace a Abraham, que en él y en su "simiente" (refiriédose a Jesús), serían benditas todas las familias de la tierra; también le dijo: "**Bendeciré los que te bendijere**n, **y los que te maldijeren, maldeciré**" (Génesis 12:1-3). No dice: "Y a tus simientes", como si hablase de muchos, sino solo de una: "**a tu Simiente, Jesús**". Ellos serían en quien se depositaría la revelación divina, ellos darían a conocer la Palabra de Dios (Romanos 3:2) a todas las naciones de la tierra; pero como modelo, fallaron en esta encomienda. En Deuteronomio 7:7-9, vemos como Dios les dijo muy enfáticamente: "No por ser vosotros más que todos los pueblos, os ha querido Jehová y os ha escogido, pues vosotros erais el más insignificante de todos los pueblos; sino por cuanto Jehová os amó, y quiso guardar el juramento que juró a vuestros padres (Abraham, Isaac y Jacob) os ha sacado Jehová con mano poderosa, y os ha rescatado de servidumbre, de la mano de Faraón rey de Egipto. Conoce, pues, que Jehová tu Dios, **es Dios, Dios fiel, que guarda el pacto y la misericordia a los que le aman y guardan sus mandamientos, hasta mil generaciones**" (Énfasis añadido). El Salmo 105:8-11, NVI cita: "**Él siempre tiene presente Su Pacto, la palabra que ordenó para mil generaciones. Es el pacto que hizo con Abraham, el juramento que le hizo a Isaac. Se lo confirmó a Jacob como un decreto, a Israel como un Pacto Eterno**, cuando dijo: "**Te daré la *tierra de Canaán como la herencia que te toca*.**" Puedes ver la primera mención de esta palabra en 1 Crónicas 16:13-17. Una generación dura 70 años, y Dios ordenó el pacto eterno a Israel para **mil generaciones**.

La historia del pueblo de Israel comienza con el pacto incondicional que Dios hizo con Abraham, cuando lo llamó como cabeza, como padre del pueblo de Israel, y le entregó una promesa: "En tu simiente (el Mesías) serán benditas todas las naciones de la tierra, por cuanto obedeciste a mi voz (Génesis 22:18). De su descendencia vendría la simiente de la mujer mencionada en Génesis 3:15. Luego, Dios confirmó que el Mesías vendría del linaje de Abraham, Isaac y Jacob (Génesis 12:1-3). Esta promesa también fue hecha a Isaac (Génesis 26:4) y a Jacob (Génesis 28:14). El Mesías vino a confirmar y a proclamar las promesas hechas a Abraham, a Isaac y a Jacob, su nieto. Luego los doce hijos de Jacob, fueron llamados pueblo de Dios y casa de Jacob. De las doce tribus, Dios escogió y prometió que de la tribu de Judá vendría la simiente, la cual cumpliría el *plan eterno* de Dios para el hombre caído. El propósito principal era traer al Mesías al Mundo a través de un pueblo elegido, y fue plenamente cumplido en Jesús, descendiente de Abraham, de la tribu de Judá. Fue así que la promesa de salvación, el **PACTO ETERNO,** concertado con el hijo fue revelado proféticamente a Su pueblo a través del profeta Isaías: "Por tanto, el Señor mismo os dará señal: "He aquí que la virgen concebirá, y dará a luz un hijo, y llamará su nombre Emanuel, lo cual significa Dios está con nosotros (Isaías 7:14). Dios le reveló a Isaías que el Mesías vendría a través de la nación de Israel, porque Él estaba destinado para alcanzar y salvar a todos, a los que habitaban hasta en los confines de la tierra, y también Jeremías predice la venida del Mesías

> "No es gran cosa que seas mi siervo, ni que restaures a las tribus de Jacob, ni que hagas volver a los de Israel, A QUIENES HE PRESERVADO. Yo te pongo ahora como luz para las naciones a fin de que lleves mi salvación hasta los confines de la tierra" (Isaías 49:6).

> "He aquí que vienen días, dice El Señor, en que levantaré a David renuevo justo, y reinará como Rey, el cual será dichoso, y hará juicio y justicia en la tierra. En sus días será salvo Judá, e Israel habitará confiado; y este será su nombre con el cual le llamarán: El SEÑOR, justicia nuestra" (Jeremías 23:3-6).

También Oseas predice la venida del Mesías de Israel, 700 años antes de que se cumpliera, y denuncia la infidelidad y la apostasía del pueblo de Israel para con Dios. Pero, a pesar de tanta evidencia que Dios les envió a través de sus profetas, muchos del pueblo escogido no lo recibieron, y lo rechazaron. Sabemos que el plan de Dios desde la eternidad era y es salvar al hombre: *"Y todo aquel que invocare el nombre del Señor será salvo"* (Joel 2:32; Romanos 10:13). Dios escogió un Redentor, y un pueblo, que no cumplió Su encomienda, porque fue infiel, pero de ese pueblo vino el Mesías prometido, el cual sí cumplió su encomienda, y por Él serán salvos todos los que lo acepten como su Señor, incluyendo Israel, como parte de la Iglesia.

Antiguo Pacto, un compromiso matrimonial

De acuerdo a usos y costumbres de la época, la entrega de las tablas de la Ley era la formalización del compromiso matrimonial entre Dios y su pueblo. En el Antiguo Pacto, el Señor formalizó un pacto matrimonial con Israel, el cual se rompe a causa de la infidelidad del pueblo. *"Convertíos hijos rebeldes*, dice Jehová, *porque yo soy vuestro esposo ..."* (Jeremías 3:14). Por esta razón, Dios le entrega carta de repudio o divorcio y los echa de la tierra. Jeremías cita: *"Como una mujer traiciona a su compañero, oh hijos de Israel, de cierto así me han traicionado ustedes a mí, declara Jehová"* (Jeremías 3:20, Biblia Peshitta). Para comprender lo que el profeta dice tenemos que entender la relación matrimonial entre Dios e Israel, teniendo presente que la Biblia utiliza figuras retóricas que crean imágenes en la mente del lector, usando palabras o expresiones en sentido figurado. La alegoría consiste en una serie de imágenes metafóricas que suelen compararse dos cosas: aquello de lo que realmente se habla, el **término real**; y aquello con lo que se compara, el **término imaginario**. Por lo que Oseas, quien fue enviado a profetizar a la casa de Israel, habla de su matrimonio, lo cual es una metáfora (comparación) de la relación que Dios ha mantenido con Israel, y de lo que haría con él. Es por lo que en el Antiguo Testamento notamos una relación matrimonial entre Dios e Israel, donde Dios es el esposo e Israel la esposa. Dios utilizó la figura del matrimonio para mostrar cómo sería la relación de su pueblo con Él, pero Israel no cumplió su parte en el pacto matrimonial, aunque estaba "casada" con Dios, fue una esposa infiel, pues lo abandonó por dioses falsos: *"Porque tu marido es tu Hacedor*, Jehová de los ejércitos es su nombre; y *tu Redentor, el Santo de Israel..."* (Isaías 54:5). Y vino Palabra de Jehová a Oseas: "... porque no me compadeceré más de la casa de Israel, sino que los quitaré del todo. Mas de la casa de Judá tendré misericordia, y los salvaré por El Señor su Dios..." (Oseas 1:6-7). **Y desechó** (el original dice los desprecio, los rechazó) **Jehová a toda la descendencia de Israel** (diez tribus), y los. afligió, y los entregó en manos de saqueadores, hasta echarlos de Su presencia" (2 Reyes 17:19-20). Énfasis añadido.

Según Isaías, *la Casa de Israel fue rechazada y Dios le dio carta de divorcio*: ¿Qué es de la carta de repudio de vuestra madre, con la cual yo la repudié? (original dice divorcio) ¿O quienes son mis acreedores, a quienes yo os he vendido? He aquí que por vuestras maldades (transgresiones) sois vendidos, y por vuestras rebeliones *fue repudiada* vuestra madre" (Isaías 50:1). El profeta se está refiriendo a Israel como a una mujer casada (en sentido figurado) a la que le fue dada carta de divorcio, por lo que quedó desamparada o desechada. Israel, ya no era pueblo. Varios profetas exponen el adulterio de Israel: "*Pero ellos como hombres, quebrantaron mi pacto; allí me fueron infieles*" (Oseas 6:7). Dios les había prometido que ellos le serían **un reino** de **sacerdotes y gente santa** (Éxodo 19:6). ¿Ama Dios todavía a Israel, a pesar de su adulterio espiritual? ¿Todavía cumplirá Su propósito eterno para él, a pesar de sus pecados? Oseas revela el infinito amor de Dios por Israel, el cual es comparable al del esposo que perdona a su esposa infiel o al del padre que ama a su hijo rebelde. Por esta razón el profeta Oseas nombró a su primer hijo "**Jezreel**" (Dios esparció o plantó. # 3157- Diccionario Strong). Luego llamó a su segunda hija '**Lo-ruhama**' (no misericordia, no compadecida) y a su tercer hijo lo llamó '*Lo–Ammi*' (no pueblo mío, # 3808, 5971 - Diccionario de Strong). Aunque fueron rechazados como pueblos, serán reconciliados y restaurados: "*Y la sembraré (Jezreel)* **para mí en la tierra, y tendré misericordia de Lo-ruhama** (no misericordia, no compadecida, # 3808, 7355 - Diccionario Strong); y le diré a Lo-ammi (Israel, la no pueblo, la casa de Efraín): *Tú eres pueblo mío, y él dirá: "Dios mío"* (Oseas 2:23). Énfasis añadido.

Oseas señala que a pesar del pecado del pueblo, Dios los multiplicaría *en medio de las naciones* y los sanaría de su rebelión y apostasía, apartaría su ira de ellos y los amaría por '*PURA GRACIA*' (Oseas 14:4). Veamos como en una figura poética, (la símil) Oseas describe la restauración de Israel: "*Yo seré a Israel como rocío; él florecerá como lirio, y extenderá sus raíces como el Líbano. Se extenderán sus ramas, y será su gloria como la del olivo, y perfumará como el Líbano*" (Oseas 14:6). El profeta Jeremías habla de la restauración futura de Israel: "*Haré volver a los cautivos de Judá y los de Israel, y los restableceré como al principio*. Los limpiaré de toda la maldad que los llevó a pecar contra mí, *y les perdonaré todos los pecados que cometieron contra mí, y también sus rebeldías*. Entre todas las naciones de la tierra, que sabrán de todo el bien que les haré, Jerusalén será para mí motivo *cometieron contra mí, y también sus rebeldías.* Entre todas las naciones de la tierra, que sabrán de todo el bien que les haré, Jerusalén será para mí motivo de gozo, alabanza y gloria. Y las naciones temerán y temblarán al ver todo el bien que les haré y toda la paz que les haré. Yo, el Señor, declaro: En este lugar, del cual dicen que está desierto y sin gente ni animales, y en las ciudades de Judá y en las calles de Jerusalén, que ahora están en ruinas, sin gente ni animales, volverá a escucharse la voz de gozo y de alegría, *la voz del novio y de la novia*, la voz de los que dicen: ¡Alabemos al Señor de los ejércitos, porque el Señor es bueno, porque su misericordia es eterna! La voz de los que traen a mi casa ofrendas de acción de gracias. Porque yo haré que cambie la suerte de esta tierra, *la cual volverá a ser lo que antes fue.* Yo, el Señor, lo he dicho. Vienen días en que yo confirmaré las **buenas promesas** que he hecho a la casa de Israel y a la casa de Judá. Cuando llegue el día y el momento, *haré que de David surja un Renuevo de justicia* (Jesús), que impondrá la justicia y el derecho en la tierra. En esos días Judá será salvada, y Jerusalén habitará segura y será llamada, *El Señor es nuestra justicia*" (Jeremías 33:7-11; 14-15). Pero a pesar de su adulterio, Dios declaró que la nación volvería a Él, y se cumplirían Sus promesas del pacto con ellos, y Él tendría misericodia de Su pueblo. Isaías 54:4-8, lo confirma:

"No temas, pues no serás confundida; y no te avergüences, porque no serás afrentada; sino que **te olvidarás de la vergüenza de tu juventud, y de la afrenta de tu viudez** no tendrás más memoria. Porque tu marido es tu Hacedor; Jehová de los ejércitos es su nombre; y tu Redentor, el Santo de Israel; Dios de toda la tierra será llamado. Porque como a mujer abandonada y triste de espíritu te llamó Jehová, y como a la **esposa de la juventud que es repudiada**, dijo el Dios tuyo. **Por un breve momento te abandoné;** *pero te recogeré con grandes misericordias.* Con un poco de ira escondí mi rostro de ti por un momento; pero con misericordia eterna tendré compasión de ti, dijo tu **Redentor** ..."

En Isaías 49:21-22, leemos: "Y tú dirás en tu interior: "¿Quién me ha dado estos hijos? ¿Yo no tenía hijos, no podía tenerlos; **estaba desterrada; apartada quién los crió?** El Señor dice: "Voy a dar órdenes a las naciones;

una señal a los pueblos para que traigan en brazos a tus hijos y a tus hijas…" Jeremías confirmó que Israel existiría como nación por siempre:

> Así dice el Señor: "Si yo no hubiera establecido mi pacto con el día ni con la noche, ni hubiera fijado las leyes que rigen el cielo y la tierra, **entonces habría rechazado los descendientes de Jacob y de mi siervo David, y no habría escogido a uno** (al Mesías) **de su estirpe para gobernar sobre la descendencia de Abraham, Isaac y Jacob**. Pero yo cambiaré su suerte y les tendré compasión" (Jeremías 33:24, NVI).

> "Así ha dicho Jehová, que da el sol para luz del día, las leyes de la luna y de las estrellas para luz de la noche, y parte (agita) el mar, y braman sus olas; Jehová de los ejércitos es su nombre: **"Si faltaren estas leyes delante de mí, dice Jehová, también la descendencia de Israel faltará para no ser nación delante de mí eternamente"** (Jeremías 31:35). Énfasis añadido.

Casa de Israel, dividida en dos reinos

En el año 902 A.C. después de 120 años de unidad, el antiguo reino de Israel, se dividió en dos reinos, la Casa de Judá y la Casa de Israel, a causa de la apostasía: *"Porque resueltamente se rebelaron contra mí, la casa de Israel y la casa de Judá, dice Jehová"* (Jeremías 5:11). *"Por tanto, yo os arrojaré de esta tierra a una tierra que ni vuestros padres habéis conocido…"* (Jeremías 16:13). Pero cuando se refiere a la casa de Israel dice: "Así pues, los hijos de Israel (Efraín) fueron llevados cautivos desde su país a Asiria, hasta este día" (2 Reyes 17:23). Dios le dio **carta de divorcio** a la Casa de Israel, y les habló a través de los profetas: *"Los arrojaré entre las naciones y los esparciré por los países…"* (Ezequiel 11:16). "Porque he aquí yo mandaré y haré que la casa de Israel sea zarandeada entre todas las naciones, como se zarandea el grano en una criba, y no cae un granito en la tierra" (Amós 9:9). La casa de Israel fue influenciada por la cultura romana. Luego, perdió su identidad israelita al mezclarse con las naciones (gentiles) y al asimilar prácticas paganas, quedando como una **Casa desolada**. Oseas la describe así: *"Israel ha sido absorbida; ahora está entre las naciones* (Goyim) *como vasija inservible"* (Oseas 8:8).

El Salmo 80:8 cita: **"Sacaste una vid de Egipto; devastaste pueblos y la plantaste. Le preparaste el suelo, y plantaste su raíz, y se llenó la tierra de ella."** El profeta Oseas 2:23, confirma: *"La sembraré para mí en la tierra…"* Isaías cita: "Y acontecerá que cuando os *multipliquéis* y *crezcáis en la tierra*, en esos días, dice Jehová, *no se dirá más: Arca del pacto de Jehová; ni vendrá al pensamiento, ni se acordarán de ella, ni la echarán de menos, ni se hará otra"* (ver Isaías 27:6, 12-13; Salmo 72:16). La Casa de Israel se olvidaría del Arca del pacto y viviría en tinieblas entre las naciones (Goyim), porque olvidó todo. Isaías dice que está coja y sorda (Isaías 35:6; 43:8); que están lejos (Daniel 9:7); que están muertos (Ezequiel 37:11); que están cautivos (Isaías 61:1); que están oprimidos (Jeremías 50:33); que está enferma (Isaías 33:24); y que están pobres (Isaías 49:13). O sea, que la Casa de Israel, Efraín se olvidaría de la Torah, y **perderían su identidad de hijos** (Jeremías 3:14-16). Dice la Palabra que ellos se multiplicarían como los peces, y que serían y que Dios enviaría muchos pescadores a pescarlos (Jeremías 16:16). Y se llenó la tierra de esa raíz, que fue esparcida por todas las naciones de la tierra, allí se asimilaron entre las naciones y se hicieron como los demás gentiles, y creen que son gentiles, comportándose como gentiles. Pero en realidad son ovejas viviendo entre cabras y lobos. Cumpliéndose así la promesa que Dios había dado a Abraham, que **sería multitud de pueblos, y que** *sus descendientes serían fructíferos en gran manera.* (Génesis 17:6). En Génesis 48:19, y en Isaías 9:1-4, se identifica a los habitantes de "la tierra de Zebulún y Naftalí" como "Galilea de los gentiles" (en hebreo gentil es goyin o naciones), son la Casa de Israel. "…te bendeciré y *multiplicaré inmensamente tu descendencia, como las estrellas del cielo y como la arena que en la orilla del mar*…(Génesis 22:17). Oseas confima la Palabra dada a Abraham: *"Con todo, será el número de los hijos de Israel como la arena del mar, que no se puede medir ni contar. Y en el lugar donde les fue dicho: Vosotros no sois pueblo mío, les será dicho: Sois hijos del Dios viviente"* (Oseas 1:10). Pablo afirma: *"Él ha determinado y decretado la Palabra, y el Señor la ejecutará sobre la Tierra."* Pablo cita el libro de Oseas: *"Llamaré*

pueblo mío a los que no eran mi pueblo, y a la que no era amada, amada;
porque acontecerá que en el lugar donde se les llamaba 'no son mi pueblo',
allí serán llamados 'hijos del Dios viviente" (Oseas 2:23, Romanos 9:10, 25-26).

En la Biblia se menciona a las ovejas alrededor de 700 veces. **En el Viejo Testamento, la casa de Israel es comparada con ovejas:** "...por lo cual, el pueblo vaga como ovejas, y sufre porque no tiene pastor" (Zacarías 10:2). *"Ovejas perdidas fueron mi pueblo*; sus pastores las hicieron errar, por los montes se descarriaron; anduvieron de monte en collado, *y se olvidaron de sus rediles"* (Jeremías 50:6). "Convertíos, hijos rebeldes, dice Jehová, *porque yo soy* vuestro esposo; *y os tomaré uno de cada ciudad, y dos de cada familia, y os introduciré en Sión* (habitación de Dios); y *os daré pastores según mi corazón,* que os apacienten con *ciencia* (conocimiento) **y con** *inteligencia* (entendimiento), (Jeremías 3:14-16). También Jesús las comparó con ovejas cuando dijo: "Y al ver las multitudes, tuvo compasión de ellas; porque estaban desamparadas y dispersas *como ovejas que no tienen pastor"* (Mateo 9:36). "Porque el *Hijo del Hombre ha venido para salvar lo que se había perdido"* ¿Qué os parece? Si un hombre tiene cien **ovejas,** y se descarría (pierde) una de ellas, ¿no deja las noventa y nueve y va por los montes a buscar la que se había descarriado? (Mateo 18:11-12). Jesús declaró: "Así como el Padre me conoce, yo conozco al Padre; y **pongo mi vida por las ovejas. También tengo otras ovejas que no son de este redil; aquéllas también debo traer, oirán oirán mi voz; y habrá un rebaño, y un pastor."** Se refería a la Casa de Israel, para unir ambas Casas en una. Oseas dijo que el Señor congregaría a los hijos de Judá y a los hijos de Israel y tendrán un solo rey (Oseas 1:11). Cuando Jesús vino a la tierra, solo estaba la tribu de Judá y parte de la tribu de Benjamín, en este pasaje, las ovejas perdidas a las cuales Él se refería eran las de la casa de Israel, que estaban dispersas (hacía 400 años) entre las naciones. (Juan 10:15-16). "De cierto, de cierto os digo: El que no entra por la puerta en el redil de las ovejas, sino que sube por otra parte, ése es ladrón y salteador. Mas el que entra por la puerta, el pastor de las ovejas es. A éste abre el portero, y **las ovejas oyen su voz; y a sus ovejas llama por nombre, y las saca.** Y cuando ha sacado fuera todas las propias, va delante de ellas; *y las ovejas le siguen,* **porque** *conocen su voz.* Más al extraño no seguirán, sino huirán de él, porque no conocen la voz de los extraños. Esta alegoría les dijo Jesús; pero ellos no entendieron qué era lo que les decía (Juan 10:1-6). *"… como aparta el pastor las ovejas de los cabritos.* Y pondrá las ovejas a su derecha, y los cabritos a su izquierda" (Mateo 25:32). Y el apóstol Pedro también **nos** describe como ovejas: *"Porque vosotros erais como ovejas descarriadas, pero ahora habéis vuelto al Pastor y Obispo* (guardián) *de vuestras almas"* (1 Pedro 2:25). Énfasis añadido.

Éstos son los "extranjeros y peregrinos" o sea la Casa de Israel o Reino del Norte, a la que Pablo y Pedro se refieren cuando citan: Hechos 10:36, *"Dios envió mensaje a los hijos de Israel, anunciando el evangelio de la paz por medio de Jesucristo;* éste es *Señor de todos."* Y Pedro les exhortaba a que se condujeran en reverencia y con temor en el tiempo de su peregrinación; que mantuvieran una buena manera de vivir entre los gentiles. *Ya que* **habían sido redimidos** *de sus vanas acciones,* **las cuales recibieron de sus padres,** *con la preciosa sangre del Cordero, quien para eso estaba designado previamente desde antes de que el mundo fuera establecido, el cual fue revelado al final de los tiempos por causa de ustedes* (1 Pedro 1 y 2). El Reino del Norte o Casa de Israel fue cortada del olivo natural, y sembrada entre los gentiles volviéndose olivo silvestre. El ministerio de Jesús fue mayormente en la región norte de Israel, donde habitaba la casa de Israel (Efraín), alrededor del lago de Galilea: Capernaúm, Caná, Natzaret, Gadera, Decápolis, y Samaria, (Mateo 4:15-16). Por lo que en toda etnia, lengua, pueblo o nación encontramos la simiente de los "hijos de Israel", por lo cual el Evangelio del Reino debía de llegar a todas las naciones de la tierra, porque **en todas ellas hay descendencia de los "hijos de Israel".** *"Y serán benditas en ti todas las familias de la tierra"* (Génesis 12:3, NVI), por lo que Apocalipsis 5:9 cita: Y entonaban este cántico nuevo: *"Digno eres de recibir el rollo escrito y de romper sus sellos, porque fuiste sacrificado, y con tu sangre compraste para Dios, gente de toda raza, lengua, pueblo y nación."* Cumpliéndose así lo que Jesús había dicho *raza, lengua, pueblo y nación.* Cumpliéndose lo que Jesús había dicho a los discipulos, que Él había sido enviado *"solamente* **a las ovejas perdidas de la casa de Israel"** (Mateo 15:24). Estando Jesús con sus discípulos, antes de ser crucificado, les dio instrucciones diciendo: "Por caminos de gentiles no vayáis, y en ciudad de samaritanos no entréis, *sino id antes a las ovejas perdidas de la casa de Israel*. Y yendo, predicad, diciendo: "El reino de los cielos se ha acercado. Sanad enfermos, limpiad leprosos, resucitad muertos, echad fuera demonios; de gracia recibisteis, dad de gracia. No os proveáis de oro, ni plata, ni cobre en vuestros cintos; ni de alforja para el camino, ni de dos túnicas, ni de calzado, ni de bordón; porque el obrero es digno de su alimento" (Mateo 10:6-9). "He aquí os doy potestad de hollar serpientes y escorpiones, y sobre toda fuerza del enemigo, y nada os dañará" (Lucas 10:19-20). Y después que resucitó se presentó vivo a los apóstoles, con muchas pruebas indubitables; y estuvo 40 días con ellos; y hablándoles sobre el Reino de Dios. Les pidió que permanecieran en Jerusalén hasta que fueran bautizados con el Espíritu Santo, que les daría poder para serles testigo en Jerusalén, en toda Judea, en Samaria, y *hasta los confines de la tierra*. Y habiendo dicho estas cosas, viéndolo ellos, fue alzado, y le recibió una nube que le ocultó de sus ojos" (Hechos 1:3, 8-9). Hemos podido ver como fueron enviados a predicar el evangelio *a toda criatura* en Jerusalén, en toda Judea, en Samaria, y *hasta los confines de la tierra*, porque entre los *gentiles* están los hijos de Israel, los cuales perdieron su identidad, y sólo a través de Cristo la recuperarán. ¿Serás tú uno de ellos? Entonces eres una oveja perdida de la Casa de Israel. Sólo a través del evangelio serán alcazados los gentiles llegando a ser la plenitud de los gentiles (el pueblo de Dios.

Y Jesús les dijo: "*Id por todo el mundo y predicad el evangelio a toda criatura*. El que creyere y fuere bautizado, será salvo; mas el que no creyere, será condenado. Y estas estas señales seguirán a los que creen: En mi nombre echarán fuera demonios; hablarán nuevas lenguas; tomarán en las manos serpientes, y si bebieren cosa mortífera, no les hará daño; sobre los enfermos *pondrán sus manos, y sanarán.*" Aquí son enviados a predicar el evangelio a toda criatura (Marcos 16:15-18). Sólo pregunto, ¿está la iglesia cumpliendo exactamente con la gran comisión que les fue encomendada? La palabra "*comisión*" significa "encargo que una persona da a otra para que haga alguna cosa." Observe como Jesús primero los envió, y luego, el Cristo (el Ungido) resucitado, les dio la misma encomienda, solo que esta vez los envió hasta los confines de la Tierra. Este es el misterio oculto, la "**Ekklesia**", revelado a

Pablo en Juan 3:16: "Porque de tal manera amó Dios al mundo, que dio a Su Hijo Unigénito, para que todo aquel que cree en Él, no se pierda, mas tenga vida eterna." ***Ekklesia***, palabra compuesta de dos palabras Griegas: *ek*, significa 'fuera de', y *kaleo*, que significa 'llamar' o 'convocar', unidas significa literalmente 'llamar fuera de'. En griego hace referencia a una asamblea, congregación o comunidad de ciudadanos reunidos para discutir asuntos políticos. Palabra trasliterada al castellano como 'Iglesia' (Diccionario Griego Strong, p. 26 # 1577).

El profeta Ezequiel usó la parábola de dos hermanas que se hicieron prostitutas para ilustrar el proceder de Samaria (casa de Israel) y Jerusalén (casa de Judá); también nos habla de un valle de huesos secos, y señala que es la casa de Israel (Ezequiel 23:2-10; 37:11-14). Luego, nos habla de una reunión futura entre Judá e Israel, donde dos palos son usados metafóricamente para representar la reunión del reino de Judá y del reino de Israel, cuando la Casa de Israel sea tomado de entre las naciones para unirlo a la Casa de Judá, para que se hagan uno sólo en Su mano (Ezequiel 37:15-28). Así ha dicho el Señor:

> "Hijo de hombre, toma ahora un palo, y escribe en el: "Para Judá, y para los hijos de Israel, sus compañeros. Toma después otro palo, y escribe en él: Para José, palo de Efraín, y para toda la casa de Israel sus compañeros. Júntalos luego, el uno con el otro, para que sean uno solo, **y serán uno solo en tu mano.** Y cuando te pregunten los hijos de tu pueblo, diciendo: ¿No nos enseñarás qué te propones con eso? diles: Así ha dicho Jehová el Señor: He aquí, yo tomo el palo de José que está en la mano de Efraín, y a las tribus de Israel sus compañeros, y los pondré con el palo de Judá, y **los haré un solo palo, y serán uno en mi mano.** Y los palos sobre que escribas estarán en tu mano delante de sus ojos, y les dirás: "**He aquí, yo tomo a los hijos de Israel de entre las naciones a las cuales se fueron, y los recogeré de todas partes, y los traeré a su tierra; y haré una nación en la tierra, en los montes de Israel, y un rey será a todos ellos por rey; y nunca más serán dos naciones, *ni nunca má serán divididos en dos reinos*.** Ni se contaminarán ya más

con sus ídolos, con sus abominaciones, y con todas sus rebeliones; *y los salvaré de todas sus rebeliones con las cuales pecaron, y los limpiaré*; **y me serán por pueblo, y** yo a ellos por Dios. Mi siervo David será rey sobre ellos, y todos ellos tendrán un solo pastor; y andarán en mis preceptos, y mis estatutos guardarán y los pondrán por obra. Habitarán en la tierra que di a mi siervo Jacob, en la cual habitaron vuestros padres; en ella habitarán ellos, sus hijos y los hijos de sus hijos para siempre; y mi siervo David será príncipe de ellos para siempre. Y haré con ellos pacto de paz, **Pacto Perpetuo** será con ellos; y *los estableceré y los multiplicaré, y pondré mi santuario entre ellos para siempre. Estará en medio de ellos mi tabernáculo, y seré a ellos por Dios, y ellos me serán por pueblo.* Y sabrán las naciones que yo Jehová, santifico a Israel, *estando mi santuario en medio de ellos para siempre.*"

También Zacarías nos habla de los dos cayados: "Apacenté, pues, las ovejas de la matanza, esto es, a los pobres del rebaño. Y tomé para mí dos cayados: al uno puse por nombre **Gracia**, y al otro **Ataduras**; y apacenté las ovejas" (Zacarías11:7). Los dos cayados simbolizan la Casa de Israel y la Casa de Judá; y sus nombres '**Gracia**' el **cumplimiento espiritual** (Porque misericordia quiero, y no sacrificio, y conocimiento de Dios más que holocaustos" (Oseas 6:6), y '**Ataduras**' **cumplimiento literal de la Ley** (Y las atarás como una señal en tu mano, y estarán como frontales entre tus ojos..." (Deuteronomio 6:8). Y en la parábola del hijo pródigo vemos la representación del pecado, el arrepentimiento y el perdón. Los hijos son figura de Judá e Israel, el hijo que permaneció en la casa del padre, es Judá, el cual se mantuvo guardando la ley, siendo tipología de la iglesia tradicional (cumplimiento ritual), la que con obras quiere o cree merecer la salvación. El hijo que abandonó la casa y la ley es Efraín, el cual al involucrarse con los demás pueblos perdió su identidad, volviéndose igual a otros pueblos paganos, y se olvidó del Padre. Efraín es tipología de la iglesia, el hijo que vuelve al Padre, la oveja que vuelve a su rebaño al reconocer la voz del buen pastor, el pueblo salvo por gracia (cumplimiento espiritual). El hijo que abandonó la casa vino a su padre y le dijo: "*Padre, he pecado contra el cielo, y* *contra ti, y ya no soy digno de ser llamado tu hijo.*" También revela el amor incondicional del Padre, lo vemos cuando el siervo dio la noticia y el padre dijo: "Y traed el becerro gordo y matadlo, y comamos y hagamos fiesta; *porque este mi hijo muerto era, y ha revivido; se había perdido, y es hallado*" (Lucas 15: 11-32). Luego, en el primer siglo d. C. el historiador judío, Flavio Josefo, afirma que solo dos tribus representan la Casa de Judá (Antigüedades Judías, Tomo IX):

> "Por tanto, no hay mas que dos tribus (Judá y Benjamín, las que representan la Casa de Judá), las de Europa y Asia con sujeción a los romanos, mientras que las diez tribus están más allá del Éufrates hasta ahora, y son una multitud inmensa que no podría ser calculada en números. Las perdidas diez tribus que moraban más allá del valle del Éufrates, viajando hacia el norte, por lo que nuestro siguiente paso es trazar sus migraciones a través del Cáucaso."

La casa de Judá, fue **dispersada**, quebrantada, triturada e influenciada por la cultura babilónica, y luego por Roma. "**Dispersar**" hacer que un grupo de personas o cosas se separe y esparza en diferentes direcciones. Pero regresó del cutiverio, luego de 70 años, nunca perdieron su identidad israelita, porque Esdras y los profetas los mantuvieron guardando la Torá, y a pesar de que Dios los disciplinó, y no los abandonó. Después hubo un periodo de 400 años de silencio, sin que el pueblo de Dios tuviese dirección divina, siendo Malaquías, el último de los profetas. Durante ese tiempo los judíos estuvieron bajo diferentes imperios y nace lo que lo que conocemos como judaísmo; creando una religión, porque toda palabra que termina con el sufijo *"ismo"* significa **doctrina, sistema o partido**, y Dios no los instituyó, ésto nace del hombre; al igual que 'cristianismo'. Después de estos 400 años de silencio, Dios envió al profeta Juan, para preparar el camino al Mesías, y comienza de esta forma lo que conocemos como el Nuevo Testamento., pero es una sola historia, un sólo libro.

Dios honraba el pacto hecho a su siervo David, de que *su reino sería eterno*, y no repudió a Judá, a causa de Su amor por David y la ciudad de Jerusalén. Por lo que queda claro que a quién se le dio carta de divorcio fue la

Casa de Israel, las diez tribus esparcidas por toda la tierra Entendamos que el nombre "judío" originalmente se refería sólo a aquellos que eran miembros de la tribu de Judá, quienes tambien eran israelitas. El reino o Casa de Judá era israelita, pero no todos los israelitas eran judíos, así que las tribus restantes no eran de la tribu de Judá, por lo tanto, los reinos de Israel (10 tribus) y Judá fueron divididos de forma permanente. Se les conoce como el Reino del Sur o Casa de Judá (judíos), cuya capital era Jerusalén y el Reino del Norte o casa de Israel (diez tribus perdidas), cuya capital era Samaria. Dios profetizó, que ambas casas serán reunidas en una sola *Casa* (Isaías 11:11-12; Oseas 1:11 Ezequiel 37:19, 21-22,24,27. Tanto Efraín (Casa de Israel) como la Casa de Judá, rompieron el pacto de matrimonio que habían hecho con Dios en el desierto. "Mas ni aun Judá guardó los mandamientos de Jehová su Dios, sino que anduvieron en los estatutos (costumbres) de Israel, los cuales habían hecho ellos" (2 Reyes 17:19). "El Señor, por tanto, se airó en gran manera contra Israel, y los quitó de delante de su rostro; y no quedó sino sólo la tribu de Judá" (2 Reyes17:6; 18-23). La Casa de Judá, no fue rechazada, por amor a David su siervo, aunque tuvo que afrontar las consecuencias por su pecado (2 Crónicas 36: 17-23; Oseas 1:6-7).

En el año 70 d.C. tropas romanas invadieron Jerusalén, destruyendo el templo, esclavizando y dispersando al pueblo judío entre las naciones, quedaron sin tierra y estuvieron dos mil años en la diáspora hasta la creación del estado de Israel, en el 1948. Jesús había profetizado la destrucción de la ciudad y de su templo cuarenta años antes. El pueblo judío se había vuelto insensible a las realidades espirituales, rehusando aceptar a Jesús como el Mesías prometido; ellos no podían entender el Plan Eterno, porque "Dios les dio *espíritu de estupor, ojos con que no vean y oídos que no oigan, hasta el día de hoy*" (Romanos 11:8). El diccionario Strong traduce "*estupor*" como 'letargo' y significa estado de cansancio o adormecimiento en el que se encuentra una persona a causa de sueño; caracterizado por un estado de somñolencia profunda de la cual es difícil despertar. El *espíritu de estupor* no permite que tu mente entienda, o razone correctamente. Isaías había profetizado que sería quitado: "*Sobre este monte rasgará el velo que cubre a todos los pueblos, el manto que envuelve a todas las naciones*" (Isaías 25:7, NVI). Y se cumplió esta profecía cuando Jesús murió, cuando su carne fue rasgada, fue quitada su naturaleza humana, carne y sangre, Él solo lo podía hacer. Es así, que sólo a través de Jesús, es quitado el espíritu de estupor. A los judíos que no creen en Él, *"el velo no les ha sido quitado, porque sólo se quita en Cristo"* (Efesios 4:18). Pero, hay una promesa para la Casa de Judá: *"Oh Judá, para ti también he preparado la cosecha cuando haga volver a los cautivos de mi pueblo* (los gentiles)" (Oseas 6:11).

Dios comienza su pacto con Abraham, diciéndole: "Alza ahora tus ojos, y mira desde el lugar donde estás hacia el norte y el sur, al oriente y al occidente. Porque toda la tierra que ves, *la daré a ti y a tu descendencia para siempre. Y haré tu descendencia como el polvo de la tierra; que si alguno puede contar el polvo de la tierra, también tu descendencia será contada"* (Génesis 13:14-16). Pablo lo dice muy claro: *"Y si vosotros sois de Cristo, ciertamente linaje* (simiente) *de Abraham sois, y herederos según la promesa"* (Gálatas 3:29). Dios confirma el pacto con Abraham y le dice: "Y la bendeciré, y también *te daré de ella hijo*; sí, la bendeciré, y *vendrá a ser madre de naciones; reyes de pueblos vendrán de ella"* (Génesis 17:16). *"Y estableceré mi pacto entre mí y ti, y tu descendencia después de ti en sus generaciones, por PACTO PERPETUO, para ser tu Dios y el de tu descendencia después de ti"* (Génesis 17:7). Luego, Dios confirma sobre Isaac, la promesa que hizo a Abraham, prometiéndole: "Yo soy el Dios de Abraham tu padre; no temas, porque yo estoy contigo, y te bendeciré, y multiplicaré tu descendencia por amor de Abraham mi siervo" (Génesis 26:24). Tambien Dios se apareció ante Jacob, cuando él iba de camino a encontrarse con su hermano Esaú, un varón (se infiere que era el ángel de Dios, Cristo) estuvo luchando con él hasta rayar el alba, Jacob no cedió de luchar con el varón hasta que éste lo bendijo y le cambió el nombre de Jacob por **Israel**, lo que significa: '**poder o el que gobierna con Dios**. Pues la partícula 'El' es una forma corta del nombre de Dios, incluida en el nombre dado a Jacob: Isra – el. Y le confirmó la promesa que había hecho a su abuelo Abraham: "Yo soy el Dios Omnipotente: crece y multiplícate; una nación y conjunto de naciones procederán de ti, y reyes saldrán de tus lomos. La tierra que he dado a Abraham y a Isaac, la daré a ti, y a tu descendencia después de ti daré la tierra (Génesis 35:11-12, 24-32).

Plenitud de los gentiles

Gentil, en el idioma hebreo es, '*Goyim*' y en el griego en plural, '*Ethnos*' (Vine, p. 152). Ambas palabras significan, **etnia**, **gente** o **naciones paganas**. Al final de sus días, Jacob, llamó a sus hijos para bendecirlos, pero antes pasó los derechos de primogenitura a José, y lo bendijo diciendo: "El Dios Omnipotente me apareció en Luz en la tierra de Canaán, y me bendijo, y me dijo: He aquí yo te haré crecer, y te multiplicaré, y te pondré por *estirpe de naciones*; y daré esta tierra a tu descendencia después de ti por *heredad perpetua*" (Génesis 48:3-4). A partir de ese momento José tenía doble porción de la herencia, y la supremacía sobre sus hermanos. José tenía dos hijos: Manasés y Efraín, los cuales fueron adoptados por Jacob su abuelo, en calidad de hijos suyos: "El Dios en cuya presencia anduvieron mis padres Abraham e Isaac, el Dios que me mantiene desde que yo soy hasta este día, el Ángel (Jesús) que me liberta de todo mal, bendiga a estos jóvenes; y sea perpetuado en ellos mi nombre, y el nombre de mis padres Abraham e Isaac, **y multiplíquense en gran manera en medio de la tierra**" (Génesis 48:15-16). Viendo José, que su padre ponía la mano derecha sobre la cabeza de Efraín, le causó esto disgusto; y asió la mano de su padre, para cambiarla de la cabeza de Efraín a la cabeza de Manasés. Y dijo José a su padre: – "No así, padre mío, porque éste es el primogénito; pon tu mano derecha sobre su cabeza. Mas su padre no quiso, y dijo: – "Lo sé, hijo mío, lo sé; también él vendrá a ser un pueblo, y será también engrandecido; pero su hermano menor será más grande que él, y *su descendencia* formará multitud de naciones" (Génesis 48:18-19). Jacob entregó la promesa al hijo menor, **Efraín**, hijo de José con una egipcia, hija de un sacerdote pagano. **Efraín** siqnifica "**doble fruto**" y "**vasto**"). Observe que cuando Jacob cruza los brazos para bendecir a sus nietos, Efraín y Manasés, forma una cruz, pero en realidad no era una cruz, era la forma de la letra TAV, que en hebreo significa "*pacto, señal o sello*" y en tiempos de Ezequiel (9:4) **era una cruz**, no una letra **T**. En su bendición, Jacob declaró que Efraín el menor llegaría a ser "*Melo HAGoyin*" que significa: '**plenitud de los gentiles**' o sea completaría el número de los gentiles. Plenitud significa completo. Luego,

Pablo usa la misma frase *"plenitud de los gentiles"* en Romanos 11:25. Manasés también vendría a ser un pueblo, y sería también engrandecido. La bendición otorgada a José, y en especial a su hijo Efraín, sería el cumplimiento de la promesa que Dios prometió a Abraham, de hacerle padre de muchedumbre de gentes, o sea multitud de naciones, que su descendencia se multiplicaría como las estrellas del cielo y sería tan abundante como la arena en la orilla del mar, y poseerían la puerta de sus enemigos (Génesis 22:17). Luego, Jacob imparte su bendición profética sobre cada uno de sus hijos, y vemos como a Judá le dice: *"No será quitado el cetro de Judá, ni el legislador de entre sus pies, hasta que venga Siloh; y sea suya la obediencia de los pueblos"* (Génesis 49:10). Jacob le dá al Mesías el nombre de 'Siloh', término designado para el Mesías prometido. Se le ha dado diversos significados como: descendiente, el enviado, aquel a quien le corresponde (el cetro), el que da descanso, el que trae la paz (Diccionario Enciclopédico de Biblia y Teología). El cetro le pertenece ahora a Cristo, pero todavía no se ha cumplido la 'obediencia de los pueblos', esto ocurrirá en Su segunda venida como Mesías Rey. Dios no ha desechado a Israel, Él sólo rechazó y desterró la descendencia de Israel, lo vemos en 2 Reyes 17-30 (New English Translation Net Bible): *"Entonces el Señor rechazó a todos los descendientes de Israel; los humilló y se los entregó a los ladrones, hasta que los arrojó de su presencia."*

Recordemos a Rahab, la ramera, vivía en Jericó, la cual fue declarada justa por sus obras y por la fe en Dios. Se casó con un hombre israelita llamado Salmón, y su hijo, Boaz, fue un hombre de gran fe que se casó con Rut, la moabita con quien tuvo un hijo llamado Obed, quien fue el padre de Isaí, quien fue el padre de David (Rut 13, 22). También Moisés, se casó con una madianta y José con una egipcia, hija de un sacerdote pagano. Todo ésto es sombra y figura de la salvación de los gentiles. Es necesario recordar que después del diluvio la tierra fue poblada con los tres hijos de Noé. De Sem descieden los hebreos, recordemos que Abraham era hebreo (Génesis 14:13), luego su descendencia se les llamó israelita, cuando Dios le cambió el nombre a Jacob por Israel; de Cam y Jafet se deriban los gentiles (pueblos paganos). Pablo señala que la Escritura, previendo que por la fe Dios declara justos a los gentiles, proclamó de antemano las Buenas Nuevas (Evangelio) a

Abraham: *"En ti serán benditas todas las naciones"* (Gálatas 3:8). Y es que el pacto que Dios hizo con Abraham es parte del *pacto eterno*, que se ha desarrollado progresivamente, un pacto concertado con la Casa de Judá y con la Casa de Israel. "No temas, porque yo estoy contigo; del oriente traeré tu generación, y del occidente te recogeré. Diré al norte: Da acá; y al sur: No detengas; trae de lejos mis hijos, mis y hijas *desde los confines de la tierra, todos los llamados de mi nombre*; *para gloria mía los he creado, los forme y los hice.* Sacad al pueblo ciego que tiene ojos, y a los sordos que tienen oídos. Congréguense a una todas las naciones, y júntense todos los pueblos (la salvación abarca al mundo, a todos). ¿Quién de ellos hay que nos dé nuevas de esto, y que nos haga oír las cosas primeras? Presenten sus testigos, y justifíquense; oigan y digan: Verdad es. Vosotros sois mis testigos, dice Jehová, y mi siervo que yo escogí, para que me conozcáis y creáis, y entendáis que yo mismo soy; antes de mí no fue formado dios, ni lo será después de mí" (Isaías 43:5-10). Énfasis añadido. "En aquel día, dice YHVH, recogeré a la que cojea (Judá), volveré a traer a la *descarrriada* (Israel), y a la que había *afligido*; de la que cojea (Judá), haré un *remanente*, y de la descarriada (Israel), *una nación poderosa*. Y Yahweh **reinará sobre ellos en el monte Sión, desde entonces y para siempre**" (Miqueas 4:6-7, Biblia Textual). Énfasis añadido.

La misma Palabra comprueba que Dios tendrá misericordia de la Casa de Israel (Efraín): "¿No es Efraín hijo precioso para mí? ¿No es un niño en quien me deleito? Pues desde que hablé de él, me he acordado de él constantemente. Por eso mis entrañas se conmovierom por él; ciertamente tendré de él misericordia, dice Jehová" (Jeremías 31:20). El profeta Isaías decreto Palabra de Dios y dijo que la raíz de Isaí, refiriéndose a Jesús, estará de pie como estándarte a los **gentiles**, y su morada será gloriosa y que la tierra sería llena del conocimiento de Dios; y **Él volvería a recobrar con su mano, por segunda vez, al remanente de su pueblo, juntaría a los destarrados de Israel, y congregará a los esparcidos de Judá** (Isaías 11:10-12, Biblia Textual). ¿Cómo regresará la casa de Israel? "Porque así ha dicho Jehová el Señor: *"He aquí yo, yo mismo iré a buscar mis ovejas, y las reconoceré"* (Ezequiel 34:11). El Mesías vino en el tiempo señalado, y cumplió todo lo que estaba escrito, todo se cumplió en Él. Eso lo podemos ver en el cumplimiento de cuatro de las siete fiestas que Dios dio al pueblo de Israel.

Las fiestas son parte del diseño de Dios, en el cumplimiento de Su propósito eterno, para que finalmente Él pudiera manifestarse en carne y cumplir con la gran obra de la redención que posteriormente ofrecería a todas las naciones. Estas fiestas fueron dadas para que el pueblo pudiera conocer acerca de la venida del Mesías prometido. En Levítico 23:2 dijo Jehová a Moisés: "Habla a los hijos de Israel y diles: "Las fiestas solemnes de Jehová, las cuales proclamaréis como santas convocaciones…" Verso 4: "… las cuales convocaréis en sus tiempos." La palabra hebrea traducida como "*convocaciones*" es '*miqra*', que significa 'un repaso'. Estas fiestas serían repasos anuales de los eventos que se llevarían a cabo como parte de la redención. Cada una de las fiestas marca un aspecto simbólico del plan de Salvación de Dios para el hombre a través de su Hijo, Jesús. Estas fiestas están divididas en dos partes principales: Las de la primavera nos enseñan acerca de la primera venida del Mesías y las de otoño acerca de Su segunda venida. Están en un contexto agrícola, donde nos muestra lo natural para que pudiéramos comprender lo espiritual (1 Corintios 15:46-47).

Las cuatro fiestas de la primavera son la Pascua, Panes Sin Levadura, Primicias y Pentecostés. Estas primeras cuatro fiestas de primavera han sido literalmente cumplidas por Jesús:

1. **Pascua** - El nombre hebreo de la fiesta 'Pesaj', significa literalmente 'el cordero', porque nuestra Pascua, que es Cristo, fue sacrificada por nosotros (1 Corintios 5: 7). "… como cordero fue llevado al matadero, y como oveja delante de sus trasquiladores, enmudeció, y no abrió su boca" (Isaías 53: 7). "… He aquí el Cordero de Dios que quita el pecado del mundo" (Juan 1:29). Jesús cumplió totalmente todos los eventos de la Pascua.

2. **Panes sin levadura** - Se celebra durante siete días. La levadura es utilizada como símbolo del pecado. Jesús es el pan de vida, (sin levadura): "Yo soy el pan vivo que descendió del cielo; si alguno comiere de este pan, vivirá para siempre; y el pan que yo daré es mi carne la cual yo daré por la vida del mundo" (Juan 6:51).

3. **Primicias** (primeros frutos) - "Mas ahora ***Cristo ha resucitado*** de los muertos; primicias de los que durmieron es hecho" (1 Corintios 15:20).

4. **Pentecostés** - Derramamiento del Espíritu Santo, cumplido por los creyentes del del Nuevo Testamento. "Cuando llegó el día de Pentecostés, estaban todos reunidos en un solo lugar ... ***Y fueron todos llenos del Espíritu Santo***..." (Hechos 2: 1-40.

Las tres fiestas de otoño, se cumplen con la segunda venida de Cristo:

5. **Trompetas** - La venida del Cristo, resurrección de los justos, transformación de los justos (vivos) a un cuerpo glorioso.

6. **El día del perdón** - (Yom Kipur). El juicio a las Naciones (Armagedón).

7. **Tabernáculos** - Reino Milenial: "Y se afirmarán sus pies en aquel día sobre el monte de los Olivos, que está al frente de Jerusalén... Jehová será rey sobre toda la tierra. En aquel día Jehová será UNO, y UNO Su nombre" (Zacarías14:4, 9). Dios levantará y reconstruirá el tabernáculo caído de David sobre la tierra, para que Cristo gobierne en su reino milenial.

El Mesías nació durante una celebración de la Fiesta de Tabernáculos, (de septiembre y octubre, por siete días). Él vino para habitar en un ***tabernáculo*** (un cuerpo), y nació en una Suká, una cabaña temporal que cada persona debía construir para celebrar la fiesta de Tabernáculos.

Dios prometió cielos nuevos y tierra nueva: "***Porque como los cielos nuevos y la nueva tierra que yo hago permanecerán delante de mí***, dice Jehová, **así permanecerá vuestra descendencia y vuestro nombre**" (Isaías 66:22). Cielos nuevos y tierra nueva significa que Dios hará un trabajo de restauración (Hechos 3:21), porque la tierra nunca tendrá un fin. Dios creo la tierra para que fuera habitada. Las palabras ***regeneración*** y ***restitución*** según el diccionario, ambas significan reparar, recuperar, recobrar, volver a poner algo en su estado original. Jesús vino para ordenar el caos que causó el pecado, a ésto la Palabra lo llama regeneración (Mateo 19:28).

Hablemos sobre la **teoría del reemplazo**, ésta se originó a partir de la segunda revuelta judía (133-135 d. C.). "**Reemplazo**" según el diccionario significa: "ocupar una persona o una cosa el puesto de otra." Esta idea salió de algunos 'Padres de la Iglesia Católica' que estaban de acuerdo con la teoría del Reemplazo (visión de profetas.blogspot.com): Entre ellos se encuentra Martín Lutero (1483–1546), quien declaró: "*Los judíos, ciertamente rechazados por Dios, no son más su pueblo, y tampoco es Él ya más su Dios.*" Los amilenialistas, señalan que "todas estas promesas fueron anuladas por el rechazo de los judíos hacia Jesús, como su Mesías." Los capítulos 9 -11 de Romanos han sido los capítulos más mal interpretados. Es aquí donde Pablo expone la gracia de Dios hacia el pueblo judío, a pesar de su rechazo, su rebelión, y su ceguera espiritual, pero todavía Dios en Su amor eterno los hace participes de Su propósito eterno. Y lo vemos cuando exclama: "*Con amor eterno te he amado; por lo tanto, te prolongué mi misericordia*" (Jeremías 31:3). Pablo dice que el Evangelio es poder de Dios para salvación para "**el judío primeramente**" (Romanos 1:16). En sus cartas Pablo, usa mucho las preguntas retóricas. El pregunta y responde: "¿Qué ventaja tiene, pues, el judío? ¿O de qué aprovecha la circuncisión? Mucho, en todas maneras. Primero, *ciertamente, que les ha sido confiada la palabra de Dios*" (Romanos 3:1-2). Y menciona que aunque algunos de ellos han sido incrédulos, **ésto no hizo nula la fidelidad de Dios**. (Romanos 3:3). También dice: "Porque sabemos que la ley es espiritual …" (Romanos 7:14). Y añade que "Somos el Israel Espiritual". Entonces como el Israel espiritual, el cumplimiento espiritual de la Ley es la justicia, y la fe; "el justo por la fe vivirá". *Porque la verdadera Ley de Dios, que es espiritual está escrita en el corazón del hombre*. Gálatas 2:16, señala: "Sabiendo que el hombre no es justificado por las obras de la ley, sino por la fe de Jesucristo, nosotros también hemos creído en Jesucristo, para ser justificados por la fe de Cristo y no por las obras de la ley, por cuanto por las obras de la ley nadie será justificado."

El hombre, ignorando el 'Plan Eterno', la historia de la revelación divina, y no entendiendo los pactos que Dios ha hecho con el hombre, afirma que Dios ha desechado al Israel natural. El apóstol Pablo, era de la tribu de Benjamín, la cual pertenecía a las diez tribus esparcidas, tribu que se unió a la tribu de Judá cuando el reino de Israel fue dividido, por lo que Pablo creció como un judío. Luego, Pablo fue llamado y escogido como apóstol a los gentiles, su pueblo. Y vio la esperanza de salvación para las naciones como un misterio hasta entonces oculto: "A mí, que soy menos que el más pequeño de todos los santos, me fue dada esta gracia de anunciar entre los gentiles el evangelio de las inescrutables riquezas de Cristo, y de aclarar a todos cuál sea la '**dispensación**' del misterio escondido desde los siglos en Dios, que creó todas las cosas" (Efesios 3:8-9). La palabra '*dispensación*' significa concesión u otorgamiento de un favor. No olvides que gentil significa naciones o pueblos. Pablo nunca enseñó que Israel sería reemplazado: Y comienza el capítulo 11 con una pregunta retórica:

"Digo, pues ¿**Ha desechado Dios a su pueblo? En ninguna manera, porque también yo soy israelita, de la descendencia de Abraham, de la tribu de Benjamín.** *No ha desechado Dios a su pueblo, al cual desde antes conoció.* ¿O no sabéis que dice de Elías la Escritura, cómo invoca a Dios contra Israel, diciendo: Señor, a tus profetas han dado muerte y tus altares han derribado; y sólo yo he quedado y procuran matarme? Pero, ¿qué le dice la divina respuesta? Me he reservado siete mil hombres, que no han doblado la rodilla delante de Baal. **Así también aun en este tiempo ha quedado un remanente escogido por gracia;** y si por **gracia, ya no es por obras,** de otra manera la gracia ya no es gracia. Y si por obras, ya no es gracia; de otra manera la obra ya no es obra, ¿Qué pues? **Lo que buscaba Israel, no lo ha alcanzado; pero los escogidos, sí lo han alcanzado, y los demás fueron endurecidos. Les ha acontecido endurecimiento en parte, hasta que haya entrado la plenitud de los gentiles; y luego todo Israel será salvo** (Romanos 11: 25-26).

La exclusión de Israel, las diez tribus, es la reconciliación del mundo. **Israel endureció su corazón temporalmente** y así permite a los gentiles alcanzar salvación, y provocar a celos a los judíos (para salvar un remanente), y así se cumple lo que Pablo dice, que le fue declarado, el misterio de que los gentiles son coherederos y miembros del mismo cuerpo, y coparticipes de la promesa en Cristo Jesús por medio del evangelio. **Dice que este misterio estaba escondido desde los siglos en Dios, para dar a conocer Su multiforrme sabiduría por medio de la iglesia a los principados y potestades en los lugares celestiales, conforme al propósito eterno que hizo en Cristo** (Efesios 3). Pablo le dice a los gentiles, que en aquel tiempo estaban sin Cristo, alejados de la ciudadanía de Israel (si estaban alejados, es porque pertenecían a ellos) y estaban ajenos a los pactos de la promesa, sin esperanza y sin Dios en el mundo, porque no estaban allí y olvidaron la Torah: "Pero ahora en Cristo Jesús, vosotros que en otro tiempo estabais lejos, habéis sido hechos cercanos por la sangre de Cristo. Porque él es nuestra paz, que de ambos pueblos hizo uno, derribando la pared intermedia de separación, aboliendo en su carne las enemistades, la ley de los mandamientos expresados en ordenanzas, para crear en sí mismo de los dos un solo y nuevo hombre, haciendo la paz, y mediante la cruz reconciliar con Dios a ambos en un solo cuerpo, matando en ella las enemistades. Siempre hubo enemistad entre la Casa de Judá y la Casa de Israel. Y vino y anunció las buenas nuevas de paz **a vosotros que estabais lejos** (Casa de Efraín), **y a los que estaban cerca** (Casa de Judá); porque por medio de Él los unos y los otros tenemos entrada por un mismo Espíritu al Padre. **Así que ya no sois extranjeros** ni advenedizos, sino **conciudadanos de los santos, y miembros de la familia de Dios ...**" (Efesios 2:12-19). Énfasis añadido. Y cuando el Ungido regrese, los judíos volverán sus corazones hacia Él. "*He aquí que viene con las nubes, y todo ojo lo verá, y los que le traspasaron; y todos los linajes de la tierra harán lamentación por él*" Apocalipsis 1:7, Zacarías 12:10). Si nos detenemos a pensar y escudriñamos bien la Palabra, y leemos este pasaje detenidamente: "*Bendeciré a los que te bendijeren, y a los que te maldijeren maldeciré; y serán benditas en ti todas las familias de la tierra*" (Génesis 12:3). Te pregunto: ¿Qué hacemos cuando rechazamos a Israel, cuando apoyamos y predicamos la Teología del reemplazo? Acaso, no nos dice la Palabra, ¿que tendremos que dar cuenta a Dios de toda palabra ociosa que sale de nuestra boca? ¿Puedo creer en un Dios que perdonó mis pecados pasados, los presentes y los del futuro, pero que no perdonó a Su pueblo escogido por Él? Sabías que los pactos y las promesas de Dios son irrevocables, tanto para el judío como para el gentil. Abraham tuvo como hijos a Ismael, y a Isaac, pero el hijo de la promesa fue Isaac. Y luego vemos que Abraham enviudó y tuvo otros hijos, pero sólo el hijo de la promesa heredaría, ellos son las doce tribus. Entonces: ¿cómo nosotros, la iglesia participa de la promesa? Porque en la simiente de Abraham, **todas las naciones de la tierra *han sido bendecidas*** (Génesis 12:3); es a través de la simiente santa que es Jesús, la cual vino del hijo de la promesa. Pablo dice que "no hay judío ni griego; no hay esclavo ni libre; no hay hombre ni mujer; porque todos son uno en Cristo Jesús" (Gálatas 3:28). Pero no todos son hijos de Dios: "... mas a todos los que le recibieron, a los que creen en su nombre, les dio potestad de ser hechos **hijos de Dios**; los cuales no son engendrados de sangre, ni de voluntad de carne, ni de voluntad de varón, sino de Dios" (Juan 1:12-13).

Pablo dice que si algunas de las ramas fueron desgajadas y tú, siendo olivo silvestre, has sido injertado en lugar de ellas, y has sido hecho participante de la raíz y de la rica savia del olivo, no te jactes contra las ramas; y si te jactas, sabes que no sustentas tú a la raíz sino la raíz a ti. Pues a las ramas dirás, fueros desgajadas para que yo fuese injertado. Bien por su *incredulidad* fueron desgajadas, pero tú por la fe estás en pie. No te ensoberbezcas, sino teme. Porque si Dios no perdonó a las ramas naturales, a ti tampoco te perdonará. Mira, pues, la bondad y la severidad de Dios; la severidad ciertamente para con los que cayeron, pero la bondad contigo, si permanece esa bondad; pues de otra manera tú también serás cortado. Y aun ellos, si no permanecieren en incredulidad, serán injertados, pues poderoso es Dios para volverlos a injertar. Porque si tú fuiste cortado del que por naturaleza es olivo silvestre, y contra naturaleza fuiste injertado en el buen olivo, ¿cuánto más éstos, que son las ramas naturales, serán injertados en su propio olivo?" (Romanos 11:17-24). Y es que la casa de Israel se había vuelto gentil (pagana) y fue quitada provisionalmente para alcanzar a los gentiles. No perdamos de vista que la salvación eterna de Israel es conforme a la **promesa** y no conforme a la **carne**. Isaías proclamó que Dios nunca podría olvidar a Israel porque Él los tiene *"esculpido en las palmas de Sus manos"* (Isaías

49:14-16). *"Y pondré mi Espíritu en vosotros, y viviréis, y os haré reposar sobre vuestra tierra*; y sabréis que yo Jehová hablé, y lo hice, dice Jehová (Ezequiel 37:14). "Israel será salvo en el Señor con SALVACIÓN ETERNA; *no os avergonzaréis ni os afrentaréis, por todos los siglos"* (Isaías 45:170). Nuestra salvación no depende de la sangre de nuestros antepasados, sino de la sangre del cordero inmolado: 'Por tanto, es por fe, para que sea por gracia, a fin de que la *PROMESA sea firme PARA TODA SU DESCENDENCIA*; *no solamente para la que es de la ley, sino también para la que es de la fe de Abraham*, el cual es padre de todos nosotros" (Romanos 4:16). Hay una evidencia expuesta en lo que declaró uno de los sacerdotes del Senedrín, Caifás, él cual sabía perfectamente bien, por ser estudioso de la Torah, que *el Mesías vendría a morir por la nación, sino también para congregar en uno a los hijos de Dios que estaban dispersos* (Juan 11: 49-52).

Nuevo Pacto Matrimonial

La lealtad al primer pacto matrimonial que Dios hizo con Israel en el Sinaí, con sus descendientes que salieron de Egipto, lo mueve a mostrar misericordia (Jeremías 31:32, 36-37). Tales descendientes son la Casa de Israel, mezclada entre las naciones (gentiles nacidos de nuevo, la Iglesia), y lo hará a través del Nuevo Pacto. *"He aquí mi siervo, a quien he escogido*; *mi Amado, en quien se agrada mi alma*; *pondré mi Espíritu sobre él, y a los gentiles anunciará juicio. No contenderá, ni voceará, ni nadie oirá en las calles su voz. La caña cascada no quebrará, y el pábilo que humea no apagará, hasta que saque a victoria el juicio. Y en su nombre esperarán los gentiles"* (Isaías 42:1-4, Mateo 12:18-21). "Porque yo derramaré aguas sobre el sequedal, y ríos sobre la tierra árida; *mi Espíritu derramaré sobre tu generación, y mi bendición sobre tus renuevos"* (Isaías 44:3). "Y vosotros seréis llamados sacerdotes de Jehová, ministros de nuestro Dios seréis llamados" (Isaías 61: 6-7). "Pero ustedes son linaje escogido, real sacerdocio, nación santa, para que proclamen las obras mavillosas de aquel que los llamó de las tinieblas a su luz admirable. Ustedes antes ni siquiera eran pueblo, pero ahora son pueblo de Dios; antes no habían recibido misericordia, pero ahora ya la han recibido" (1 Pedro 2:9-10). Judá se ha mantenido cerca guardando el pacto de obras y ha guardado con celo la Torah, pero no ha entendido el significado del Nuevo Pacto, rechazaron a su Mesías, y la gracia que les ofrece. Mas el plan recibido misericordia, pero ahora ya la han recibido" (1 Pedro 2:9-10). Judá se ha mantenido cerca guardando el pacto de obras y ha guardado con celo la Torah, pero no ha entendido el significado del Nuevo Pacto, rechazaron a su Mesías, y la gracia que les ofrece. Mas el plan perfecto de Dios se cumple con la Iglesia, la **Novia del Cordero**. En Isaías 65:1, el Señor declara: "Fui buscado por los que no preguntaban por mí; fui hallado por los que no me buscaban. Dije a gente que no invocaba mi nombre: Heme aquí, heme aquí." Dice la Palabra que el Señor se volvió enemigo del pueblo, y él mismo peleó contra ellos. Pero se acordó de Moisés, y dijo: "*Sacaré descendencia de Jacob, y de Judá heredero de mis montes; y mis escogidos poseerán por heredad la tierra*, y mis siervos habitarán allí" (Isaías 63: 10-11; 65:9). "*Pues si por la transgresión de un solo hombre reinó la muerte, con mayor razón los que reciben en abundancia la gracia y el don de la justicia reinarán en vida por medio de un solo hombre, Jesucristo*" (Romanos 5:17).

Mas conforme al Pacto Eterno, había una promesa de un **NOMBRE NUEVO** porque la **GRACIA REINA POR LA JUSTICIA**. ¿Podría ser ese el nombre nuevo, "**Ekklesia**", la que llamamos iglesia? "Las naciones verán tu justicia y los líderes del mundo quedarán cegados por tu gloria. Tú recibirás un **nombre nuevo** de la boca del Señor mismo" (Isaías 62:2). "Por amor de Sión no callaré, y por amor de Jerusalén no descansaré, hasta que salga como resplandor su justicia, y su salvación se encienda como una antorcha. Entonces verán las gentes tu justicia, y todos los reyes tu gloria; y te será puesto un **nombre nuevo**, que la boca de Jehová nombrará" (Isaías 62:11-12). "El nombre de ustedes será una maldición entre mi pueblo, porque el Señor Soberano los destruirá y **llamará a sus verdaderos siervos por otro nombre**" (Isaías 65:15).

Si bien **el primer pacto matrimonial** fue invalidado debido a la infidelidad de Israel, *Dios les ofrece un reinicio, una nueva oportunidad a sus descendientes, y los llamó a un* nuevo pacto matrimonial: "*Y haré con ellos PACTO ETERNO*, que no me volveré atrás de hacerles bien, y *pondré mi temor en el corazón de ellos*, para que no se aparten de mí (Jeremías 32:40).

Ezequiel afirma: "**Antes yo tendré memoria de mi pacto que concerté contigo en los días de tu juventud, y estableceré contigo un pacto sempiterno**, significa **ETERNO** (Ezequiel 16:60; énfasis añadido). "H*a de oírse aún voz de gozo y de alegría, voz de desposado y voz de desposada* ... (Jeremías 33:11). Dios les ofrece un Nuevo Pacto Matrimonial a los **descendientes de Israel** en el destierro, el cual ya había sido instituido en la eternidad, y profetizado a Israel: "He aquí vienen días, dice Jehová, en los cuales haré *nuevo pacto con la casa de Israel y de Judá*. No como el pacto que hice con sus padres el día que tomé su mano para sacarlos de la tierra de Egipto; porque ellos *invalidaron* mi pacto, aunque *fui yo un marido para ellos*, dice Jehová. *Pero este es el pacto que haré con la casa de Israel después de aquellos días*, dice El Señor: "Daré mi ley en su mente, y la escribiré en su corazón; y yo seré a ellos por Dios, y ellos me serán por pueblo. ... yo perdonaré sus culpas, y nunca más recordaré sus pecados" (Jeremías 31:31-34). "*Pues como el joven se desposa con la la virgen, se desposarán contigo tus hijos*; *esposo con la esposa, así se gozará contigo el Dios tuyo*" (Isaías 62:5). "*Y te desposaré conmigo para siempre*; *te desposaré conmigo en justicia, juicio, benignidad y misericordia*" (Oseas 2:19).

Nunca fue la intención de Dios Padre, traer la salvación por medio del pacto de obras, literalmente el nuevo pacto estaba preordinado por el Ser Supremo, desde la eternidad para que tuviera su efecto en los periodos correspondientes; porque es la consumación de lo que Dios se había propuesto y había prometido desde la eternidad. Y dijo Dios a Abraham: "Y estableceré mi pacto entre mí y ti, y tu descendencia después de ti *en sus generaciones*, por *PACTO PERPETUO*, para ser tu Dios y el de tu descendencia después de ti" (Génesis 17:7). El pacto Abrahámico fue confirmado con una ceremonia de circuncisión (corte) del prepucio (natural), lo cual solo tenía un efecto sobre el cuerpo, como una señal, una evidencia de quien era, pero la circuncisión del corazón tiene que ver con nuestra naturaleza espiritual, la cual, luego afectará y transformará nuestra naturaleza natural (vida Psiqué). Ésto implica que tu viejo yo desaparece, dando paso al nuevo hombre, viviendo la vida Zoe, la cual es la vida en el espíritu, de nuestra nueva naturaleza divina (impartida en nuestro espíritu por Cristo). Ezequiel profetizó: "Los rociaré con agua pura, y quedarán purificados. Los limpiaré de todas sus impurezas e idolatrías. **Les daré un nuevo corazón, y les infundiré un espíritu nuevo;** les quitaré ese corazón de piedra que ahora tienen, y les pondré un corazón de carne. Infundiré mi Espíritu en ustedes, y haré que sigan mis preceptos y obedezcan mis leyes" (Ezequiel 36:25-27). Y puso en nosotros un espíritu vivificado para que vivamos por Él y para Él. "Y el Dios de paz que resucitó de los muertos a nuestro Señor Jesucristo, **el gran Pastor de las ovejas, por la sangre del pacto eterno,** os haga aptos en toda obra buena para que hagáis su voluntad… (Hebreos 13:20).

Desde el principio, que Dios escogió y llamó al pueblo de Israel a serle un pueblo santo entre todos los pueblos sobre la faz de la tierra, Él les dejaba vislumbrar en el pacto de las sombras, Su deseo imperativo de la circuncisión del corazón. Esta circuncisión está directamente relacionada con recuperar nuestra condición original de hijos, lo que fuimos desde el principio. Porque en el **nuevo pacto** la circuncisión del corazón, tiene que ver con el proceso de **"regeneración"**. La palabra señala que de la abundancia del corazón habla la boca, y es ahí, en el corazón de donde provienen nuestros emociones, acciones, sentimientos y por supuesto de ahí emanan las palabras a nuestra boca. Todo como resultado del hombre que vive la vida **'Psiqué'**. Esta era la circuncisión que Dios siempre ha deseado en el hombre, lo podemos ver en Deuteronomio 10:16, "Circuncidad, pues, el prepucio de vuestro corazón (concepto de limpieza espiritual), y no endurezcáis más vuestra cerviz." Dios le prometió al pueblo que **cuando se arrepintieran en medio de todas las naciones donde fueron arrojados, y se convirtieran, y se volvieran a Él, serían perdonados**: "Y circuncidará Jehová tu Dios, **tu corazón y el corazón de tu descendencia,** para que ames a Jehová tu Dios con todo tu corazón y con toda tu alma, a fin de que vivas" (Deuteronomio 30:6). La **circuncisión** de la carne se hace una vez y para siempre, y causaba dolor, pero la del corazón es espiritul, un proceso que durará toda la vida y nos dolerá. Seguir a Cristo es más que una confesión de fe, es un acto que comienza con la circuncisión del corazón, hasta llegar a una transformación en la mente y el carácter de Cristo formado en nosotros. Pablo dijo: **"El verdadero judío lo es interiormente; y la circuncisión es la del corazón, la que realiza el Espíritu, no el mandamiento escrito**. Al que es judío así, lo alaba Dios y no la gente (Romanos 2:28-29).

La sangre de Cristo, confirmó el pacto

Y Jesús ratificó (confirmó) el **nuevo pacto** (pacto eterno) derramando Su sangre. *"Porque esto es mi sangre del nuevo pacto, que por muchos es derramada para remisión de pecados"* (Mateo 26:28, Lucas 22:20). Pablo nos dice en Hebreos 9:22, que sin derramamiento de sangre no se hace remisión de pecado. ¿Por qué la sangre? Porque se consideraba que la sangre era lo más sagrado de un individuo, ya que en ella reside *"nefesh"*, esto es, el alma o la vida del hombre (Levítico 17:11). Esto significa que para recibir el perdón de los pecados debe haber **arrepentimiento**, pero más importante aún, una **conversión**. *"Así, los primeros serán postreros, y los postreros, primeros; porque muchos son llamados, mas pocos escogidos"* (Mateo 20:16. Pablo cita en la Palabra que los que tienen el Espíritu Santo de la promesa, son hijos de Dios: "Todos los que son guiados por el Espíritu de Dios, son hijos de Dios" (Romanos 8:14). Pero al ser hijos, somos también herederos; y si somos herederos de Dios, somos coherederos con Jesucristo. Pero ¿de qué somos herederos juntamente con Cristo? Somos herederos de todas las cosas, puesto que el Padre lo "constituyó heredero de todo" (Hebreos 1:2), y prometió que "el *VENCEDOR heredará todas las cosas*" (Apocalipsis 21:7). Cuando Dios creó al hombre, lo coronó *'de gloria y de honra'*, dándole señorío sobre las obras de sus manos, y puso la tierra, bajo el gobierno del hombre. Esta fue la herencia que el primer hombre perdió al caer, pero fue recuperada por Jesucristo, el segundo Adán. Una herencia para comenzar a ser disfrutada en el presente y no en el mundo venidero, porque con gozo damos gracias al Padre que nos ha hecho aptos para participar de la herencia de los santos en luz. El nos ha librado de la autoridad de las tinieblas y nos ha trasladado al reino de su Hijo amado, en quien tenemos redención, el perdón de los pecados. *"Él* (Cristo) *es la imagen del Dios invisible, el primogénito de todas las creaciónes"* (Colosenses 1:13-15). Énfasis añadido. Dios nos lo ha revelado por medio del Espíritu Santo, porque el Espíritu Santo todo lo escudriña, aun las cosas profundas de Dios.

Cita la Palabra que Dios no es hombre, para que mienta, ni hijo de hombre para que se arrepienta. El dijo, ¿y no hará? Habló, ¿y no lo ejecutará? (Números 23:19-21). 1 Samuel 15:29 cita: "Además, el que es la Gloria de

Israel no mentirá, ni se arrepentirá, porque no es hombre para que se arrepienta." Muchos señalan Génesis 6:6, diciendo que Dios se arrepintió de haber creado al hombre. Esto es un problema de idioma y traducción, porque en el Hebreo antiguo dice que Dios sintió pesar, que le pesó haber hecho al hombre, Génesis Cita: "Y le pesó al Señor haber hecho al hombre en la tierra, y sintió tristeza en su corazón." Dios sintió dolor por haber hecho al hombre, pero no se arrepintió de haberlo creado. Malaquías 3:6 declara, "**Porque Yo Jehová no cambio; por esto, hijos de Jacob, no habéis sido consumidos.**" De manera similar Santiago 1:17 cita: "Toda buena dádiva y todo don perfecto desciende de lo alto, del Padre de las luces, **en el cual no hay mudanza, ni sombra de variación.**" "… quien nos salvó y llamó con llamamiento santo, no conforme a nuestras obras, sino según el propósito suyo y la gracia que nos fue dada en Cristo Jesús **antes de los tiempos de los siglos**" (2 Timoteo 1:9). Dios había decretado la salvación del hombre desde antes de la fundación del mundo: "Y publicaré el decreto, dice el Señor" (Salmo 2:7-8). ¿Qué decreto era ese? Pues, concerniente a Cristo y concerniente a la iglesia: "Jehová me ha dicho: Mi hijo eres tú; yo te engendré hoy. Pídeme, y te daré por herencia las naciones, y como posesión tuya los confines de la tierra." Este fue el decreto de Dios, darle una congregación de gente, la Iglesia a Su Hijo, de entre el pueblo judío y el pueblo gentil. Y cita: En el libro de la vida están escritos los nombres de los escogidos. Y Juan vio en su visión: "los muertos, grandes y pequeños, de pie ante Dios; **y los libros fueron abiertos**, y otro libro fue abierto, **el cual es el libro de la vida**" (Apocalipsis 20:12). **Pero el fundamento de Dios está firme, teniendo este sello: "Conoce el Señor a los que son suyos …**" (2 Timoteo 2:19). Algunos datos tomados de: (Looking unto Jesus) [Con los ojos puestos en Jesús], Isaac Ambrose (1604-1664).

Pablo declaró: "**Si todavía nuestro evangelio está velado, entre los que se pierden está velado. El dios de este siglo cegó el entendimiento de los incrédulos, para que no vean la luz del evangelio de la gloria de Cristo, que es la imagen de Dios**" (2 Corintios 4:3-4). Esta es la evidencia de que con amor eterno Él nos ha amado y nos ha prolongado Su misericordia(Jeremías 31:3). Y la Palabra afirma que Su misericordia es nueva cada mañana (Lamentaciones 3:22-23). Independientemente de nuestra raíz genealógica, judía o gentil, mi objetivo en esta enseñanza es mostrarte que nuestro Padre

Eterno nos reunirá como un solo rebaño donde Jesucristo será nuestro Pastor, porque somos un solo cuerpo, donde Él es la cabeza. Cuerpo que se ha dado el nombre de "Ekklesia". La Casa de Israel, la Casa de Judá, junto a todo hombre, de todas las naciones, tribus, pueblos y lenguas, componen la iglesia. Isaías profetizó: "Porque Jehová tendrá piedad de Jacob, y todavía escogerá a Israel, y lo hará reposar en su tierra, y a ellos **se unirán extranjeros, y se juntarán a la familia de Jacob**" (Isaías 14:1). Cuando el pueblo se rebela, Dios disciplina, cuando se arrepiente, Él perdona, olvida y comienza a restaurar nuevamente. El que estaba sentado en el trono dijo a Juan: "He aquí, *yo hago nueva todas las cosas*. Escribe; porque estas palabras son fieles y verdaderas. Y me dijo: Hecho está. Yo soy el Alfa y la Omega, el principio y el fin. Al que tuviere sed, yo le daré gratuitamente de *la fuente del agua de la vida* (Cristo). "El que *VENCIERE* heredará todas las cosas, y yo seré su Dios y él será mi hijo" (Apoclipsis 21:5-7). Te exhorto a que hagas como los de Berea, que examinaban las Escrituras para confirmar si lo que Pablo y Silas les enseñaban era la verdad (Hechos 17:10-11). Después de leer este libro, ve a la Biblia, la cual es un *"compedio de una misma historia"*, y confirma la Palabra. La Biblia señala: *"La suma de tu palabra es verdad, y eterno es todo juicio de tu justicia"* (Salmo 119:160). Desde la eternidad, el autor del Pacto Eterno conocía el principio, el desarrollo y el final de Su historia, porque desde la eternidad Él tiene un plan eterno de redención para el hombre.

Y todo esto proviene de Dios, quien nos reconcilió consigo mismo por Cristo, nos dio el ministerio de la reconciliación."

2 Corintios 5:1

Capítulo 8

Ministerio de la Reconciliación

Pablo explica que el fundamento del mensaje cristiano es el ministerio de la **reconciliación**. Él afirma en 2 Corintios 5:18-19: "*Y todo esto proviene de Dios, quien nos reconcilió consigo mismo por Cristo*, y nos dio el ministerio de la reconciliación; que Dios estaba en Cristo reconciliando consigo al mundo, *no tomándoles en cuenta a los hombres sus pecados, y nos encargó a nosotros la palabra de la reconciliación.*" Veamos el significado de la palabra **Ministerio**: significa "**misión**" (encargo); o sea, una misión que se nos ha asignado, un encargo que se nos ha sido ordenado por alguien de mayor autoridad. Jesús necesitaba personas que cumplieran con la **gran comisión** por lo que escogió a los discípulos (emisarios) y los envió como embajadores del **Reino**, para que fueran **ministros de Reconciliación**. El significado de la palabra ministro (palabra o concepto usado en el gobierno, como en la iglesia) se traduce como ayudante o instrumento. Su misión era comunicar el Evangelio del Reino, a toda criatura. Esta comisión involucra a los cinco ministerios dados a la iglesia y a cada creyente. La Biblia desde Génesis a Apocalipsis gira alrededor de la persona de Jesucristo, y es la revelación de Cristo (Apocalipsis 1:1).

Jesús fue y es conocido a través de los relatos bíblicos, porque nació bajo la ley, vivió bajo la ley, cumplió la ley, y además murió bajo la ley, pero a partir de ese día en que resucitó, no nos conoció más según la carne, sino según el espíritu. Por lo que el Cristo resucitado, solo se puede conocer a través de la revelación o más bien cuando el velo de nuestros ojos es quitado. En el tiempo del apóstol Pablo, ya Jesús había muerto y había resucitado el Cristo, el Ungido, y es a tráves de la revelación que le fue impartida a Pablo por el Espíritu Santo, que le fue revelado el misterio del evangelio de la Gracia y al Cristo resucitado, por lo cual le dice a los hermanos en Colosas, como Dios lo llamó y lo constituyó ministro de reconciliación para que revelara el misterio del Cristo entre los gentiles:

> "Por cuanto agradó al Padre que en él (Cristo) habitase toda plenitud, y por medio de él reconciliar todas las cosas, **así las que están en la tierra como las que están en los cielos**, haciendo la paz mediante la sangre de su cruz. Y a vosotros también, que erais en otro tiempo extraños y **enemigos en vuestra mente**, haciendo malas obras, ahora os ha reconciliado en su cuerpo de carne, por medio de la muerte, para presentaros santos y sin mancha e irreprensibles delante de él; si en verdad permanecéis fundados y firmes en la fe, y sin moveros de la esperanza del evangelio que habéis oído, el cual se predica en toda la creación que está debajo del cielo; del cual yo Pablo fui hecho ministro" (Colosenses 1:21-23).

Dios estaba en Jesucristo reconciliando al mundo consigo mismo, no tomando en cuenta a los hombres sus transgresiones (Corintios 5:19), **y nos ha encomendado a nosotros, no a cualquiera, el ministerio de la reconciliación**. Y así como nos reconcilió con el Padre, Él nos ha enviado como ministros de reconciliación al mundo. Por tanto, somos embajadores de Cristo, como si Dios rogara por medio de nosotros; en nombre de Cristo os rogamos: ¡Reconciliaos con Dios! *"Reconciliación"* es una palabra que se deriva del latín "reconciliatio", que puede traducirse como *"la acción y el efecto de volver a unirse"*, *o sea algo que era un todo y fue separado*. Desde el punto de vista bíblico, cuando nos referimos a la *iglesia*, se trata de *restituir* a un cuerpo los miembros que se habían separado de él. Cuando mencionamos la palabra *'iglesia'*, entiéndase que es el *Cuerpo de Cristo* aquí en la tierra. Lo único que hace que un miembro retorne a su cuerpo o no se separe de él, es el conocimiento de la **Palabra**; de la verdad absoluta, la cual es Cristo. Es por medio de Cristo que recuperamos nuestra identidad, quien verdaderamente somos, y nos permite volver a la casa del Padre, **si en verdad permanecemos fundados y firmes en la fe.** Desde antemano Dios, conocía a las ovejas que iban a oír su voz, iban a creer Su Palabra, y nadie las iba a arrebatar de Sus manos (Juan 10:27-28). Daniel, profetizó **que los entendidos resplandecerán como el resplandor del firmamento, y los que enseñan la justicia a la multitud, como las estrellas a perpetua eternidad** (Daniel 12:3); "*... ninguno de los impíos entenderá, pero los entendidos comprenderán* (Daniel 12:10). Seamos como la tribu de Isacar, *la cual era entendida* (conocía) *en los tiempos, eran hombres de visión* (1 Crónicas 12:32). Isacar en hebreo significa: "*él traerá recompensa*". La iglesia como dijo Pablo entenderá, porque gracias a Dios, el cual nos lleva siempre en triunfo en Cristo Jesús, y por medio de nosotros manifiesta en todo lugar el olor de su conocimiento (2 Corintios 2:14). "*Al que no conoció pecado, por nosotros lo hizo pecado, para que nosotros fuésemos hechos justicia de Dios en él*" (2 Corintios 5:21).

Hemos sido escogidos como instrumento a Cristo, para esparcir la semilla del Evangelio del Reino. Pablo dice claramente en Efesios 3:10 -11, "Para que la multiforme sabiduría de Dios sea ahora dado a conocer **por medio la iglesia** a los principados y potestades en los lugares celestiales, conforme al **PROPÓSITO ETERNO** que hizo en Cristo Jesús nuestro Señor." Por tal razón nosotros, **ciudadanos del Reino de Dio**s, todos somos llamados al **ministerio de la "Reconciliación"**, y estamos bajo la guía y autoridad del Nuevo Pacto, no del antiguo, y caminando en '**La Verdad Presente**' hemos sido llamados y capacitados para ser "***Ministros Competentes del Nuevo Pacto,***" no de la letra, sino del espíritu; porque la letra mata, mas el espíritu vivifica (da vida)" (2 Corintios 3:1-6, énfasis añadido). **Competente** significa que tenga "conocimiento, habilidad, eficiencia y objetividad en su tarea; uno que es un "*expertise*" uno que domina, tiene destreza, conocimiento en un área en particular, y además posee buena actitud y humildad. La humildad es uno de los atributos más importantes del ministro del nuevo pacto, ni la manipulación, ni la arrogancia tienen lugar en este oficio; el cual es para todos los que componemos el **Cuerpo de Cristo**, revelar a Cristo.

Cuando comenzamos a fungir como *"**Ministros Competentes del Nuevo Pacto**"*, debemos tener presente que se trata de Él (de Cristo), y no de nosotros. Pablo señala en 2 Corintios 3:8-9: "¿Cómo no será más bien con gloria el ministerio del espíritu? Porque si el ministerio de **condenación** fue con gloria, mucho más abundará en gloria el ministerio de **justificación**." A Pablo le fue revelada esta verdad que nosotros comenzamos a entender. Pablo fue atacado por los religiosos de su época, pero él decía: "Pues no somos como muchos, que medran (negocian por lucro) falsificando la palabra de Dios, sino que con sinceridad, como de parte de Dios, y delante de Dios, hablamos en Cristo" (2 Corintios 2:17): *"**Porque no nos predicamos a nosotros mismos, sino a Jesucristo como Señor, y a nosotros como vuestros siervos por amor de Jesús**"* (2 Corintios 4:5). En 2 Corintios 11:13-15, vemos que Pablo era muy directo al hablar y prefería ser fiel a Dios, antes que a los hombres y advierte a los de Corintos sobre falsos maestros: "Porque éstos son falsos apóstoles, obreros fraudulentos, que se disfrazan como apóstoles de Cristo. Y no es maravilla, porque el mismo Satanás se disfraza como ángel de luz. Así que, no es extraño si también sus ministros se disfrazan como ministros de justicia; cuyo fin será conforme a sus obras."

En 2 Corintios 3:1-11, el Apóstol Pablo expone sus "credenciales" para ser ministro de Dios, y de donde proviene su capacitación para ser ministro de un Nuevo Pacto. Pablo señaló que no tenemos necesidad de cartas de recomendaciones, porque nuestras cartas somos nosotros, escritas en nuestros corazones, conocidas y leídas por todos los hombres. Ministrada por nosotros, inscrita no con tinta, sino con el Espíritu del Dios vivo, no en tablas de piedra, sino en tablas de carne (corazones). Y afirmó que su competencia provenía de Dios, no de la letra, sino del Espíritu; porque la letra mata, mas el Espíritu vivifica. El sistema religioso, vive aferrado a los rudimentos de la doctrina del viejo pacto, y gran parte del pueblo de Dios, no ha entendido su verdadera identidad en el Espíritu. Por lo tanto, aquellos que hemos entendido cual es nuestra verdadera naturaleza, como **espíritus ministradores** a favor de los que son herederos de la salvación, tenemos el compromiso de guiarlos en la verdad presente.

Todos los que hemos nacido de nuevo entramos a la vida eterna por el sacrificio de la cruz, donde Jesús derramó su sangre que anuló el sacerdocio del viejo pacto y nos dio entrada a la presencia del Padre. Por el nuevo nacimiento fuimos revestidos de la naturaleza divina, somos un odre nuevo, aptos para recoger el vino nuevo que es la palabra de gracia del Nuevo Pacto. Aunque sabemos que la carne se opone a nuestra verdadera identidad. Luego, Pablo hace un contraste entre el antiguo pacto y el nuevo pacto. Enténdamos que la "gracia" nos conecta al cumplimiento del pacto eterno. Cristo declaró el nuevo pacto cuando se reunió con sus discípulos para compartir la cena de la Pascua: "Y mientras comían, tomó pan y lo bendijo, y lo partió y les dio, diciendo: Tomad, esto es mi cuerpo. Y tomando la copa, y habiendo dado gracias, les dio; y bebieron de ella todos. Y les dijo: *Esto es mi sangre del nuevo pacto, que por muchos es derramada*" (Marcos 14:22-24).

El nuevo pacto (centrado en Cristo) existe desde el principio (en la eternidad) como el plan original de Dios para la raza humana, lo Biblia lo llama el "*Pacto Eterno*". La Palabra testifica la existencia eterna del plan de Dios, Efesios 3:11, lo describe así: "*Conforme a su eterno propósito realizado en Cristo Jesús nuestro Señor.* (Efesios 3:11). Y en Apocalipsis 13:8, "*El Cordero* (Cristo) *que fue sacrificado desde la antes de la creación del mundo.*" Efesios 1:4, "*Dios nos escogió en él antes de la creación del mundo,* para que seamos santos y sin mancha delante de él." "Pues Dios nos salvó y nos llamó a una vida santa, no por nuestras propias obras, sino por su propia determinación y gracia. Nos concedió este favor en Cristo Jesús **antes del comienzo del tiempo**, en la eternidad" (2 Timoteo 1:8-9). **Nuestra esperanza es la vida eterna**, la cual Dios, que no miente, ya había prometido antes de la **creación**" (Tito 1:2). Entonces, dirá el Rey a los que estén a su derecha: "*Vengan ustedes, a quienes mi Padre ha bendecido; reciban su herencia, el reino preparado para ustedes desde la creación del mundo*" (Mateo 25:34).

En el nuevo pacto, somos una **nueva creación**, una **nueva criatura**, tenemos una **nueva naturaleza**, poseemos **una nueva mente**, ejercemos un **nuevo ministerio** y tenemos ahora un **nuevo mandamiento** (Mateo 13:34-35), las promesas han sido cumplidas, pues todas estas promesas son ahora sí y amén en Cristo Jesús (2 Corintios 1:19-20). Tanto en el antiguo pacto como en el nuevo pacto hay un **requisito idóneo**, y **es vivir por la fe**. Habacuc 2:4, lo dijo así: "…**mas el justo por la fe vivirá**" y Pablo lo repite exactamente igual (Romanos 1:17). Cristo fue el autor y consumador de la fe. Entonces vivamos con plena certeza y convicción de la Verdad en Cristo, creyendo en fe que estamos **perfeccionados**, **santificados**, **justificados** y **redimido**s, revestidos del nuevo hombre creado según Dios. Así, todos nosotros, que con el rostro descubierto reflejamos **como en un espejo la gloria del Señor**, somos transformados a Su semejanza con más y más gloria por la acción del Señor, que es el **Espíritu** (2 Corintios 3:18). Miremos todo con los ojos del Espíritu (ojos del entendimiento), para percibir la realidad que los demás en los sentidos naturales no pueden percibir. Hemos salido del hombre natural para vivir según el espiritual. Entonces hay dos leyes, la ley de Moisés, que es una ley de obras, y la ley de la fe revelada en el nuevo pacto, la cual es la justicia de Dios, manifestada en la Cruz para todo aquel que cree. Abraham operó en la ley de la fe, porque la ley de las obras llegó 430 años después (Gálatas 3:17). "Si por la ley fuese la justicia, entonces por demás murió Cristo" (Gálatas 2:21). "Entonces, ¿para qué sirve la ley? Dios concertó el antiguo pacto con el pueblo de Israel cuando los sacó de Egipto. Este primer pacto estaba basado en la ley: tú haces, igual tú recibes. "Pero al que obra, no se le cuenta, el salario como gracia, sino como deuda" (Romanos 4:4). Según Pablo al que trabaja, se le paga un salario, o sea, merece ese salario por la obra que hizo. Otra forma de cumplir la ley era ofreciendo sacrificios. El pueblo de Israel no pudo cumplir la ley, y desobedeció a Dios, lo que le trajó como consecuencia que los asirios y los babilonios, devastaron su tierra, atacaron Jerusalén y se llevaron al pueblo en cautiverio. El juicio de Dios cayó primero sobre Israel y luego sobre Judá. Ellos se entregaron a hacer lo que ofende al SEÑOR, provocando así su ira. El SEÑOR se enojó mucho contra Israel y los arrojó de su presencia. Por eso el SEÑOR rechazó a todos los israelitas: los afligió y los entregó en manos de invasores, y acabó por arrojarlos de Su presencia. Finalmente, el SEÑOR arrojó a Israel de su presencia, tal como lo había anunciado por medio de sus siervos los profetas. Así, pues, fueron desterrados y llevados cautivos a Asiria, fue en ese momento de la historia que Dios a través de Jeremías, les promete un "Nuevo Pacto" (2 Reyes 17:19-21, NVI).

La ley señala, y nos muestra el pecado y la perfecta justicia de Dios, pero no tiene poder para hacerse manifiesta en nosotros, porque la naturaleza pecaminosa que habita en el hombre anuló su poder (Romanos 8:3). Porque la ley fue añadida a causa de las transgresiones, hasta que viniese la **simiente** (Cristo) a quien fue hecha la promesa (Gálatas 3:19). Así que la ley ha sido nuestro ayo (maestro), para llevarnos a Cristo (Gálatas 3:24). Y como el ayo prepara al niño para la madurez por medio de reglas y disciplina, así las normas estrictas y el castigo severo de la ley prepararía a la humanidad para el Mesías, pero venida la fe, ya no estamos bajo ayo. "Concluímos, pues, el antiguo pacto fue una sombra del verdadero, del nuevo, del eterno concertado y cumplido en la eternidad, donde Cristo derramó Su sangre (Apocalipsis 13:8). El hombre es justificado por fe sin las obras de la ley" (Romanos 3:28). El problema no era el pacto, sino el corazón del hombre, por lo que Dios les promete escribir la ley en sus corazones, lo que equivale a darles un nuevo corazón, para que fueran transformados.

Los apóstoles conocieron a Jesús en la carne, pero después de la resurrección, **conocieron al Cristo**, según el Espíritu (2 Corintios 5:16). Pablo no conoció al Jesús hombre, él conoció al Cristo revelado, al Cristo impartido, al Cristo de la fe. **Christós**, nombre de origen griego que significa "Cristo" y en hebreo "Mesías, el Ungido". En el año 200 A.C., el Antiguo Testamento fue traducido al griego, a la versión 'Septuaginta', donde el Salmo 2:2, en el griego dice, 'he aquí el Cristo del Señor', en hebreo dice: 'he aquí el Ungido del Señor'. Había en Jerusalén un hombre llamado Simeón, y aguardaba con esperanza la redención de Israel. El Espíritu Santo estaba sobre él y le había revelado que no moriría sin antes ver al Cristo del Señor, y lo vió, lo tomó en sus brazos y exclamó: "Porque han visto mis ojos tu salvación, que has preparado a la vista de todos los pueblos; luz que *ilumina a las naciones* y gloria de tu pueblo Israel" (Lucas 2:22-32).

"La Visión sin acción es un sueño, acción sin visión es simplemente pasar el tiempo, acción con visión es hacer una diferencia positiva."

Jack Welch

Capítulo 9

¡Urgente, se necesita gente de visión!

Se necesita gente con sueños, con ilusiones y con la fe de que se van a cumplir todas las promesas que Dios ha dado a Su pueblo. En hebreo la palabra "soñar" también significa "sanarse; fortalecerse" (véase el "Diccionario expositivo VINE"). Lo sobrenatural no se puede ver con los ojos humanos, pues se necesitan ojos espirituales. Dios alumbrará los ojos de tu entendimiento, porque es necesario que tus ojos sean abiertos, para que sepas cuál es la esperanza a la que Él te ha llamado, y cuáles las riquezas de la gloria de tu herencia en los santos" (Efesios 1:18). **Visión** me habla de futuro, a dónde iremos, a dónde llegaremos, es el sueño que queremos hacer realidad, al cual queremos llegar, es la meta que queremos alcanzar en el futuro. La determinación es un aspecto muy importante para alcanzar la visión. Si tomas una decisión firme, debes mantener tu determinación hasta alcanzar tu objetivo. Job 22:28 cita así: "***Determinarás asimismo una cosa y te será firme, y sobre tus caminos, resplandecerá luz***". Y sobretodo, tienes que vencer los obstáculos para lograr tu vision.

Ningun hombre pudo ni puede conocer el propósito de Dios por el ejercicio de sus aptitudes, porque sólo se puede conocer por revelación divina. No puedes entender con el conocimiento sino con el Espíritu. Sólo a hombres escogidos por Dios, se les confia la visión, y sus ojos le son abiertos para que puedan ver (en el mundo espiritual). Estos hombres son guiados a cumplir una misión, la cual conlleva un precio, el cual debe estar dispuesto a

pagar. Misión es la función, encargo, o propósito que una persona debe de cumplir. Pablo fue llamado, mas se le mostró la visión y se le capacitó para la misión: *"Pero cuando agradó a Dios, que me apartó desde el vientre de mi madre, y me llamó por su gracia, revelar a su Hijo en mí, para que yo lo predicase entre los gentiles, no consulté enseguida con carne ni sangre"* (Gálatas 1:15-16).

Pablo estuvo dispuesto a pagar un precio y dijo: "Con Cristo estoy juntamente crucificado, mas ya no vivo yo, vive Cristo en mí" (Gálatas 2:20). Él honró su llamado y la humildad fue su mayor cualidad. Cuando el velo que cubría sus ojos le fue quitado él entendió. Fue lo opuesto al pueblo judío, que no entendió, porque literalmente ellos tenían ojos, pero no podían ver espiritualmente, porque *"el entendimiento de ellos se embotó*; porque hasta el día de hoy, cuando leen el antiguo pacto, les queda el mismo *velo no descubierto, el cual por Cristo es quitado"* (2 Corintios 3:14). Pablo dijo *"que el dios de este siglo cegó el entendimiento de los incrédulos"* (2 Corintios 4:4). Pablo pudo usar su visión espiritual, para establecer conexión de la realidad intangible con la realidad tangible, y así le fue revelada una nueva percepción de la existencia (caminar en el espíritu). Pero, hubo un proceso por el cual fue guiado por el Espíritu Santo, primero apredió a ver, aunque un poco borroso, luego con más claridad, y lo más importante, con discernimiento. La visión espiritual es el carácter sobrenatural de la vida espiritual, es ser guiado por el Espíritu Santo. La visión espiritual te permite reconocer, diferenciar, y saber reaccionar ante un hecho o un suceso. Esto fue lo que le sucedió a Pablo, el que perseguía al pueblo de Dios, a causa de su ceguera espiritual. Y lo confesó delante del rey Agripa: *"Yo ciertamente había creído mi deber hacer muchas cosas contra el nombre de Jesús de Nazaret"* (Hechos 26:9). Pablo pertenecía a una rigurosa secta religiosa judía, y era fariseo, pero cuando el Espíritu Santo abrió sus ojos espirituales, pudo entender el significado de la venida del Mesías (el Ungido, el Cristo) a este Mundo. Entonces Pablo fue *posicionado y comisionado* para cumplir una *misión*, y el Señor le habló y le dijo: "Pero levántate, y ponte sobre tus pies; porque para esto he aparecido a ti, para ponerte por **ministro y testigo** de las cosas que has visto, y de aquellas en que apareceré a ti: librándote de tu pueblo, y de los gentiles, a quienes ahora te envío, para que abras sus ojos, para que se conviertan de las tinieblas a la luz, y de la potestad de Satanás a Dios; para que reciban, por la fe que es en mí, perdón de pecados y herencias entre los santificados" (Hechos 26:16-18).

Habacuc, cuyo nombre significa "abrazar," era un ciudadano muy prominente y muy respetado en Jerusalén. Pablo lo menciona en tres de sus Evangelios: Romanos, Gálatas y Hebreos, en cada uno de los cuales cita Habacuc 7:4, que *el justo vivirá por la fe*. Dios le muestra a Habacuc una visión al igual que a Daniel y vemos en ambas visiones un tiempo de demora, de espera en su cumplimiento. Habacuc 2-2: Y Jehová me respondió, y dijo: "*Escribe la visión, y decláral en tablas, para que corra el que leyere en ella. Aunque la visión tardará aún por un tiempo, mas se apresura hacia el fin, y no mentirá; aunque tardare, espéralo, porque sin duda vendrá, no tardará.*" La visión siempre trae un propósito de parte de Dios. Dos ejemplos de la visión espiritual los vemos en Balaam y en el criado del profeta Eliseo. "Entonces Jehová abrió los ojos de Balaam, y vio al ángel de Jehová que estaba en el camino, y tenía su espada desnuda en su mano ..." (Números 22:31). "Dijo Balaam hijo de Beor, y dijo el *varón de ojos abiertos*; dijo el que oyó los dichos de Dios, el que vio la visión del Omnipotente; caído, pero abiertos sus ojos" (Números 24:3-4). En 2 Reyes 6:8-23, vemos como el criado de Eliseo, que por su incredulidad no se percataba de la gloria de Dios en ese lugar. Lo que simplemente su vista natural veía era que estaban sitiados por miles de millares de gentes del ejército enemigo, sin embargo, había algo más allá de su visión natural que solo el profeta de Dios, Eliseo, podía ver a causa de su visión espiritual. Entonces Eliseo, pide a su Dios que le sean abiertos los ojos (espirituales) a su criado. Y le fueron abierto los ojos espirituales a su criado, y pudo ver que el monte estaba lleno de gente de a caballo, y de carros de fuego alrededor de Eliseo.

La visión es la clave para abrir cualquier puerta en tiempo y espacio. Es la visión lo que hace que lo invisible se haga visible y lo imposible, posible, porque la visión va acompañada de fe. Y Salomón dijo "*Sin visión, el pueblo perece.*" La visión es tomar una dirección distinta o un enfoque diferente para poder cumplir una misión. Y la visión espiritual solo la da Dios. Te exhorto a que descubras tu visión en el reino. Lo importante es ser diligente con la visión, porque perder la visión espiritual es perder el carácter sobrenatural de la vida espiritual. Si pierdes la visión espiritual no podrás proyectarte hacia lo que Dios tiene para tu vida. Sabes, *el que camina en el espíritu, ve lo invisible, toca lo intangible, y logra lo imposible*. Suelta tu manto (o capa) como Bartimeo y recupera tu visión: Entonces Jesús, deteniéndose, mandó a llamar a Bartimeo. Y llamaron al ciego, diciéndole: "Ten confianza, levántate, te llama. Él entonces, arrojando su capa, se levantó y vino a Jesús. Respondiendo Jesús, le dijo: ¿Qué quieres que te haga? Y el ciego le dijo: "Maestro, que recobre la vista" (Marcos 10:49-50). Y le fue concedido lo que pidió. Mira este ejemplo de lo que es ser visionario: Un prisionero que sobrevivió catorce años en una cárcel cubana, narró cómo pudo mantener el ánimo elevado, y viva la esperanza: "Como mi celda no tenía ventana, construí una imaginaria sobre la puerta. En mi mente, "veía" un hermoso panorama de montañas, con agua que caía dando volteretas por una cañada entre las rocas. Se volvió tan real que podía visualizarlo fácilmente cada vez que miraba la entrada del calabozo." ¡Mira como opera la fe!

Junto a la *visión*, Dios, le impartió *"unción"* profética a Juan el Bautista, a Elías, Eliseo, y a muchos más. La manifestación profética es muy importante cuando el Cuerpo de Cristo se reune como congregación. La unción profética es un don que el Señor da a sus siervos. ¿Qué es la unción y para qué sirve? La **unción** es la habilidad, capacidad o poder dado por Dios al creyente para la obra del ministerio. Por ahí nos han presentado varios modelos de unción, y pienso que son parte de…, pero no el todo. Pablo nos revela que unción y poder van tomados de la mano: "Vosotros sabéis lo que se divulgó por toda Judea, comenzando desde Galilea, después del bautismo que predicó Juan; cómo *Dios ungió con el Espíritu Santo y con poder a Jesús de Nazaret, y cómo éste anduvo haciendo bienes y sanando a todos los oprimidos por el diablo, porque Dios estaba con él"* (Hechos 10:37). **Mesías** en hebreo significa "**Ungido**", y **Cristo,** viene del griego 'Khristos' y significa ungido. Ungido viene del verbo ungir o sea el que ha sido ungido con aceite para ser declarado Rey. Saúl al igual que David, fueron ungidos para ser declarados reyes, al igual eran ungidos los sacerdotes y profetas. Entonces unción es el poder manifiesto; y el resultado de la unción, y del poder son las manifestaciones milagrosas. Dice la Biblia que la unción pudre el yugo. La unción es el poder del Espíritu Santo, como lo prometió Jesús, y según

Hechos 1:8-11, ya la tenemos, porque el Espíritu Santo nos habita.

Llamado de los esforzados y valientes

La Biblia nos muestra varios personajes a los cuales Dios guió sus vidas y los uso conforme a Su próposito. Un ejemplo de ellos es Gedeón, quien tenía una visión limitada, pero el llamado de Dios provoca visión y fe. Dios entregó a los israelitas en las manos de Madián durante siete años, a causa de su desobediencia. Lo madianitas eran los descendientes de Madián hijo de Abraham con Centura, éstos junto con los amalecitas (descendientes de Amelec nieto de Esaú) y los hijos de oriente oprimian al pueblo de Israel, invadían la tierra, se llevaban las cosechas y dejaban destrucción detrás de ellos. Veamos esta situación con ojos espirituales. **Madián** significa espíritu de "escazes', mientras que **Amelec** significa espíritu de "oposición", el que bloquea, el que no te deja avanzar. Malaquías lo describe así: "Reprenderé también por vosotros al devorador, y no os destruirá el fruto de la tierra, ni vuestra vid en el campo será estéril, dice Jehová de los ejércitos."

El pueblo de Israel estaba sufriendo a causa de la escasez, porque los madianitas los atormentaban, ellos devoraban todo el fruto de las cosechas y los tenían muy empobrecidos. Esa situación duró siete años, si lo miras en el mundo espiritual este tormento se convirtió en una *fortaleza mental* para los israelitas (Jueces 6:3-6). Ellos optaron por esconderse en cuevas y guaridas que prepararon en los montes. Y allí clamaron a Dios, y entonces Él envió su ángel a Gedeón, hijo de Joas, de la tribu de Manasés. El ángel se le apareció cuando él estaba sacudiendo el trigo en el lagar para esconderlo de los madianitas. Y el ángel le dijo: "*Jehová está contigo varón esforzado y valiente*", pues de esa forma lo veía Dios. Pero a Gedeón le costo obedecerle, porque tenía dudas en su corazón, había mucha inseguridad en él, consideraba a su pueblo como el más pequeño de la tribu de Manasés, y él se consideraba como el menor de la casa de su padre (tenía baja autoestima). Entonces le pidió tres confirmaciones al ángel, para obedecer. Gedeón entendió que estaba hablando con Dios, y tuvo miedo, pero el Señor lo consoló. Y viendo que era el ángel de Jehová, dijo: "Ah, Señor Jehová, que he visto el ángel de Jehová cara a cara" (v. 22). A esta manifestación se le llama teofanía, lo que significa **manifestación, aparición o revelación** de la divinidad. Y mirándole Jehová, dijo: "Ve con esta tu fortaleza, y salvarás a Israel de la mano de los Madianitas. ¿No te envío yo?" (Jueces 6:14). A pesar de las debilidades de Gedeón, el Señor lo fortaleció y lo envió, y además, se encargó de abrir las puertas necesarias. La única salida de Gedeón fue depender de las fuerzas del que le llamó y confiar en Él. Los madianitas tenían un ejército muy grande, y Gedeón salió a la guerra contra ellos con treinta y dos mil soldados, pero Dios le dijo que eran demasiados, y poco a poco fueron disminuyendo hasta llegar a trescientos soldados. Eran pocos, pero bien cualificados. ¿A quien eliminó Dios? A los de *poca fe*, a los **temerosos** y a los de *poca cautela* (descuidados). Gedeón utilizó tácticas espirituales o sea un sistema o método para efectuar un plan (Efesios 6:10-17).

Cada batalla que enfrentemos la vamos a ganar cuando tú y yo entendamos que "las armas de nuestra milicia no son carnales, sino poderosas en Dios para la destrucción de fortalezas, derribando argumentos y toda altivez que se levanta contra el conocimiento de Dios, y llevando cautivo todo pensamiento a la obediencia a Cristo" (2 Corintios 10:4-5). El ataque nocturno de Gedeón, con tres grupos de cien hombres sorprendió a los madianitas dormidos, y Gedeón y su ejército ni siquiera tuvieron que luchar, sino que llevaban en un mano "teas encendidas" (vasijas encendidas con fuego por dentro) y trompetas en la otra mano. El pueblo rompió las teas, tocó las trompetas, y dijo en alta voz, "Por la espada de Jehová y de Gedeón," y sus enemigos fueron confundidos y empezaron a matarse unos a otros (Jueces 7:15-22). Gedeón libró al pueblo de Israel de la presión de sus enemigos, por lo que el pueblo de Israel quizo nombrar a Gedeón rey, mas él lo rechazó, pero sirvió 40 años como juez de Israel (Jueces 8:26). Dios redujo el ejército de 32,000 hombres a trescientos hombres para que su victoria dependiera de Él. Gedeón no solo derrotó a los madianitas y su ejército, sino que destruyó el altar al dios Baal que tenía su padre, así como la imagen de Asera que estaba junto a él. A propósito, el nombre Gedeón significa "*el que más destruye, arranca, arruina*".

Así como a Gedeón, Dios nos ha dado autoridad para hacer lo mismo con nuestros enemigos espirituales, recuerda que tu enemigo no tiene rostro, porque el maligno usa al hombre contra los hijos de Dios. Pero cuidado, porque cuando Dios nos llama, la inclinación siempre es anteponer nuestras limitaciones o nuestras excusas. Mira como dice Jeremías: "Mira que te he puesto en este día sobre gentes y sobre reinos, para **arrancar** (desarraigar) y para **destruir** (deshacer), y para **arruinar** y para **derribar,** y para **edificar** y para **plantar** (Capítulo 1:10). Mírate como Dios te ve, no como tú te ves, o como te ven los demás. Dios nos utiliza a pesar de nuestras limitaciones y fracasos. Él no quiere tu capacidad, Él quiere tu disposición, porque el Espíritu Santo te capacitará. Mahtama Gandhi decía: "*Nuestra recompenza se encuentra en el esfuerzo y no en el resultado. Un esfuerzo total es una victoria completa*." Permite que el Espíritu Santo renueve tu mente, que puedas entender el propósito eterno y la misión que te ha sido encomendada como Cuerpo de Cristo, como un ministro de reconciliación competente. Necesitamos hombres de visión, que se conviertan en instrumentos para la expanción del reino de Dios, hombres de fe como Abraham.

Como la fe de Abraham

Pablo escribió acerca de la fe de Abraham en Romanos 4:3: "Porque, ¿qué dice la Escritura? *Creyó Abraham a Dios, y le fue contado por justicia*". Abraham le creyó a Dios y depositó en Él su fe y su esperanza. Aunque éstas son diferentes son necesarias y trabajaban juntas, y él las necesitaba para esperar las promesas que había recibido de parte de Dios. La fe opera en el tiempo presente y la esperanza opera en el futuro. Romanos 8:24-25, dice: "Porque en esperanza fuimos salvos; pero la esperanza que se ve, no es esperanza; porque lo que alguno ve, ¿a qué esperarlo? Pero si esperamos lo que no vemos, con paciencia lo aguardamos." ¿Acaso, ambas no operan en nosotros? De nuestra fe surge la esperanza de permanecer firmes hasta que Cristo sea formado en nosotros, porque no miramos las cosas que se ven sino las que no se ven. El que pierde la esperanza, pierde sus sueños, pierde la visión y vive sin ninguna ilusión. Job decía (11:18): "Tendrás confianza, porque hay esperanza; mirarás alrededor, y dormirás seguro." Mántente firme en la fe, y mantén firme, sin fluctuar, la profesión de nuestra esperanza, porque fiel es el que prometió. Porque como dice Santiago 1:8, el hombre de doble ánimo es inconstante en todos sus caminos. Y el resultado será que no logrará completar la Carrera que nos lleva a alcanzar la Corona de la Vida. Pablo dice que ahora permanecen la fe, la esperanza y el amor. Pero el más importante de todos es el amor (1 Corintios 13:13). Éstas son las armas para lograr llegar al final. Ésto fue lo que sostuvo a Abraham. Por la fe Abraham, siendo llamado, obedeció para salir al lugar que había de recibir como herencia; y salió sin saber a dónde iba. Por la fe habitó en la tierra prometida como en tierra ajena, morando en tiendas con Isaac y Jacob, coherederos de la misma promesa; porque esperaba la ciudad que tiene fundamentos, cuyo arquitecto y constructor es Dios. Por la fe, a pesar de la esterilidad de Sara, recibió vigor para engendrar simiente aun fuera del tiempo de la edad, porque creyó que era fiel quien lo había prometido. Y por tanto, de uno, y éste ya casi muerto, nacieron como las estrellas del cielo en multitud (un pueblo), y como la arena innumerable que está junto a la orilla del mar." (Hebreos 11.8-12, Biblia Textual). Pablo citó en Romanos 4:18-21, que Abraham tuvo una profunda convicción de que las palabras que el Eterno le había dicho eran verdad, y que Él llevaría a cabo todo lo que le había prometido.

> "Él creyó en esperanza contra esperanza, para llegar a ser padre de muchas gentes, conforme a lo que se le había dicho: Así será tu descendencia. Y no se debilitó en la fe al considerar su cuerpo, que estaba ya como muerto (siendo de casi cien años), o la esterilidad de la matriz de Sara. Tampoco dudó, por incredulidad, de la promesa de Dios, sino que se fortaleció en fe, dando gloria a Dios, plenamente convencido de que era también poderoso para hacer todo lo que había prometido". Énfasis añadido.

Pablo dice en Romanos 4:13, que no fue por la ley dada a Abraham o a su descendencia la promesa de que sería heredero del mundo, sino por la justicia de la fe." Y probó Dios la fe de Abraham cuando le dijo: dijo: "Toma ahora tu hijo, tu único, Isaac, a quien amas, y vete a tierra de Moriah, y ofrécelo allí en holocausto sobre uno de los montes que yo te diré. Y Abraham obedeció, a pesar de que Dios le estaba pidiendo el hijo de la promesa. Por lo que Santiago (2:20-24) pregunta: ¿No fue justificado por las obras Abraham nuestro padre, cuando ofreció a su hijo Isaac sobre el altar? ¿No ves que la fe actuó juntamente con sus obras y que la fe se perfeccionó por las obras? Abraham creyó a Dios, y le fue contado por justicia, y fue llamado amigo de Dios. 1 Pedro 1:7, señala que la fe es mucho más preciosa que el oro, pero es sometida a prueba, '*el oro aunque perecedero se prueba con fuego*' para ser hallado en alabanza, gloria y honra cuando sea manifestado Jesucristo. Vosotros veís, pues, que el hombre es justificado *por las obras, y no solamente por la fe.*" Abraham tuvo suficiente fe para creer a Dios, y obedecerle. Noé, al igual que Abraham, obedeció y fue hecho heredero de la justicia que viene por la fe (2 Pedro 2:5). Abraham e Isaac son una representación tipológica de Dios Padre y de Su Hijo. Cuando el Padre ofrece a Su Hijo, como sacrificio vivo para redimir al hombre, y como el Hijo, al igual que Isaac se sometió como un cordero manso y humilde. Abraham fue justificado por gracia, él no vivía bajo la ley, recuerda que la ley llegó 430 años despúes de Abraham. Por lo que Pablo afirma: "Pero sabemos que todo lo que la ley dice, lo dice a los que están bajo la ley, para que toda boca se cierre y todo el mundo quede bajo el juicio de Dios; *ya que por las obras de la ley ningún ser humano será justificado delante de él; porque por medio de la ley es el conocimiento del pecado*" (Romanos 3:19-21). Abraham es nuestro modelo de fe. Juan 8:39, "… si fueseis hijos de Abraham, las obras de Abraham haríais." Tener fe y hacer buenas obras es una fe viva. "Yo te mostraré mi fe por mis obras" (Santiago 2:18). La obediencia es el resultado de la sumisión requerida por la fe. Abraham le creyó a Dios, a pesar de continuar siendo un forastero y peregrino en tierra extraña, creyó a pesar de que sus pies no pisaron la "**Tierra prometida**" (Hebreos 11:9-10). Le creyó a quien le había prometido que un día, él y sus descendientes heredarían esa tierra. Dios le dijo: "Alza ahora tus ojos, y mira desde el lugar donde estás hacia el norte y el sur, y al oriente y al occidente. Porque toda la tierra que ves, la daré a ti y a tu descendencia *para siempre.*" "Y haré tu descendencia como el polvo de la tierra; que si alguno puede contar el polvo de la tierra, también tu descendencia será contada. Levántate, ve por la tierra a lo largo de ella y a su ancho; porque a ti la daré." Abraham, junto con otras personas de fe, **anticiparon una ciudad permanente y una patria que vendría**: Conforme a la fe murieron todos éstos sin haber recibido lo prometido, sino mirándolo de lejos y creyéndolo, y saludándolo, *y confesando que eran extranjeros y sobre la tierra…" Pero anhelaban una mejor, esto es, celestial;* por lo cual Dios no se avergüenza de llamarse Dios de ellos; **porque les ha preparado una ciudad"** (Hebreos 11:13-16).

Nosotros al igual que Abraham, vivimos como *extranjeros y peregrinos* en esta tierra, y contrario a Abraham, nosotros ya estamos disfrutando de nuestra herencia y sabemos hacia donde nos dirigimos. Caminamos en fe al igual que Abraham, seguros de que el que comenzó en nosotros la buena obra, la perfeccionará hasta el día de Cristo Jesús (Efesios 1:6). Porque tenemos a Cristo a la diestra del Padre intercediendo por nosotros. Así, como lo hizo en la oración intercesora al Padre por sus discípulos y por nosotros, y dijo: "Yo ruego por ellos; no ruego por el mundo, sino por *los que me diste*; porque tuyos son, yo les he dado tu palabra; y el mundo los aborreció, porque *no son del mundo*, como tampoco yo soy del mundo. *No ruego que los quites del mundo, sino que los guardes del mal.* **No son del mundo, como tampoco yo soy del mundo. Mas no ruego solamente por éstos, sino también por los que han de creer en mí por la palabra de ellos"** (Juan 17:9;14-16), también está como el Cristo resucitado, sentado a la diestra del Padre intercediendo por nosotros hasta Su regreso.

Pablo declara: "Sin fe es imposible agradar a Dios, porque es necesario que el que se acerca a Dios crea que él existe, y que sabe recompensar a quienes lo buscan" (Hebreos 11:6). Según Hebreos 11:1, la fe es estar *seguro* de lo que se espera; es estar *convencido* de lo que no se ve. La palabra *espera* viene de la palabra *esperanza*. Tener esperanza en Dios de lo que estamos esperando llegará, y que lo que no veo es. Comienza a declarar lo que no es, hasta que se manifieste en el mundo material. Cuando nos atrevemos a creer, a tener fe, y esperanza, entonces la fe produce 'Milagros'. Dios habló y todo lo que se ve, fue creado de lo que no se ve. Así pues, por la fe nos mantenemos firmes al igual que Abraham, mirando al invisible, pero seguros de que alcanzaremos nuestro destino eterno en Cristo, quien es el autor y consumador de la fe. Solo por fe y por amor Él llegó a la cruz del calvario. Hebreos 12:1-2 cita: "Por tanto, nosotros también, teniendo en derredor nuestro tan grande nube de testigos, despojémonos de todo peso y del pecado que nos asedia, y *corramos con paciencia la carrera que tenemos por delante*, puestos los ojos en Jesús, el autor y consumador de la fe, el cual por el gozo puesto delante de él sufrió la cruz, menospreciando el oprobio, y se sentó a la diestra del trono de Dios"

Al igual que Abraham, le fue dada la promesa de la tierra prometida, también a nosotros nos ha sido dada por medio de su simiente (Cristo). Hemos sido llamados a ser pregoneros de justicia como Noé, y como ministros competentes del Nuevo Pacto, hemos sido comisionados y posicionados para llevar el Evangelio a toda nación, tribu, pueblo y gente; para establecer el 'Reino' de nuestro Rey. Pablo tomó de ejemplo a Noé para exhortarnos a ser pregoneros de justicia: "Por la fe Noé, cuando fue advertido por Dios acerca de cosas que aún no se veían, con temor preparó el arca en que su casa se salvase; y por esa fe condenó al mundo, y fue hecho heredero de la justicia que viene por la fe (Hebreos 11:7). Dios llamó justo a Noé, él pregonaba la justicia y la vivía, la modelaba. Por lo tanto, decimos como Pablo: Escrito está: "Creí, y por eso hablé". Con ese mismo espíritu de fe también nosotros creemos, y por eso hablamos (2 Corintios 4:13). ¡Mira el fruto del justo! *"El fruto del justo es árbol de vida; y el que gana almas es sabio. Ciertamente el justo será recompensado en la tierra..."* (Proverbios 11:30-31). "El justo es librado de la tribulación..." (Proverbios 11:8). Miremos como el Salmo 1:1-6, describe al justo:

> "Bienaventurado el varón que no anduvo en consejo de malos, ni estuvo en camino de pecadores, ni en silla de escarnecedores se ha sentado; sino que en la ley de Jehová está su delicia, y en su ley medita de día y de noche. Será como árbol plantado junto a corrientes de aguas, que da su fruto en su tiempo, y su hoja no cae; y todo lo que hace, prosperará. No así los malos, que son como el tamo que arrebata el viento. Por tanto, no se levantarán los malos en el juicio, ni los pecadores en la congregación de los justos. Porque Jehová conoce el camino de los justos; mas la senda de los malos perecerá."

"Aquel que quiera cambiar el mundo, debe empezar por cambiarse así mismo."

Sócrates

Capítulo 10

El mundo en que vivimos

Todos somos testigos del caos social que vive la humanidad, por todas partes ocurren disturbios, se oyen rumores de guerra, y hasta divisiones, con el fin de ***desestabilizar y sembrar el caos***, y no sólo el caos, mas bien parece que tenemos ante nuestros ojos una agenda para infundir miedo, temor en la humanidad. Los medios de comunicación nos bombardean a diario con noticias que desatan espíritu de temor, ansiedad, depresión, inseguridad, etc. Además un número mayor de personas se unen a las filas de las protestas. Caos se define como la ruptura de un paradigma; es como una revolución social que afecta y altera el orden establecido, el cual trae dudas, desconcierto, desorganización, agitaciones e insurrecciones. Noam Chosky es un lingüista, profesor americano, filisófo politólogo, científico cognositivo, historiador, activista político, y crítico social, considerado por el "New York Times", el pensador estadounidense más importante de la edad contemporánea cita: ***"La población general no sabe lo que está ocurriendo, y ni siquiera sabe que no lo sabe."*** Este pensamiento de Noam Chosky llamó mi atención porque recordé un libro que tengo hace varios años, ¡y que casualidad! el libro plantea estrategias muy parecidas a las que Chosky expone en su ensayo de política publicado en 2016, titulado: ¿Quién domina el mundo? Por ejemplo: ¿Sabías, que uno de los propósitos primordiales de la "Elite Mundial" es mantener a las personas en la ignorancia? Su meta es crear individuos ignorantes, no pensantes, así ellos no desarrollan una mente reflexiva, que pueda analizar la verdad por sí mismos. ¡Y que curioso! *Los protocolos de los sabios de Sión"*, documento de 24 secciones tomadas de las actas de un Congreso Sionista (movimiento mundial para el avance y cuidado de los intereses político-económico de judíos) tuvo lugar en Basilea, entre los años 1864 -1897, expone un gobierno de dominación mundial. Fue publicado por primera vez en San Petersburgo n el año 1902, alcanzando una distribución masiva a partir del año 1917, con gran popularidad. Y sus objetivos son precisamente éstos que presenta la "Elite Mundial." Así vemos como la *'distracción'* es una de las estrategias de *manipulación masiva* que han utilizado por mucho tiempo, y las masas no lo saben, lo ignoran, o no se dan cuenta. Una sección del protócolo 13 cita:

> "**Con el objeto de que no lleguen a nada por medio de la reflexión**, les distraeremos de pensar en cosas serias por medio de las diversiones, de los juegos, de los pasatiempos, de las satisfacciones, de las pasiones, de las casas públicas… Muy pronto propondremos, por medio de la prensa, concursos de arte, de belleza, (eventos) de deportes…" !Y yo añado, las novelas, la farándula!

¿Casualidad? No, solo quieren distraernos, mantenernos ocupados con cosas banales, irrevelantes para que no pensemos y menos reflexionemos, y así perdamos de vista los problemas reales que afectan nuestra sociedad, y lo más importante, que ignoremos nuestra identidad como hijos de Dios, y así, apartarnos del propósito eterno de nuestro Dios. Por lo que debemos preguntarnos: ¿Qué nos revela la crisis social mundial? ¿Acaso, estas personas han perdido el propósito, el destino de sus vidas? Como resultado, cada vez confian a ciegas en lo que escuchan por los medios noticiosos y piensan menos. No hay esperanza, no hay sueños en ellos; sólo vemos confusión, y desorden. Podríamos describir al mundo de hoy como describió el profeta Isaías, el tiempo en el cual él vivió:

> "He aquí que no se ha acortado la mano de Jehová para salvar, ni se ha agravado su oído para oír; pero vuestras iniquidades han hecho

división entre vosotros y vuestro Dios, y vuestros pecados han hecho ocultar de vosotros su rostro para no oír. Porque vuestras manos están contaminadas de sangre, y vuestros dedos de iniquidad; vuestros labios pronuncian mentira, habla maldad vuestra lengua. No hay quien clame por la justicia, ni quien juzgue por la verdad; confían en vanidad, y hablan vanidades; conciben maldades, y dan a luz iniquidad. Sus pies corren al mal, se apresuran para derramar la sangre inocente; sus pensamientos, pensamientos de iniquidad; destrucción y quebrantamieto hay en sus caminos. Palpamos la pared como ciegos y andamos a tientas como sin ojos; tropezamos a mediodía como de noche; estamos en lugares oscuros como muertos. Y el derecho se retiró, y la justicia se puso lejos; porque la verdad tropezó en la plaza, y la equidad no pudo venir" (Isaías 59:1-4, 7, 10, 14).

El profeta Isaías tambien escribió: *"La tierra yace profanada, pisoteada por sus habitantes, porque han desobedecido las leyes, han violado los estatutos, han quebrantado el PACTO ETERNO"* (Isaías24:5). Igual hoy la tierra vive en constante violencia, y vemos como ha subido la tasa de mortandad a causa del narcotráfico, como la delincuencia juvenil ha crecido alarmantemente, el tráfico de órganos humanos y de fetos, la trata de personas o tráfico humano alrededor del mundo. Algunos datos de estadísticas y estimaciones disponibles sobre la trata de personas alrededor del mundo y en los Estados Unidos nos muestran que (puedes accesar y verlas todas en www.TraffickingResourceCenter.org):

1. 27 millones – Número de personas que son esclavos "modernos" en el mundo.

2. 12.3 millones – Número de adultos y niños en el mundo en situaciones de trabajo forzado.

3. 49,105 – Número de víctimas de trata de personas alrededor del mundo que han sido identificados como tal.

4. USD 32 billones – Monto total de ganancias anuales generadas por la industria de trata de personas.

La institución familiar es el fundamento de una sociedad, y su rol principal es formar hombres y mujeres de bien, con principios y valores. Es en la familia donde un niño aprende de sus padres el modelo hombre y el modelo mujer, y es en el seno familiar donde aprende valores. El rol del Estado es apoyarla y protegerla, o sea, la familia educa y la escuela instruye. Actualmente la institución familiar está siendo la mas afectada directamente por los cambios sociales, ya que el modelo de familia tradicional se está perdiendo cada vez más. El primer factor que afecta la institución familiar es la ausencia del Dios Verdadero, y otros factores como:

- El divorcio
- Crisis de identidad
- Confusión de género
- Distorsión del concepto "matrimonio"
- Ausencia de "respeto a la vida"
- El individualismo
- Cambios en el Sistema Educativo
- Abuso del "uso de la tecnología"
- Crisis económica

Otra institución que sufre cambios es la escuela, y estos cambios afectan directamente a la familia. La escuela tiene por finalidad enseñar y continuar la labor socializadora que comenzó en la familia. Según un pensamiento de Albert Einstein, "*La educación no es el aprendizaje de los hechos, sino el 'entrenamiento de la mente' para pensar.*" Pero tristemente, hoy día estamos viendo que es la "Institución Educativa" la que quiere formar los valores de nuestros niños desde su temprana edad preescolar, y ha comenzado a entrenar (adoctrinar) la mente de nuestros niños. Según la Dra. Michelle Cretella, Presidenta del Colegio Americano de Pediatras, denuncia que se está vendiendo a los menores la "*mentira transgénero*." La Dra. Cretella participa en el Primer Congreso Internacional sobre 'Sexo, Género y Educación', organizado por HazteOir.org y CitizenGO. Cita la Dra. que *"La enfermedad mental del transgenderismo está siendo comercializada en los adolescentes."* En los últimos años la Dra. Cretella ha denunciado las **mentiras del *"transgenderismo"*** y sus consecuencias, en especial en los niños y adolecentes. Ella cita que nadie nace transgénero. Si la identidad de género estuviera integrada en el cerebro antes del nacimiento, los gemelos idénticos tendrían la misma identidad de género. La Dra. Cretella, cita: *"Se pretende indoctrinar a los niños desde la edad preescolar con la 'ideología de géneros';* lo que ella describe como **un abuso infantil."** Lo apoya cuando dice que el sexo biológico no es asignado, sino que es **determinado** al momento de la concepción por nuestro ADN. Y quieras o no te vas a desarrollar dentro de tu sexo asignado por tu ADN. Según ella esa identidad equivocada *surge en la mente del individuo a través de su pensamiento y sentimientos* (son lo que ellos piensan que son). Señala como factores el abuso infantil y la forma en que los padres crían a sus hijos, y lo más común, una falsa creencia internalizada de confusión de género en la mayoría de los niños con la puvertad. La teoría de transgéneros en las escuelas es un abuso psicológico usado, una vez que los médicos lo tratan como una enfermedad mental, la gran mayoría de la comunidad médica lo afirma y lo promueve como normal. En la medida en que vendan la mentira de que es normal, más niños se aferrarán a la identidad transgénero. "Sabemos como cristianos que el transgenderismo es una corrupción de **nuestra naturaleza dada por Dios**, de la misma manera que las deformidades físicas y las enfermedades mentales son la corrupción causada por el pecado en el mundo." (Información tomada de: www.youtube.com/watch?v=PJAK QKPD5UI). La siguiente cita de la Dra. Cretella, tomada de: biblicalgenderroles.com/2017/07/25/ president - of...). Personalmente creo que cada familia debe estar orientada sobre las mentiras del transgenderismo y sus consecuencias, en especial en los niños y adolescentes.

En la portada de la revista "National Geographic" de enero de 2017, bajo el título 'Gender Revolution' [*Revolución de Género*] aparece la primera niña tranxesual de nueve años de edad. Y según el Colegio Americano de Pediatras, el objetivo es que quieren ponerlo como ejemplo de normalización (Artículo tomado de: cuartaposicionblog.wordpress.com/2018/02/19/...).

Paul Joseph Goebbels, Ministro de Educación Popular y de Propaganda alemana nazi, poseía un gran talento para persuadir a las masas y en cierta ocasión citó: *"Una mentira repetida adecuadamente mil veces se conviete en una verdad."* Goebbels es conocido por su discurso de la "guerra total", en el que dijo: *"Una vez que el gobierno tiene a un pueblo a sus pies, una vez que se ha hecho con su conciencia, entonces es capaz de hacer con él lo que se le antoje.* Cuando se atraviesa la barrera de la libertad individual, y se "usa" a una nación para unos objetivos concretos, ya sean ideológicos, religiosos, expansionistas, o con ánimo de lucrarse, *entonces ya no estamos hablando de la política como "el arte del bien común", sino de la manipulación de las mentes"* (lamenteesmaravillosa.com/una-mentira-repetida...), Nosotros conocemos las Escrituras, sabemos que todo lo que está sucediendo es consecuencia del pecado de Adán y Eva, ya que el hombre como alma viviente, vive la **Vida Psiqué** y está completamente desconectado de la vida espiritual o sea la **Vida Zoe**. Este fue el resultado de tomar decisiones importantes sin detenerse a considerar las consecuencias, y eso es lo que muchos hacen hoy día.

Muchas veces los padres, equivocadamente dan a los hijos todo lo que ellos creen es necesario para competir en el mundo en que vivimos. Como por ejemplo: les proveen artefactos tecnológicos, quizas porque desconocen que pueden convertirse en dependencia para ellos, lo cual va a influenciar en su conducta social y hasta en su salud. Muchas veces se las dan antes de que ellos lo pidan. Antes de poner en las manos del niño un artefactos tecnológico el padre debe preguntarse: ¿Qué edad es recomendable para que mi hijo lleve un teléfono móvil? Es muy común hoy día que en la habitación de un niño haya un televisor, un videojuegos, etc. Además, vemos como los padres ponen en las manos de sus hijos un *'celular'* o una *'tablet'* para que se entretengan, o estén tranquilos. Ésto permite a los padres tomar un respiro, y hacer otras tareas mientras sus hijos están siendo afectados por esta ayuda tecnológica. Aunque la *'tablet'* es una herramienta que le puede ofrecer conocimiento al niño, pero también lo priva de aprender de otras formas, y le crea hábito, ya que el niño pasa horas absorto ante la pantalla de la 'tablet,' el móvil, el televisor, y videojuegos. Como resultado vemos como se está perdiendo la comunicación social. Según los psicológos afecta a la creatividad y a la comunicación del niño. Años atrás cuando los padres dejaban a sus hijos muchas horas viendo la tele, y sin supervisión, otras personas decían que los "estaban dejando en brazos de *Moloc,*" pues era un dicho, y lo podemos usar como una analogía, porque "**Moloc,**" era un dios pagano, especialmente de los amonitas, al cual le ponían niños en sus brazos para sacrificarlos. La ley mosaíca prohibía terminantemente dedicar los hijos a Moloc (2 Reyes 23:10) y condenaba a muerte a quienes transgredían esta ley (Levíticos 18:21; 20:1-5b). Imagínate el daño que le puede hacer a un niño sin supervición de un adulto; ver la tele, usar un teléfono movil, o una tableta como entretenimiento. Pues sí, los están poniéndo en los brazos de 'Moloc,' aún sin ellos saberlo. Te has preguntado: ¿Qué está aprendiendo mi hijo? ¿Es mala la tecnología? Esta es la pregunta que muchos padres se hacen. La verdad es que de por sí sola la tecnología no es mala. Todo depende del grado de supervisión que el padre le de a su hijo en el uso de ésta. Esta supervición marcará la diferencia entre el uso y el abuso.

Según estudios de investigación revelados, las estadísticas en los últimos quince años son muy alarmantes sobre un aumento agudo y constante en las enfermedades mentales en los niños a causa del uso y abuso de artefactos tecnológicos, estos estudios revelan una exposición cada vez más frecuente a los medios virtuales. Uno de cada cinco niños presenta problemas de salud mental, aislamiento social entre otros y disminución en las horas de sueño (insomnio). Victoria Prooday, terapeuta ocupacional, señala algunas de las consecuencias del uso excesivo de la tecnología, ita que el trastorno por déficit de atención aumentó un 43%; la depresión en los adolecentes aumentó un 37% y la tasa de suicidio en niños de 10 a 14 años aumentó en 100%. Está científicamente probado que el cerebro tiene la capacidad de recalibrarse al interactuar con el medio ambiente. Según Victoria Prooday, el mundo tecnológico actual impacta directamente el sistema nervioso de los niños; es decir, el entorno puede promover u obstaculizar el desarrollo del cerebro infantil. La Sra. Prooday llama a lo que está ocurriendo en los niños una tragedia silenciosa. En este artículo ella se refiere a los niños que tienen dificultades generadas por factores ambientales que padres bien intencionados están produciendo, y no a niños que nacen con discapacidades, y que todavía tienen dificultades a pesar del esfuerzo de sus padres por darles un ambiente y una crianza bien equilibrados. Según su experiencia en su práctica profesional, en el momento en que los padres modifican su perspectiva sobre la crianza de los hijos, los niños también cambian. Creo que los padres deben ser educados en cómo sus hijos pueden usar adecuadamente estos artefactos tecnológicos.

La ciencia se ha empeñado en modificar nuestra biología, y ampliar nuestras capacidades intelectuales a través de la interacción humano-máquina. En noviembre de 2018, en Shenzhen (China), a pocos kilómetros de Hong Kong, nacieron los primeros bebés (gemelos) genéticamente modificados. Según la ciencia y la tecnología, su objetivo está enfocado en crear un futuro más resistente y sostenible, pero tal parece que lo que desean es desaparecer la especie humana de la tierra. La ciencia moderna y la tecnología han aportado a la sociedad descubrimientos beneficiosos, pero también aportan ciertos riesgos los cuales debemos conocer y estar debidamente informados, y en especial el ciudadano común al cual no llega ninguna información. Los nuevos avances están relacionados con áreas como transhumanismo, la inteligencia artificial, la ingieneria genética, la nanotecnología, la robótica. Según expone la experta doctora en bioética, Elena Postigo, *"Transhumanismo"* es la evolución artificial del ser humano (alterando su naturaleza). Cita que no todo desarrollo tecnológico es progreso. Y que la mayor parte de los transhumanistas son ateos y agnósticos que en el fondo tienen una visión reduccionista, y por lo tanto no admiten la existencia de un ser extra material, de un ser espiritual importante, Dios. Su propósito según ellos es eliminar la enfermedad, el envejecimiento, y la muerte. Es obtener poco a poco la liberación de nuestra naturaleza, y sin duda también de Dios. (Información tomada de entrevista a la Dra, E. Postigo, expuesta en You Tube). En febrero de 2011, el título de la Revista Times fue: *"2045 the year man becomes inmortal"* ['2045 año en que el hombre será inmortal']. Ésto sería el principio del fin de la humanidad como la conocemos. Es por lo que en los úitimos años hemos visto el auge del uso del prefijo *'Trans';* éste es un prefijo de origen latino que se antepone a algunas palabras para darles el significado de cambio, del otro lado o a través. El prefijo tiene como función cambiar o alterar el significado de la palabra original para agregarle ciertos matices o propiedades significativas. Como por ejemplo: *transgénico*, el cual se usa para denominar organismos modificados genéticamente con el objetivo de cambiar parte de sus propiedades, especialmente en agricultura y ganadería; *transgénero* es el término que representa a aquellas personas que no se sienten identificadas con el sexo biológico que les fue otorgado en el nacimiento; *transexual*, palabra que la Real Academia Española, define como dicho de una persona, que se siente del otro sexo y adopta sus atuendos y comportamientos o que mediante de un tratamiento hormonal e intervención quirúrgica adquiere los caracteres sexuales del sexo opuesto.

Según el hombre el futuro le pertenece a la *"Inteligencia Artificial"*. Definamos "Inteligencia Artificial", es la simulación de procesos de inteligencia humana por parte de máquinas, especialmente sistemas informáticos. La inteligencia artificial superará a la humana y ya no seremos *homo sapiens* (biológica), sino *homo deus* (tecnológica - *dios)*, según ha propuesto el historiador y escritor best seller Yuval Harar, en sus obras. Según él, en un futuro cercano 'big data' será la religión universal y el hombre cederá su intimidad a las máquinas para que cuiden de ellos." La inteligencia Artificial es una de las ramas de la Informática con raíces muy fuertes en la lógica y la ciencia cognocitiva. Esta rama de la Informática brindará beneficios a la empresas, al traer *robots* capaces de hacer los trabajos que hace una persona, pero aun mejor y más rápido. Todas las funciones que puede hacer el humano serán sustituidas 80 % por la tecnología. Las empresas se podrán ahorrar dinero en pagos de honorarios, vacaciones, etc., pero habrá más desempleo, ya que estará desplazando un sin número de personas de sus puestos de trabajo. El 80 % de lo que hacen los médicos será reemplazado por la tecnología, porque la medicina será completamente controlada. Como podemos ver el futuro es muy prometedor, pero a la vez muy peligroso. La educación estará a cargo de robots. Actualmente un robot, que lleva el apellido Einstein, fue diseñado con los razgos de Albert Einstein, el famoso científico alemán, inicio su gira promocional, en la Universidad Hebrea de Jerusalén. Según ellos la enseñanza será más divertida, didáctica y eficaz que la recibida por maestros convencionales. Información tomada de: ["¡Sálvese quien pueda! [El futuro del trabajo en la era de la automatización]. Publicado en octubre 2018, autor Andrés Oppenheimer. Mas yo añado: "Podrá ser la educación más divertida, didáctica y eficaz, pero sin ninguna relación sentimental, ni HUMANA, y mucho menos moral. Será de acuerdo a lo que piensa un grupo de personas opuestas a lo que Dios ha diseñado y provisto para el hombre.

Algunos estudios demuestran que el internet se ha convertido en un fenómeno absorbente que transforma a parte de sus usuarios en seres aislados. La dependencia al internet afecta a adultos, niños, y jóvenes, se ha llegado a la conclusión de que el internet es usado como un control social, llegando al extremo de causar dependencia al igual que cualquier otra adicción (no pueden vivir sin estar conectados a la red). Michael Bender, jefe de la Clínica Rhein-Jura para Psiquiatría, Psicosomática y Psicoterapia, explica que las personas afectadas manifiestan los mismos síntomas que los dependientes de otras drogas: *"**Muchos se dan cuenta que están dejando de lado las actividades sociales, pero no pueden dar marcha atrás. Ya no tienen control sobre su consumo,**"* afirma Bender. Por otro lado Christoph Möller, jefe de la Sección para Psiquiatría Juvenil e Infantil del Hospital Infantil de Hanóver, afirma: *"**No obstante, un alto consumo de internet no significa necesariamente que exista dependencia. Se vuelve crítico cuando comienza a hacer daño, cuando el niño no quiere ir a la escuela, cuando va dejando de lado sus contactos sociales.**"* También de manera similar a la adicción a las drogas, el internet y el teléfono celular han creado dependencia (aunque no química) en las personas. Cita Wolfgang Dau, psicólogo de la Sección para Dependencia y Psicoterapia de la Clínica LVR de Bonn, que los afectados buscan en la red una satisfacción que no encuentran en el plano de la realidad y cita: *"**Es característico que los seres depresivos se escondan tras el internet y que a partir de allí se desarrolle la dependencia.**"* Este pensamiento de Albert Einstein, cita algo muy interesante: *"**Temo el día en que la tecnología sobrepase nuestra humanidad, el mundo entonces tendrá una generación de idiotas.**"* Otro factor importante que vemos a diario en el mundo en que vivimos es que todos tienen derechos, pero nadie tiene obligaciones. Ya se olvido el dicho que dice: *"**donde terminan tus derechos comienzan los del otro.**"* Todos quieren disfrutar, pero luego no quieren afrontar y menos reconocer aceptar las consecuencias de sus actos. Muchos se indignan por el maltrato y la muerte de un animal, (quede claro que **no apoyo** el maltrato a los animales, porque los amo), pero ignoran los millones de vidas sacrificadas por el aborto, quitándoles el derecho a vivir. Ignoran que millones de niños y adultos mueren de hambre en África y otras partes del mundo.

El 22 de enero de 1973, comienza la historia la legalizaciòn del aborto: La Corte Suprema de los Estados Unidos (7 a favor y 2 en contra) declaró el *"derecho privado"* de la mujer a abortar. Desde 1980 han sido masacrados un trillón y medio bebés en el mundo. Desde entonces han habido 61 millones de abortos en Estados Unidos ("Caso Roe Contra Wade," Wikipedia, la Enciclopedia Libre). Esto se ha convertido en una nueva manera moderna de sacrificar los niños al antiguo dios Moloc, nombrado anteriormente (Ezequiel 15:37-38). Moloc era el dios de los cananeos, al cual le sacrificaban niños, especialmente bebés, y vemos que en pleno siglo XXI, continua el sacrificio de niños. Mira esto con tu mente espiritual, porque nuestra lucha no es contra carne ni sangre.

Cita Mohandas Karamchand Gandhi: *"Me parece tan claro como el día, que el aborto es un crimen."* Cierto, el aborto no es un derecho, es un crimen aunque declaren que es legal. Cita de Ronald Reagan: *"El aborto es defendido solo por personas que han nacido"*. Además, es muy interesante escuchar la reflexión de la periodista Karen Ahued:

"Cualquier país que acepte el aborto no está enseñando a su gente amar sino a usar la violencia para conseguir lo que quiere. Por eso es el mayor destructor del amor y de la paz. Si una madre puede matar a su propio hijo en su seno, que impedirá que nos matemos. Con el aborto de madres, aprenden a vivir en una cultura del envase y que desprecia el contenido. Esa es la tendencia actual aunque que solo los peces muertos siguen la corriente. En palabras de Chesterton, en cada época le salva una puñada de hombres que tienen el coraje de ser inactuales. La dignidad de una persona no depende de la etapa de vida que se encuentre. Como está escrito: *Antes que yo te tomara en el seno materno y te formara, te conocí, y antes que nacieras te consagré, te puse por profeta antes las naciones."*

También el Padre Gabriel Vila Verde cita: "Vivimos en una época complicada. Quieren que los sacerdotes se casen y que los casados se divorcien. Quieren que los héteros se unan sin casarse y que los homosexuales se casen en la Iglesia. Quieren que las mujeres se vistan como hombres, y los hombres como las mujeres. No hay plaza para los enfermos en los hospitales, pero hay incentivo y patrocinio para quien quiere hacer cambio de sexo y abortar. Estar a favor de la religión es dictadura, pero orinar sobre los crucifijos es libertad de expresión. Si esto no es el fin de los tiempos, debe ser el ensayo." Información tomada del web católico: http://.es/2017/07/la-epoca nos-ha-tocado-vivir/.

Este es el mundo complejo en que vivimos, donde el Sistema que predomina utiliza el control mental masivo que te lleva a la superficiabilidad, a la fragmentación (se rompe el orden social, los medios de comunicación es la herramienta más usada por el Sistema para la manipulación de las masas, donde el 68% de las enfermedades están relacionadas con la comida que consumimos (alimentos que contienen altas dosis de glutamato monosódico, triclosán, fenilalanina, aspertame, fluoruro de sodio, gluten, y cientos de otros químicos). Y es que crean enfermedades para vender medicamentos, y el porciento de muertes a causa de los medicamentos es mayor que el porciento de muerte por enfermedad. Su objetivo es transformarnos en enfermos, en consumidores de medicamento; mientras sus bolsillos se llenan. Vivimos en un mundo donde la libertad y la privacidad están desapareciendo, donde la publicidad y la propaganda es la orden del día. ¿Qué estamos viendo mi gente, ausencia de Dios? Un mundo donde a lo bueno le llaman malo y a lo malo le llaman bueno. Isaías 5:20-21 cita: "¡Ay de los que a lo malo llaman bueno y a lo bueno malo, que ponen la luz como tinieblas y las tinieblas como luz, que consideran lo amargo como dulce y lo dulce como amargo! ¡Ay de los sabios en su propia opinión, y de los prudentes según ellos mismos! ¡Rechazemos esas mentiras diabólicas, o seremos presas de sus engaños! La astucia del maligno es la misma que uso para engañar a Eva en el pasado, y todavía anda buscando a quien engañar. Aunque muchos todavía quieren ignorar que él aún anda suelto por ahí y *opera en los hijos de desobedeiencia* (Efesios 2:2). La Palabra de Dios cita: "Si Jehová no edificare la casa, en vano trabajan los que la edifican" (Salmo 127:1).

Dios le ordenó al pueblo de Israel en Deuteronomio 66:7, "Estas palabras que yo te mando hoy, estarán sobre tu corazón. Se las repetirás a tu hijos, y les hablarás de ellas estando en tu casa y andando por el camino, al acostarte y cuando te levantes." Personalmente creo que si buscamos la verdadera causa de todo lo que ocurre en este mundo en que vivivmos, encontraremos una sola respuesta: "ausencia del único Dios verdadero, ignorarlo, rechazar su gobierno y violar sus mandamientos, el resultado es maldición" (Deuteronomio 28:15). Pablo citó en Efesios 5:13;15-17 "…porque la luz es lo que hace que todo sea visible. Por eso se dice: "Así que tengan cuidado de su manera de vivir. No vivan como necios, sino como sabios, aprovechando al máximo cada momento oportuno porque los días son malos. Por tanto, no sean insensatos, sino entiendan cuál es la voluntad del Señor" (NVI).

El mundo en que vivimos se caracteriza por el cambio, y todo cambio implica un reto que a su vez trae miedo. ¡Y es que son tan evidentes las contradicciones que nos rodean! Hay un pensamiento anónimo que cita: *"Las personas fueron creadas para ser amadas y las cosas fueron creadas para ser usadas. La razón por la que el mundo está en caos, es porque las cosas están siendo amadas y las personas están siendo usadas."* Y te preguntarás: ¿Qué le está pasando a este mundo? ¿Cómo voy a enfrentar este mundo en caos? ¿Qué hago ante esta situación? ¿Cómo puedo ayudar? Hay un dicho popular que dice: *"El miedo paraliza, pero la verdad moviliza."* Albert Einstein uno de los padres de la ciencia citó: *"El Mundo no será destruido por aquellos que hacen el mal sino por los que miran y no hacen nada."* Porque somos responsables de lo que hacemos hacemos, y de lo que no hacemos. Ante estos datos, ¿sería mejor ignorar lo que está mal, y centrarnos sólo en lo positivo? ¿Sería ésta la actitud correcta que debemos tomar al afrontar esta situación? Indudablemente, no podemos ignorar lo que está mal y centrarnos sólo en lo positivo porque nos afecta a todos, pero es importante entender que nuestra vida no se puede regir por estados de ánimo y emociones que desata la crisis social en la cual vivimos, este es el tiempo en que nos ha tocado vivir. Estoy de acuerdo con esta cita de Gandalf, (frases de El Señor de los Anillos). *"No podemos elegir los tiempos en que nos toca vivir. Lo único que podemos hacer es decidir qué hacer con el tiempo que se nos ha dado."* Ante esta aseveración nos tenemos que preguntar: ¿Estoy aprovechando bien el tiempo que el Señor me ha dado aquí en la tierra, para alcanzar el propósito eterno, por el cual fui creado y lograr alcanzar mi destino, en mi Padre Eterno?

El rey David al igual que nosotros experimentó momentos cruciales en su vida, y exclamó *"Mi espíritu se angustió dentro de mí; está desolado mi corazón"* (Salmo 143:4). Pero él se acordó de que Dios siempre estuvo presente en cada uno de esos momentos cruciales por los que él pasó; ésto lo animaba y aumentaba su fe. Lo primero que nosotros debemos hacer es enfrentar nuestros temores, enfrentar el miedo, y confiar absolutamente en nuestro Dios, al igual que David. Sabemos que nuestra lucha no es contra carne ni sangre sino contra el espíritu de temor que se ha desatado en el mundo; somos el pueblo de Dios y el Espíritu Santo mora en nosotros, por lo tanto, no podemos permitir que el espíritu de temor, o de depresión, o de lo que sea controle nuestra vida, porque donde mora el espíritu de Dios, allí hay libertad (2 Corintios 3:17). Este estado anímico nos roba el gozo del Señor, no olvidemos que Él ha prometido que estará con nosotros siempre y que Su gozo será nuestra fortaleza. Cada uno de nosotros puede aportar algo para transformar este mundo en un lugar mejor. Como cristianos debemos ser la luz en medio de las tinieblas, y ser la respuesta a los problemas de nuestra sociedad, pero ello implica enfrentar cara a cara todo lo que está mal en nuestra sociedad y tomar la decisión de ser la diferencia. No podemos estar indiferentes ante lo que estamos viendo, porque silenciosamente estamos apoyando la injusticia. Tenemos el ejemplo de muchos profetas, pero en especial Jeremías, el cual pasó años exhortando al pueblo de Judá a arrepentirse y volverse al Dios verdadero. No sabemos cuantos de ellos se arrepintieron y se volvieron al Señor. Muchos se levantaron contra Jeremías, pero él no cedía y más crecía su valor, y se mantenía firme en la confianza a su Dios. Este pensamiento de Ken Follet, nos revela otra gran verdad: *"Los miembros de esta generación tendremos que lamentarnos no solo por las palabras y los actos odiosos de las malas personas, sino por los clamorosos silencios de las buenas."*

Si observamos detenidamente, podemos deducir que todo lo que estamos viendo que está ocurriendo actualmente en el mundo (sistemas) es un ataque dirigido específicamente a la mente del ser humano. Ellos quieren que te adaptes a ellos y pienses y aceptes lo que ellos dicen, y modelan. Es por lo que vemos este ataque en contra de nuestros niños, para poder manipular sus mentes. Exactamente es la misma estrategia que utilizó el diablo en el Edén con Eva, su enfoque fue hacerla dudar, y confundirla. Nosotros como pueblo de Dios, no podemos ignorar lo que está sucediendo, tenemos que combatir esta falsa información con las armas que nos han sido dadas. La Palabra de Dios. Solo la luz disipa las tinieblas. Y es que en medio de este mundo que nos ha tocado vivir, tanto el humanismo, como el existencialismo definen al individuo como un ser libre, totalmente responsable de sus actos, sin la presencia de una fuerza superior que pudiera determinarle su manera de pensar y de actuar, y donde ambas filosofías, rechazan la existencia de un Ser Supremo (porque éstas son las que imperan en este siglo, y gobiernan los pensamientos del hombre), por lo que es muy importante que podamos mantenernos irreprensibles y sencillos, **como hijos de Dios**, sin mancha en medio de una generación maligna y perversa, en medio de la cual resplandezcamos como luminares en este mundo (Filipenses 2:15). La Palabra declara: *"Porque he aquí que tinieblas cubrirán la tierra, y oscuridad las naciones; mas sobre ti amanecerá Jehová, y sobre ti será vista su gloria"* (Isaías 60:2). La maldad sin freno es una señal evidente de "los últimos días" (2 Timoteo 3:1-5). Si queremos vivir irreprensibles tenemos que guardar nuestro corazón y obedecer la Palabra, agradando a nuestro Dios antes que a los hombres. Y debemos ser como el armiño. El *"Armiño"* un animalito cuya piel es blanca, muy suave, y delicada. Además muy cotizada y valiosa. El color del armiño, en verano es pardo-marrón con el vientre blanco, y llegando el invierno se va blanqueando y acaba completamente blanco, menos la punta de la cola que es negra durante todo el tiempo, ésto le permite en una nevada pasar desapercibido para los otros depredadores enemigos. La piel de este animalito es usada para confeccionar prendas finas de vestir, algunas de piel parda en verano y blanca en invierno (con lo cual no estoy de acuerdo). Una de las características que más me impresionó de este mamífero es su empeño por vivir limpio todo el tiempo. Él detesta cualquier suciedad en su cuerpo e inmediatamente limpia cualquier mancha que se le haya pegado en algún momento por lo cual evita el lodo o cualquier suciedad. ¿Qué hacen los cazadores? Los cazadores conocen esta debilidad del animalito, y durante el día, mientras los armiños están buscando su alimento, ellos ensucian sus madrigueras con lodo y cuando los armiños vuelven a ellas en las noches prefieren quedarse afuera de ellas con tal de no ensuciarse, pero entonces los cazadores sueltan a los feroces perros de caza, y el armiño se encuentra en una encrucijada, o se ensucia con el lodo para poder entrar a la madriguera y salvar su vida o se enfrenta a los perros, lo cual es una muerte segura. Pero, el armiño corre rápidamente a su guarida, y cuando ve que la entrada esta llena de barro, se detiene y se hace una bolita, de tal manera que el cazador lo atrapa con facilidad. El armiño prefiere morir antes que ensuciarse, porque para él, la estima es más que la libertad y la vida.

Algo de este bello mamífero deberíamos aprender cada uno de nosotros, antes de caer en la corriente del mundo, es preferible que muramos al pecado y seamos irreprensibles. El Armiño es un animal que nos deja una gran enseñanza moral sobre la importancia de la "Santidad," lo que del griego significa '**Hagios**' o sea 'separado', 'puesto aparte'. ¿Estarías dispuesto a enfrentarte a los perros de caza con tal de no manchar tu vida con el pecado? Si este es el tiempo que nos ha tocado vivir, entonces debemos tomar la responsabilidad del llamado que tenemos como hijos de Dios, y marcar una diferencia en este tiempo. Hoy Dios te dice: "***Despiértate, tú que duermes, y levántate de los muertos, y te alumbrará Cristo***" (Efesios 5:14). Pablo lo dijo muy claramente: "***No se amolden*** (no imiten las conductas, ni las costumbres) *al mundo actual, sino sean transformados mediante la renovación de su mente*" (Romanos 12:2 (NVI)). Hoy día la gente corre de aquí para allá, pero sin rumbo fijo y sin ninguna meta. Así mismo se lo profetizó el Arcangel Gabriel a Daniel: "***Pero tú, Daniel, cierra las palabras y sella el libro hasta el tiempo del fin. Muchos correrán de aquí para allá, y la ciencia se aumentará***" (Daniel 12:4). La gente no saben lo que quieren, pero si saben que quieren o necesitan algo, porque están vacíos. Ellos viven el ahora, el presente, no tienen planes, siguen en la busqueda de algo que los satisfaga interiormente, todo lo que logran los llena en el momento, pero luego siguen vacíos. ¿Qué buscan fuera de ellos que los sacie? Nosotros que lo hemos encontrado, sabemos que es lo único que va a saciar esa sed en ellos. Hace siglos el pueblo de Israel buscaba calmar su sed en el sitio equivocado, por lo que el profeta Jeremías les dijo de parte de Dios: "***Porque dos males ha hecho mi pueblo: me dejaron a mí, fuente de agua viva***, y cavaron para sí cisternas,

cisternas rotas que no retienen agua" (Jeremías 2:13).

Cuando Dios hizo los cielos y la tierra aún no había ningún arbusto del campo sobre la tierra, ni había brotado la hierba, porque Él todavía no había hecho llover sobre la tierra, ni existía el hombre para que la cultivara. Pero, salía de la tierra un manantial que regaba toda la superficie del suelo. Del Edén nacía un río que **regaba el jardín**, y desde allí se dividía en cuatro ríos menores (Génesis 2:4-6,10). Sabemos que sin agua es imposible la vida física, y es sumamente importante para la limpieza externa, el agua, al igual que la vida espiritual, sin Cristo en nosotros es imposible. La Biblia utiliza muchas figuras rétoricas o literarias para presentar significados simbólicos, por lo cual los profetas hablaban en poesía, en figuras y símbolos. En el libro de Juan, leemos que Jesús empleó un elemento físico para enseñar una verdad espiritual a la mujer samaritana. No le estaba ofreciendo sólo 'agua', le estaba ofreciendo la vida eterna (agua viva), porque usó el agua como una metáfora (comparación). Y le dijo: "… el que beba del agua que yo le daré, no volverá a tener sed jamás, sino que dentro de él esa agua se convertirá en un manantial del que brotará **vida eterna**" (Juan 4:14). En el último día de la fiesta de los Tabernáculos Jesús se mostró al pueblo como el *"Agua de Vida"*. "Si alguno tiene sed, venga a mí y beba. *El que cree en mí, como dice la Escritura, de su interior correrán ríos de agua viva"* (Juan 7:38). Jesús se refería al Espíritu (vivificado que surgiría en ellos) que sería enviado. También en Juan 6:35, se reveló como el pan de vida, y les habló a la multitud que lo seguió a Capernaúm y les dijo: "Yo soy el pan de vida; el que a mí viene, no tendrá hambre; y el que en mí cree, no tendrá sed jamás." Y se comparó con el maná del desierto enviado al pueblo de Israel: "…porque el pan de Dios es aquel que descendio del Cielo y da vida al mundo" (Juan 6:33). Jesús les dijo: *"Ninguno puede venir a mí, si el Padre que me envió no lo trajere; y yo lo resucitaré en el día postrero"* (Juan 6:44). David decía: "Como el ciervo brama por las corrientes de las aguas, así clama por ti, oh Dios, el alma mía" (Salmo 42:1). Dios, hacía la invitación al pueblo de Israel: "A todos los sedientos, venid a las aguas; y a los que no tienen dinero, venid, comprad, y comed. Venid, comprad sin dinero y sin precio, vino y leche" (Isaías 55:1).

Como diría mi hija, ¡Wow! Mira esta promesa: "Porque yo derramaré aguas sobre el sequedal, y ríos sobre la tierra árida; mi Espíritu derramaré sobre tu generación y mi bendición sobre tus renuevos" (Isaías 44:3). "Y serás como huerto de riego, y como manantial de aguas, cuyas aguas nunca faltarán" (Isaías 58:11). Esta plenitud (pleroma en griego) interior, solo sería posible por medio del Espíritu Santo que vendría a morar en ellos. El pueblo de Israel no lo entendió, y hoy nosotros tenemos el privilegio, por la gracia de Dios de entenderlo y tenerlo. Ya hemos recibido esa agua, el Espíritu Santo, dentro de nosotros; y la naturaleza divina que perdimos al pecar nos fue devuelta al Cristo poner en nosotros su espíritu vivificante (nos devolvió la vida espiritual). Al Cristo revelarse en nosotros, comenzamos a entender, somos confrontados, nuestra verdadera identidad es revelada, luego tenemos hambre de Su Palabra, anhelamos caminar en el Espíritu, fluir en los frutos del Espíritu y separarnos para Él, lo cual significa **santidad**. Hebreos 12:14; 1 Pedro 1:16 citan: *"Seguid la paz con todos y la santidad, sin la cual nadie verá al Señor."* A medida que Dios, derrama sobre nosotros esta agua viva, que es la llenura, el pleroma del Espíritu, tendremos mayor revelación, nuestra mente será renovada, aumentará el conocimiento, seremos transformados como de gloria en gloria y Cristo se irá formando en nosotros. A la mujer samaritana le sorprendió que Jesús le mostrara cual era su realidad (su pecado), *pero así, le fue revelado que Él era el Mesías prometido, el Ungido, el Cristo,* la **Verdad**. Continuamente, hemos estado buscando fuera de nosotros lo que nos podría llenar y satisfacer, pero solo en *Cristo* está eso que buscamos, que no es otra cosa que ese deseo de lo eterno, algo que permanezca para siempre y que no sea efímero (proviene de un vocablo griego que significa "de un día," aquello breve o pasajero). Tú eres Su diseño original, eres único, creado a Su imágen y semejanza, eres partícipe de Su naturaleza divina. Él puso dentro de ti algo suyo, la "eternidad." Sabemos que formamos parte de algo mayor que nosotros y consciente o inconscientemente anhelamos la eternidad. Nada nos llena completamente, siempre buscamos algo que complete ese vacío dentro de nosotros. Él es 'eterno' (esta palabra aparece más de 400 veces en la biblia). *"Él ha hecho todo apropiado a su tiempo; también ha puesto la eternidad en sus corazones; sin embargo, el hombre no descubre la obra que Dios ha hecho desde el principio hasta el fin* (Eclesiastés 3:11). El hombre que está separado de su Creador, tiene ojos y no ve, oídos y no oye. Nuestro Eterno Dios hizo todo apropiado a su tiempo, por eso Su plan de salvación es perfecto. Envió a Su Hijo Unigénito por nosotros. Pablo señala: "Precisamente por eso Dios fue misericordioso conmigo, a fin de que en mí, el peor de los pecadores, pudiera Cristo Jesús mostrar su infinita bondad. Así vengo a ser ejemplo para los que, creyendo en él, recibirán la **vida eterna**" (1 Timoteo 1:16, NVI). "Porque la paga del pecado es muerte, mientras que la dádiva de Dios es vida eterna en Cristo Jesús, nuestro Señor" (Romanos 6:23). Y testifica: "Y el testimonio es este: que *Dios nos ha dado vida eterna, y esa vida está en su Hijo*;" "Les escribo estas cosas a ustedes que creen en el nombre del Hijo de Dios, *para que sepan que tienen vida eterna*" (1 Juan 5:11;13, NVI). Y esta es la *vida eterna*: que te conozcan a ti, el único Dios verdadero, y a Jesucristo, a quien has enviado (Juan 17:3, NVI). Para que así como el pecado reinó para muerte, así también la gracia reine para la justicia para vida eterna mediante Jesucristo, Señor nuestro (Romanos 5:21). ¿En qué consiste la vida eterna? Consiste en el cumplimiento del Pacto Eterno en nosotros, en el propósito eterno de Dios, recuperar la posición que disfrutabamos antes de la caída de Adán y Eva. Efesios 1:11; 3:11 cita: "En él asimismo tuvimos *herencia*, habiendo sido *predestinados conforme al propósito del que hace todas las cosas según el designio de su voluntad. Conforme al PROPÓSITO ETERNO que hizo en Cristo Jesús.*". "Y esta es la vida eterna: *que te conozcan a ti, el único Dios verdadero, y a Jesucristo, a quien has enviado.*" La palabra "*conocer* "viene del latín '**gnosere**'. Compuesta del prefijo '**con**' que significa '**todo**' y del verbo (**g)nosere** que significa *saber o conocer*, o sea, conocer profundamente algo con experiencia directa, una relación personal completa. Aquí Jesús nos revela la vida eterna: tener conocimiento de Dios y de su Hijo, sólo en el Padre está la vida eterna, tienes a Cristo, tienes la vida eterna. Conoces a Cristo, conoces al Padre, porque ellos UNO SON. "Paraque todos sean uno; como tú, oh Padre, en mí y yo en ti, que también ellos sean uno en nosotros; para que el mundo crea que tú me enviaste". Jesús dijo: "El que me ha visto a mí, ha visto al Padre. Si me conocieseis, también a mi Padre conoceríais; y desde ahora le conocéis, y le habéis visto" (Juan 14:7, 17:21). Jesús le dijo: ¿Tanto tiempo he estado con vosotros, y todavía no me conoces, Felipe? El que me ha visto a mí, ha visto al Padre; ¿cómo dices tú: "Muéstranos al Padre"?

Desafíos y retos de la fe Cristiana

Lo primero que me debo preguntar es: ¿con quién es mi compromiso en un mundo "sin compromiso", ante un mundo indiferente? Tristemente, este pensamiento ya a invadido a las comunidades cristianas, y podemos ver a muchos cristianos sin compromiso. La palabra *'compromiso'* encierra un gran significado, definámosla primero. De acuerdo al Diccionario Larousse, ésta se deriva del término latino *"compromissum"* y se utiliza para describir una obligación contraída por medio de acuerdo, promesa o contrato. Por ejemplo: *"Mañana a las tres de la tarde paso por ti* (compromiso verbal). En ocasiones, un compromiso es una **promesa** o una declaración de principio como cuando un político afirma: *"Mi compromiso es con el pueblo"*, y se olvida. Abraham Lincoln citó: *"El compromiso es lo que convierte una promesa en realidad."* Nunca prometas más de lo que puedas llevar a cabo. Para simplificar el término diremos que se trata de un acuerdo que hace entre dos o más personas, o sea, es una obligación contraída, como por ejemplo: el matrimonio.

Es un compromiso ligado a la fe es el pacto que Dios hizo con Abraham, cuando le prometió que haría de él una gran nación, y que en él serían benditas todas las familias de la tierra, y se multiplicaría su descendencia y les daría la tierra de Canaán en heredad. Estas palabras implican más bien un compromiso formal en forma de pacto o alianza, que está basado en una relación. Luego, Pablo lo describe así: "En aquel tiempo *estabais sin Cristo,* alejados de la ciudadanía de Israel, y *ajenos a los pactos de la promesa, sin* mandó para *mil generaciones;* del pacto que concertó con Abraham, y de su juramento a Isaac; el cual confirmó a Jacob por estatuto (decreto), y a *Israel por pacto sempiterno* (perpetuo, se extenderá por siempre), diciendo: "A ti te daré la tierra de Canaán, porción de vuestra mandó para *mil generaciones;* del pacto que concertó con Abraham, y de su juramento a Isaac; el cual confirmó a Jacob por estatuto (decreto), y a *Israel por pacto sempiterno*(perpetuo, se extenderá por siempre), diciendo: "A ti te daré la tierra de Canaán, porción de vuestra heredad" (1 Crónicas 16:18). Por lo tanto, un "**compromiso**" es un término que debemos tener muy claro en nuestra mente, entendiendo que su significado conlleva un alto grado de responsabilidad. Cuando el compromiso se fundamenta en las cosas equivocadas, sólo tendremos malos resultados o resultados equivocados, pero si se fundamenta en principios basados en la fe y la verdad, vamos a ser bendecidos. El mundo debería recibir el impacto de nuestro compromiso con nuestro Dios. Un creyente comprometido dará testimonio siempre, sin compromiso no hay impacto. Si amas, si sientes pertinencia (aquello que pertenece a alguien) por el lugar donde te congregas vas a comprometerte para ver su impacto o sus frutos. Miren esta gran verdad que dijo Howard Schultz:

"Cuando estás rodeado de personas que comparten un compromiso apasionado en torno a un propósito común, todo es posible."

Jean-Paul Sartre citó: "El compromiso es un acto, no una palabra."

Mack R. Douglas dijo: "El logro de tu meta está asegurada en el momento en que te comprometes con ella."

Yo afirmo: ¡Es algo más que ocupar un lugar en las bancas! Cuando nos comprometemos es porque conocemos las condiciones que estamos aceptando y las obligaciones que éstas conllevan.

El gran desafío para la iglesia del siglo XXI

El gran desafío para la iglesia del siglo XXI tiene que estar centrado en Cristo, en la **Verdad Presente**, centrado en la supremacía de Cristo: "Él es la imagen del Dios invisible, el primogénito de toda creación. Porque en Él fueron creadas todas las cosas, tanto en los cielos como en la tierra, visibles e invisibles; ya sean tronos o dominios o poderes o autoridades; todo ha sido creado por medio de Él y para Él. Y Él es antes de todas las cosas, y en Él todas las cosas permanecen. Él es también la cabeza del cuerpo que es la iglesia; y Él es el principio, el primogénito de entre los muertos, a fin de que Él tenga en todo la primacía. Porque agradó al Padre que en Él habitara toda la plenitud.: El apóstol Pablo, inspirado por el Espíritu de Dios, nos dice: "Porque nadie puede poner otro fundamento que el que está puesto, el cual es Jesucristo" (1 Corintios 3:11).

Esta generación sufre una crisis de identidad, no saben quienes son, ni conocen el propósito eterno de Dios para sus vidas. La iglesia tiene que ser fiel a Dios antes que al hombre y exponer la Palabra en toda su plenitud. Pero el mayor desafío es evangelizar con la **Verdad**, con una palabra no adulterada. Dios nos invita a comprometernos con su visión de transformar el mundo, y manifestar Su Reino. Y ante todo, ayudar al hombre a encontrarse con su ser mismo, que descubra su verdadera identidad. Esta es la raíz de todo lo que nosotros estamos viendo hoy, aunque desde la caída del hombre éste ha sido siempre el fin del enemigo, distorcionar la identidad del hombre y el concepto de la imagen de Dios. El hombre natural busca fuera de sí mismo lo que necesita para saber quién es y porqué fue creado. Ellos necesitan conocer al verdadero Dios, al Creador del diseño original, ésto es lo único que puede detener esta avalancha de influencias diabololicas que amenazan con destruir todo lo que es santo; pero sabemos que no pueden porque hay un remanente fiel, y es promesa de Dios. ¡Quieren destruir el diseño original creado por Dios, el hombre! "Ahora bien, ¿cómo invocarán a aquel en quien no han creído? ¿Y cómo creerán en aquel de quien no han oído? ¿Y cómo oirán sin haber quien les predique? (Romanos 10:14). ¿Y cómo predicarán si no fueren enviados?

A nosotros nos ha sido entregado **el ministerio de la reconciliación**, hemos sido posicionados como ministros competentes del Nuevo Pacto, por lo tanto, no tenemos excusa. Originalmente la Iglesia, el cuerpo de Cristo se organizó para ser un "Cuerpo de reformadores," una Iglesia de 'Conquistadores.' La fe cristiana siempre ha estado en conflicto con la cultura y la sociedad de su tiempo. Por lo que enfrentamos un reto, el de la obediencia total y un compromiso total. Ademàs, un desafío conlleva pagar un precio, así lo entendieron los pimeros fieles seguidores de Cristo. En cierta ocasión Pedro y Juan hablaban ante el pueblo, cuando vinieron los sacerdotes con el jefe de la guardia del templo y los saduceos para prohibirles que hablaran de Jesús, ellos respondieron: "*Juzgad si es justo delante de Dios obedecer a vosotros antes que a Dios; porque no podemos dejar de decir los que hemos visto y oído*" (Hechos 4:19). ¡Atrévete a ser diferente a lo que el mundo espera de ti, no tengas miedo de que otros no lo entiendan, tu modelo es Cristo! Un desafío es una oportunidad para ser fiel a Dios ante que a los hombres. Como Pablo señala, no te amoldes al mundo actual, no seas influenciado por mentes torcidas que no conocen ni temen a nuestro Dios. Seamos punta de lanza, pues Dios nos ha llamado para marcar diferencias, para romper esquemas, paradigmas, y sobre todo, impactar a todos los que están en nuestro círculo de influencia. Los discípulos de Jesús prefirieron el martirio antes de claudicar sobre su fe y sus valores espirituales. Si la Iglesia ha de producir un cambio social y espiritual al mundo, esa iglesia ha de estar saturada del Espíritu Santo y de la Palabra de Dios, una Iglesia con una mente renovada en la *"Verdad Presente"*. Se necesita uno que decida obedecer al llamado, uno que predique, uno que testifique, y uno que sea testimonio vivo de lo que dice y hace, ¡uno que se atreva! ¿Acaso, quieres ser tú ese "UNO"? Si tú eres la "Ekklesia" o sea Iglesia, debes ser una 'Generación Conquistadora', la fe, necesita acción: *"Pelea la buena batalla de la fe; haz tuya la vida eterna*, a la que fuiste llamado y por la cual hiciste aquella admirable declaración de fe delante de muchos testigos" (I Timoteo 6:12).

Jesús dijo que los enviados suyos irían a proclamar el evangelio "como ovejas en medios de lobos": *"He aquí, yo os envío como a ovejas en medio de lobos; sed, pues, prudentes como serpientes* (ser cautelosos, cuidadosos, atentos ante cualquier acecho, alertas ante cualquier amenaza), y *sencillos como palomas"* (Mateo 10:16). "Volvió, pues, Jesús a decirles: De cierto, de cierto os digo: Yo soy la puerta de las ovejas. Todos los que antes de mí vinieron, ladrones son y salteadores; pero no los oyeron las ovejas. Yo soy la puerta; el que por mí entrare, será salvo; y entrará, y saldrá, y hallará pastos. El ladrón no viene sino para hurtar, matar y destruir; yo he venido para que tengan vida, y para que la tengan en abundancia. *Yo soy el buen pastor, el buen pastor su vida da por las ovejas.* Mas el asalariado, y que no es el pastor, de quien no son propias las ovejas, ve venir al lobo deja las ovejas y huye, y el lobo arrebata las ovejas y las dispersa. Así que el asalariado huye, porque es asalariado, y no le importan las ovejas, pero Jesús dice: "Yo soy el buen pastor; y conozco mis ovejas, y las mías me conocen, así como el Padre me conoce, y yo conozco al Padre; y pongo mi vida por las ovejas" (Juan 10:7-11).

En este mundo, encontramos tres tipos de personas, y las vamos a comparar con tres tipos de animales que también encontramos en el mundo, estas son: **la oveja**, **el lobo** y **el perro pastor**. Veamos estas frases de la película "El francotirador": *"Algunos prefieren creer que el mal no existe en el mundo, y si alguna vez llamara a su puerta no sabrían protegerse*, esas son las **ovejas**. Según el artículo de José Nuñez Diéguez, cuidador de ovejas, señala que las ovejas son mansas, sociables, son torpes, tercas y caprichosas, saben un único truco: ir en manada; no tienen armas defensivas ni ofensivas. También están los depredadores que utilizan la violencia para alimentarse (abusar) del débil, esos son los **lobos**. Este es un animal altamente depredador y voraz; es también organizado, estratega, disciplinado y sumamente competitivo. Y luego están los que han sido bendecidos con el don de la agresión y la imperiosa necesidad de proteger al rebaño, esos hombres son esa raza rara que vive para enfrentarse al lobo, son los **perros pastores**." Y es que estando las ovejas en medio de este mundo tan hostil, necesitan un buen pastor que las guíe en la Verdad. Pablo advirtió del peligro de los lobos en medio de las ovejas: *"Porque yo sé que después de mi partida entrarán en medio de vosotros lobos rapaces, que no perdonarán al rebaño. Y de vosotros mismos se levantarán hombres que hablen cosas perversas para arrastrar tras sí a los discípulos"* (Hechos 20:29-30).

Sabemos que el mundo es representado metafóricamente como Babilonia. La palabra *"Babilonia"* se deriva de *'Babel'* y significa *'confusión'*. Así está el mundo, donde predomina la corrupción, la confusión, y la opresión. A Babilonia se le llamaba "la tierra de Nimrod", la cual fue construida para alcanzar el cielo (habitación de Dios), el paraíso y la vida eterna, ésto según Nimrod, quien fue el que construyó la 'Torre de Babel', ubicada en Babilonia. En Apocalipsis encontramos esta frase: *¡Salid de ella, pueblo mío!* (Isaías 48:20; Jeremías 51:45; Apocalipsis 18:4). Salid de este mundo cargado de maldad, iniquidad, donde aman más las tinieblas que la luz. Pablo nos exhorta en la Palabra, a que no nos adaptemos (no nos conformemos) a este mundo, sino que seamos transformados mediante la renovación de nuestra mente, para que verifiquemos cuál es la voluntad de Dios, la cual es buena, agradable y perfecta. Abraham vivió en la ciudad "Ur de los caldeos" (Génesis 11:31), a pesar de que él era de la descendencia de Sem (Génesis 11:10-6), y se le conocía como Abraham, el hebreo (Génesis 14:313). Así que los caldeos eran los babilónicos. Ur era una de las ciudades del reino de Babilonia, lugar donde Nimrod levantó la torre de Babel. Cuando Dios llamó a Abraham lo primero que le dijo fue: *"Vete de tu tierra, de donde naciste, y de la casa de tu padre, a la tierra que yo te mostraré"* (Génesis 12:1, versión Peshitta). Él nació en Ur, y salió de Ur, y le mostró dos cosas a Dios: fe y obediencia, no preguntó, sólo obedeció. Isaías declara: "Oídme, los que seguís la justicia, los que buscáis a Jehová. Mirad a la piedra (roca) de donde fuisteis cortados, y al hueco de la cantera de donde fuisteis arrancados (extraídos). Mirad a Abraham, vuestro padre … (Isaías 51:1-4). Y de su simiente salió la ley y la justicia, Cristo (v.4) y Dios le prometió restaurar a Sión (v.3; y el capítulo 52). Salvación que alcanzaría hasta los confines de la tierra (v.5). A nosotros se nos ha dicho, lo mismo que se le dijo a Abraham: *¡Salid de ella, pueblo mío!* (Isaías 48:20; Jeremías 51:45; Apocalipsis 18:4). Babilonia, representa los **sistemas del mundo**. Mundo = Cosmo = Sistemas. Cuando me refiero al mundo estoy hablando del ordén o Sistema por el cual se rige un pueblo, es todo aquello que se opone a Dios. Ellos viven según su propio sistema de vida, el que ellos han implantado, sacando a Dios de su centro. La característica más importante de tal Sistema es gobernarse a sí mismo sin depender absolutamente de Dios. La corriente de este mundo está dirigida por el enemigo (Efesios 2:2). Y es que vivimos en un mundo caído, porque el pecado del primer Adán, convirtió el *"Paraíso"* creado por Dios, en este mundo en que vivimos hoy. 1 Juan 5:19, lo confirma cuando dice que somos de Dios, y que el mundo entero está bajo el maligno. Mas nosotros hemos sido librados del presente siglo por medio del sacrificio de Cristo, para que seamos diferentes del mundo, e influenciemos este mundo.

Pablo le escribe a Tito y le dice que Dios se ha manifestado para salvación a todos los hombres, enseñándoles a renunciar a la impiedad y a los deseos mundanos, para que así puedan vivir en este siglo sobria, justa, piadosamente (Tito 2:11-12). Y Juan pregunta: Porque ¿quién es el que vence al mundo, sino el que cree que Jesús es el Hijo de Dios? (1 Juan 5:5). Porque el mundo pasa, y sus deseos; pero el que hace la voluntad de Dios permanence para siempre (Juan 2:17). Porque todo el que ha nacido de Dios vence al mundo. Ésta es la victoria que vence al mundo: nuestra **fe** (1 Juan 5:4). Y puestos nuestros ojos en Jesús, quien es el autor y consumador de la fe (Hebreos

12:2). El cual se dio a sí mismo por nurestros pecados para librarnos del presente siglo malo, conforme a la voluntad de nuestyro Dios y Padre (Gálatas 1:4).

> "Pues su divino poder nos ha concedido todo cuanto concierne a la vida y a la piedad, mediante el verdadero conocimiento de aquel que nos llamó por su gloria y excelencia. Por medio de las cuales nos ha concedido sus preciosas y maravillosas promesas, **a fin de que por ellas lleguéis a ser participes de la naturaleza divina, habiendo escapado de la corrupción que hay en el mundo por causa de la concupiscencia**" (deseos de la carne) (2 Pedro 1:4, LBLA). Énfasis añadido.

Pues aunque vivimos en el mundo, no libramos batallas como lo hace el mundo (2 Corintios 10:13, NV). Y Santiago señala que nos **conservemos limpios de la corrupción del mundo** (Santiago 1:27, NVI). Y Juan nos dice: "No améis al mundo, ni las cosas que están en el mundo. Si alguno ama al mundo, el amor del Padre no está en él" (1 Juan 2:15). Pues, no pertenecemos al mundo, porque ahora tenemos una nueva vida en Cristo, hemos sido enseñados, conforme a la verdad que está en Él, por tanto tenemos que despojarnos del viejo hombre, y permitir ser renovados en el espíritu de nuestra mente, y vestirnos del nuevo hombre, el cual ha sido creado a imagen de Dios, en justicia, y santidad de la verdad (leer Efesios 4). Conformarnos al mundo nos constituye enemigos de Dios, según cita Santiago 4:4. El mundo no puede ver la verdad porque ellos caminan en tinieblas, pero a nosotros Cristo nos libró del dominio de la oscuridad y nos trasladó al reino de su amado Hijo, en quien tenemos redención, el perdón de los pecados (Colosenses 1:13-14). Y como dijo Jesús: "*Serán aborrecidos de todos por causa del mi Nombre, PERO EL QUE "PERSEVERE" HASTA EL FIN, ÉSE SERÁ SALVO*" (Mateo 10:22). "Si el mundo los aborrece, tengan presente que antes que a ustedes, me aborreció a mí. Si fueran del mundo, el mundo los querría como a los suyos. Pero ustedes no son del mundo, *sino que yo los he escogido de entre el mundo*. Por eso el mundo los aborrece" (Juan 15:18-19). Pablo aconsejaba a Tito, y le decía que se cuidara de no contaminarse con las costumbres paganas de Creta, una isla habitada por paganos y judaizantes (Tito 1:10-15). Oremos por los que viven conforme a a los sistemas del mundo, para que sean llenos del conocimiento de la voluntad de Dios, en toda sabiduría e inteligencia espiritual (Colosenses 1:9). Y nosotros, aunque parezcamos pequeños en un mundo tan inmenso, haremos la diferencia a medida que el carácter de Cristo se vaya desarrollando en nosotros. Pensemos que: *"**Mucha gente pequeña, en lugares pequeños, haciendo cosas pequeñas, puede cambiar el mundo**"* (Eduardo Galeano, Uruguay, 1940-2015. Periodista y escritor destacado de la literatura latinoamericana).

"Y harán un santuario para mí, y habitaré en medio de ellos."

Éxodo 25:8

Capítulo 11

El tabernáculo: Morada de Dios

Jesús le hablaba a la gente en "Parábolas," para que tuviera cumplimiento lo que fue dicho por medio del profeta: "*Abriré mi boca en parábolas*; *hablaré de cosas ocultas desde la fundación del mundo*" (Mateo 13:35, LBLA). Se dice que una parábola es una historia terrenal con un significado Celestial, y que es una figura retórica que consiste de una narración simbólica o alegórica en forma narrativa (Diccionario Vox). La parábola tiene un fin didáctico (una enseñanza) que se caracteriza por la expresión de conceptos espirituales. En griego es '*parabolé*' que significa la puesta de una cosa al lado de otra con el propósito de comparar (Vine, p. 269 # 3850). Jesús hablaba de los *misterios del reino de los cielos*, hablaba cosas que no se podían entender sin revelación del Padre. Él le hablaba al pueblo en parábolas, pero a sus discípulos les daba a conocer '*Misterios del Reino*', y les explicaba el significado de estas cosas (1 Corintios 2:9-13; Efesios 3:3-6). Los discípulos le preguntaron: ¿Por qué les hablas por parábolas? Él respondiendo, les dijo: "Porque a vosotros os he dado saber los misterios del reino de los cielos, mas a ellos no les es dado. Por eso les hablo por parábolas: porque viendo no ven, y oyendo no oyen, ni entienden." De manera que se cumple en ellos la profecía de Isaías (6:9), que dijo: "*Oíd bien, y no entendáis; ved por cierto, mas no comprendáis*" (Mateo 13:10-14). Hoy día pasa lo mismo con la gente, pero los que caminan en comunión (unión) con Él, a ellos le serán revelados estos misterios. ¿Cómo? Siendo "Transformado" por medio de la renovación de tu entendimiento." Tu mente debe ser renovada continuamente por el poder transformador de la Verdad. Pablo, nos dijo porque era necesaria esta renovación de la mente: "*… hacer entender a todos la realización del plan de Dios, el misterio que desde los tiempos eternos se mantuvo oculto en Dios, creador de todas las cosas. El fin de todo esto es que la sabiduría de Dios, en toda su diversidad, se dé a conocer ahora, por medio de la iglesia a los poderes y autoridades en las regiones celestiales…*" (Efesios 3:9, NVI). Este es el mensaje que tenemos que llevar a los "Sistemas del Mundo". Entendamos que *la tierra será llena del conocimiento de la gloria de Jehová*, como las aguas cubren el mar (Habacuc 2:14, Isaías 11:9).

Por orden de Dios, y bajo su total dirección Moisés edificó un tabernáculo en el desierto, el cual mostraría la presencia de su Dios. Sería un punto de encuentro entre Dios y su pueblo, allí se ofrecían los sacrificios por los pecados del hombre. Y dijo Dios a Moisés: "*Y pondré mi morada (tabernáculo) en medio de vosotros, y mi alma no os abominará; y andaré entre vosotros, y yo seré vuestro Dios y vosotros seréis mi pueblo*" (Levítico 26:11-12), énfasis añadido. "**Tabernáculo**" viene de la palabra hebrea '*mishkán*', era un santuario móvil. En el Monte Sinaí, Dios comenzó a revelarle a Moisés la construcción de un '**tabernáculo**', lo cual era **figura** y **sombra** de las cosas celestiales (lo que existía allá), sería el lugar de **Su habitación** aquí en la tierra, según el modelo que le fue mostrado en el monte (Hebreos 8:5); "*Y harán un santuario para mí… para que yo habite en él*" (Éxodo 25:8-9). El Tabernáculo era la primera señal de la presencia de Dios, y su primera morada en medio del pueblo según las Escrituras (Éxodo 25.8). Y nos revela a través de su simbología y tipología la Deidad en su esencia: Padre, Hijo y Espíritu Santo. Tabernáculo, es sinónimo de **morada**, **habitación**, **templo**, o **casa**; fue el lugar donde Dios quiso habitar o morar. Constaba de el lugar '*Santísimo*', el lugar '*Santo*' y el '*Atrio*', los cuales son equivalentes al espíritu, alma y cuerpo del ser humano. Realmente lo que Dios les estaba mostrando era (un cuerpo) al hombre en su triple naturaleza. "Porque sabemos que si nuestra morada terrestre (cuerpo humano), este tabernáculo, se deshiciere, tenemos de Dios un edificio, una casa no hecha de manos, eterna, en los cielos (cuerpo espiritual). Y por eso también gemimos, deseando ser revestidos de aquella nuestra **habitación celestial**" (2 Corintios

5:1-2). Énfasis añadido.

Todo el tabernáculo señalaba al Hijo de Dios, mostrándonos en toda su plenitud el plan redentor antes de ser consumado. Cuando terminó la construcción del tabernáculo, la presencia, *"Shekhinah"* de Dios descendió sobre un área específica, **el Lugar Santísimo**, donde habían dos cosas: el **altar del perfume** y el **arca del pacto**. El Arca del pacto era el trono de Dios en medio de su pueblo y el símbolo de su poder y presencia a donde quiera que ellos peregrinaban. Había tres cosas colocadas dentro del Arca del Pacto: las tablas de piedra sobre las que Dios había escrito los diez mandamientos, un recipiente de oro, con maná del que había caído del cielo para alimentar a los hijos de Israel en el desierto (tipología de Cristo, el pan de vida), y la vara de Aarón, la cual reverdeció. Todo testificaba de Cristo, Él es la verdadera Arca del Pacto (Leer Éxodo, capítulos 38, 37). El **Lugar Santísimo** estaba restringido por un velo que lo separaba del **Lugar Santo**, este velo representaba el acceso restringido al Padre, mientras se está en la carne. Jesús traspasó ese velo, sentándose a la diestra del Padre, y cuando muere, el velo es rasgado. Porque sólo el Sumo Sacerdote podía entrar al Lugar Santísimo, así que Jesucristo, como Sumo Sacerdote, según el **"orden de Melquisedec"** entró una sola vez y para siempre para ofrecerse como sacrificio vivo y agradable delante del Padre por nosotros. Como consecuencia, el Padre nos dio entrada al lugar **Santísimo** por la sangre derramada de Su Hijo Jesucristo: *"Así que, hermanos, teniendo libertad para entrar en el Lugar Santísimo por la sangre de Jesucristo, por* **el camino nuevo y vivo que él nos abrió a través del** *velo*, **esto es, de su carne y teniendo un gran sacerdote sobre la casa de Dios"** (Hebreos 10:19-21).

En el **Lugar Santo** había tres muebles: **La mesa de los panes de la proposición**, donde habían 12 panes, uno por cada tribu (el pan símbolo de Jesús, como el Pan de Vida), el **altar del incienso** (representa las oraciones de intercesión hechas a Dios en nombre de Su pueblo), y el **candelabro de oro** (Menorah), de siete brazos, la cual se mantenía ardiendo día y noche. La llama y su luz representan la Palabra, y los siete espíritus de Dios (Isaías 11:1-2) y el aceite símbolo del Espíritu Santo. En el atrio estaba el **altar de bronce**, el cual se encontraba a la entrada del tabernáculo (Éxodo 27:1-8), la **fuente de bronce o lavacro** (Éxodo 30:18-21; 40:6). Ambos muebles representan la limpieza por la sangre y la limpieza por medio de la Palabra (Efesios 5:26). Entonces, el templo humano de Cristo, fue el tabernáculo de Dios, su lugar de morada entre la gente. Él fue el "verdadero tabernáculo que levantó el Señor, y no el hombre." Juan 1:14 Cita: "Y el Verbo se hizo carne, y habitó ("Tabernaculizó" en el original) entre nosotros (y vimos su gloria, gloria como del Unigénito del Padre), lleno de gracia y de verdad" (Énfasis añadido). Dios preparó un cuerpo para su Hijo: 'Sacrificio y ofrenda no quisiste; mas me preparaste cuerpo" (Hebreos 10:5). Despúes que Cristo resucitó, hubo un cambio de templo y un cambio de sacerdocio, nosotros somos el templo y Cristo es el Sumo Sacerdote bajo el nuevo orden de sacerdotal de Melquisedec, reemplazando al sacerdocio levítico. Este es el Nuevo Pacto, Cristo como **Sumo Sacerdote**, y la iglesia, como **Real Sacerdocio.** "Y de Jesucristo el testigo fiel, el primogénito de los muertos, y el soberano de los reyes de la tierra. Al que nos amó, y nos lavó de nuestros pecados con su sangre, y **nos hizo reyes y sacerdotes para Dios**, su Padre; a él sea gloria e imperio por los siglos de los siglos. Amén." (Apocalipsis 1:5-6; 5:10).

En el Nuevo Pacto, Cristo no sirve en un tabernáculo físico hecho por manos de hombre (Hebreos 9:11); Él toma posición de **Sumo Sacerdote**, Él es "el verdadero tabernáculo" (Hebreos 8:1-2). Ahora la iglesia, cada uno de nosotros, somos la Casa de Dios, el Templo Santo, los reyes y sacerdotes (Efesios 2:19-22). *"Bienaventurado y santo el que tiene parte en la primera resurrección; la segunda muerte no tiene potestad sobre éstos, sino que serán sacerdotes de Dios y de Cristo, y reinarán con Él mil años* (Apocalipsis 20:6). Así describió Pedro a la iglesia: *'Mas vosotros sois linaje escogido, real sacerdocio, nación santa, pueblo adquirido por Dios,* para que anunciéis las virtudes de aquel que os llamó de las tinieblas a su luz admirable; vosotros que en otro tiempo no erais pueblo, *pero que ahora sois pueblo de Dios; que en otro tiempo no habíais alcanzado misericordia, pero ahora habéis alcanzado misericordia"* (1 Pedro 2:9-10). Nuestro espíritu estaba muerto y apartado de Dios, pero el Hijo lo reconcilió con el Padre a través de su sacrificio en la cruz, y ahora somos Su templo, donde Él mora (1 Corintios 3:16). Ya nuestro Eterno Dios no necesita un templo aquí en la tierra, porque nosotros somos su templo, y nos reunimos como sacerdotes para rendirle sacrificios de alabanza y adoración. Pablo le dice a los Corintos: *"El cuerpo es para el Señor y el Señor para el cuerpo"* (1 Corintios 6:13). ¿Qué quiere decir que somos sacerdotes? En el Antiguo Pacto los sacerdotes eran los encargados de presentarse ante la presencia de Dios para hacer sacrificios y expiar los pecados del pueblo, eran los intercesores que presentaban a cada persona ante la presencia de Dios. De la tribu de Leví, Dios eligió a Aarón, como Sumo Sacerdote y a sus tres hijos como sacerdotes (Levítico 8:1-2). Aarón era el más importante de todos los sacerdotes, porque **tenía la obligación de entrar solamente una vez al año en el** *Lugar Santísimo*, atravesando el velo y deteniéndose frente al propiciatorio con la sangre de la expiación para interceder por el pueblo. Pablo dice que nadie toma para sí esta honra, sino el que es llamado por Dios como lo fue Aarón (Hebreos 5:4*).* Los levitas que no fueran sacerdotes estaban al servicio de ellos (Números 3:5-9*).* Las funciones de los sacerdotes eran básicamente servir como mediador entre el pueblo y Dios, interceder por el pueblo, y una vez al año expiar el pecado mediante el sacrificio el cual consistía en algún presente o animal que se mataba como confesión de culpa y expiación por el pecado y así, reconciliar al pueblo con Dios. Consultar a Dios para discernir la voluntad divina para el pueblo (Números 27:21; Deuteronomio 33:8); ser los intérpretes y maestros de la ley y enseñar al pueblo los estatutos de Jehová (Levítico 10:11; Ezequiel 44:23) Estaban encargados del servicio del santuario y el altar, no podían acercarse a los utensilios del santuario ni al altar; de lo contrario, morían.

En el antiguo pacto, el oficio sacerdotal en el tabernáculo eran solo **figura** y **sombra** de lo que habría de venir. Todo el sistema de la ley del del Antiguo Testamento se cumplió en Jesucristo y por tanto, esta ley ha sido cumplida: *"No piensen que he venido a anular la ley o los profetas; no he venido a anularlos, sino a darles cumplimiento"* (Mateo 5:17, NVI). En el nuevo pacto por **nacimiento espiritual** todos somos sacerdotes de Dios (Juan 3:3,7; 1 Pedro 2:9-10*).* Ahora podemos ir directamente a Dios a través del Gran Sumo Sacerdote, Cristo (Hebreos 4: 14-16). En el antiguo pacto, solo Aarón, de la tribu de Leví, fue escogido por Dios como *"Sumo Sacerdote"* (transitorio)*,* primero fue lavado y luego ungido con **aceite**, símbolo del Espíritu Santo (Éxodo 29:7). Lo cual es un tipo de Cristo, quién siguiendo el orden de consagración de los sacerdotes fue primeramente **bautizado en agua** y después **ungido** con el Espíritu Santo de Dios (Mateo 3:16-17*)*. Su sacerdocio según el orden de Melquisedec es eterno. En el antiguo pacto, Aarón como Sumo Sacerdote se presentaba ante la presencia de Dios para hacer sacrificio, el cual consistía de un animal macho y sin defecto para expiar los pecados del pueblo. En el nuevo pacto Cristo, él es el holocausto, la ofrenda pura, sin mancha y de olor grato presentada a Dios a tráves de su muerte (Hebreos 9:14; Efesios 5:2). Porque no entró Cristo en el santuario hecho de mano, **figura** del verdadero, **sino en el cielo mismo para presentarse ahora por nosotros ante Dios**; y no para ofrecerse muchas veces, como entra el sumo sacerdote en el Lugar Santísimo cada año con sangre ajena. De otra manera le hubiera sido necesario padecer muchas veces desde el principio del mundo; pero ahora, en la **CONSUMACIÓN de los SIGLOS**, se presentó **una vez para siempre** (como ofrenda) por el sacrificio de sí mismo para quitar de en medio el pecado" (Hebreos 9:24-26); y no solo el pecado sino la deuda que teníamos que pagar. En el antiguo pacto, los sacrificios con sangre de animales cubrían los pecados de los hijos de Israel solo una vez año y el proceso debía repetirse cada año (Hebreos 10:3), en el nuevo pacto, la sangre de Jesús (donde está la vida) derramada una sola vez y para siempre, nos redimió de la maldición de la ley y perdonó nuestros pecados (Hebreos 10: 11-12). En el antiguo pacto, la ley fue escrita en tablas de piedra (Éxodo 32:28), en el nuevo pacto, la ley fue escrita en tablas de carne, nuestros corazón y mente (2 Corintios 3:3; Hebreos 8:8-10).

El primer altar que encontramos en la Biblia, aparece en el libro de Génesis, Noé después de salir del arca levantó un altar al Señor: *"**Y edificó Noé un altar al Señor, y tomó de todo animal limpio y de toda ave limpia, y ofreció holocausto en el altar. Y percibió el Señor olor grato** ..."* (Génesis 8: 20-21a). Noé funge como el primer sumo sacerdote y ofreció sacrificios a Dios, como una ofrenda de reconciliación entre la creación y los hombres. La palabra hebrea para altar es *"**mizbeah"*** y significa '**lugar de sacrificio**' y está relacionada con otra que se traduce como '**matar para el sacrificio**'. De acuerdo al Diccionario Español, altar es un montículo, piedra o construcción elevada donde se celebran ritos religiosos como sacrificios, ofrendas, etc. Una definición sencilla es el lugar donde se realiza un sacrificio como una ofrenda a Dios. Los altares eran construidos por los hebreos para dos propósitos principales: ofrecer sacrificios y quemar incienso. Una vez que se encendía el fuego del altar, se requería que se siguiera quemando permanentemente (Levítico 6:13). La vida de los patriarcas se caracterizó entre otras cosas por la continua edificación de altares al Señor, y vemos como Abraham, edificó altares a Dios en Siquem, también entre Betel y Hai, en Hebrón, y en Moriah (Génesis 12:6-8; 13:18; 22:9); allí en el monte Moriah fue Abraham a sacrificar a su hijo Isaac. David vio al ángel del Señor de pie, espada en mano, listo para destruir a Jerusalén, hasta que David construyó un altar allí e hizo expiación por medio de un sacrificio (1 Crónicas 21:15-17). Salomón construyó el templo en el monte Moriah (2 Crónicas 3:1). También Isaac edificó un altar al Señor en Beerseba (Génesis 26:25); Jacob, edificó altares en Siquem y Bet-el (Génesis 33:20; 35:1-7). Luego, Moisés edificó un altar en Refidin, antes de la construcción del tabernáculo y todo su mobiliario, cuando el pueblo de Israel obtuvo la victoria ante los amalecitas (Éxodo 17:15). Una vez construido el tabernáculo pensaríamos que ya nadie más edificaría altares al Señor, puesto que el tabernáculo tenía un altar en permanente uso, pero no es así: Josué edificó un altar en el monte Ebal (Josué 8:30-31); Gedeón edificó un altar al Señor en Ofra (Jueces 6:24-26); David edificó un altar en la era de Arauna (2 Samuel 24:18-25), y el profeta Elías, edificó un altar al Señor en el monte Carmelo (**karmel** es una palabra hebrea para jardín, plantación, y huerto), allí confrontó a los profetas de Baal (1 Reyes 18).

Dios se manifestó a Moisés en el monte Sinaí, donde le entregó las tablas de la ley (Éxodo 19). Y en el Nuevo Testamento vemos que Jesús estando sentado sobre el **monte** de los Olivos, le habló a los discípulos sobre las señales de Su venida y de la consumación de la era (Mateo 24). También despúes de compartir la Pascua (última cena), ascendió al **monte** con sus discípulos, y desde allí siguió al huerto de los Olivos, donde iba a ser entregado (como un cordero pascual). Fue llevado a un **monte** muy alto donde fue tentado por el diablo y prevaleció sobre la tentación (Mateo 4:1-11). Finalmente, ordenó a sus discípulos encontrarse con él en un **monte**, donde les comisionó para predicar el evangelio a todas las naciones (Mateo 28:16-20). En un **monte**, Jesús se transfiguró en presencia de sus discípulos, fue revelada su gloria.

El apóstol Pablo expone con absoluta claridad que todo lo relacionado con el tabernáculo y el templo tenía un valor tipológico o sea simbólico (Hebreos 8:5, 9:23). Así sucede también con el **altar** de sacrificio (holocausto) que estaba ubicado en el atrio del tabernáculo donde era derramada la sangre del animal que se sacrificaba, nunca se apagaba el fuego (Deuteronomio 6:13). El altar estaba construido con madera de acacia (una madera dura e incorruptible) y cubierto de bronce. Y en dirección al tabernáculo estaba la **fuente** para colectar agua. Allí el sumo sacerdote y los sacerdotes se lavaban todas las impurezas. El tabernáculo contenía dos altares: el altar de la ofrenda quemada, también llamado "altar de cobre" y el altar del incienso (Éxodo 39:39). El altar era cuadrado y estaba recubierto de bronce. Este altar es llamado el altar de bronce y también el altar de los sacrificios u holocausto. El bronce es un metal que se usa como una figura del **'severo juicio de la justicia de Dios.'** El **altar de bronce ocupaba el lugar principal en el atrio del tabernáculo** en el que se permitía el sacrificio (Levítico 17:1-9; Deuteronomio 12:5-14). Pedro nos compara con piedras vivas (altar) que hemos sido edificadas como casa espiritual (morada) y que nuestra función como sacerdotes, es ministrar a Dios por medio de Cristo. El altar tenía que ser aceptable para que la ofrenda fuera aceptable a Dios. Pablo nos ruega por las misericordias de Dios que presentemos nuestros cuerpos en **sacrificio vivo**, **santo** y **agradable** a Dios, que es vuestro **culto racional** (Romanos 12:1). Después del sacrificio de Cristo, el cual se ofreció como ofrenda al Padre, siendo inmolado por nuestros pecados en la cruz, ya no es necesario levantar un altar como los mencionados anteriormente, porque nosotros **somos ese altar**. A diferencia de los sacrificios en la antigüedad los cuales eran animales muertos, hoy somos nosotros, que con plena conciencia; en rendición absoluta de nuestra voluntad, día a día levántamos altar ante Su presencia, porque nuestro cuerpo es ese altar, vivo, santo y agradable delante de Él. Recuerde que en el Tabernáculo, el **altar** estaba ubicado en el atrio, tipología de nuestro cuerpo. El altar me habla de la relación del hombre con Dios, por lo que el altar tenía que ser hallado **aceptable** para que la ofrenda fuera aceptable, mas ahora por el sacrificio de nuestro Sumo Sacerdote, nosotros como **sacerdotes** nos podemos presentar al Padre como **sacrificio vivo**, **santo** y **agradable y aceptable** ante Él, y derramar nuestro perfume grato, rompiendo el alabastro, símbolo de nuestro cuerpo humillado. En Marcos 14:3-9 se nos narra la historia de una mujer, la cual ungió la cabeza de Jesús con un perfume de nardo puro de mucho valor, quebró el vaso de alabastro y lo derramó sobre su cabeza. Muchos lo consideraron un desperdicio, pero Jesús dijo que la mujer lo había ungido como un anticipo para su sepultura.

Habíamos mencionado, que la palabra **santo** significa apartado, separado para nuestro Dios. Entonces, ¿qué significa **sacrificio** para Dios? Pedro lo describe así: "Vosotros también (como Cristo, que es la piedra angular), como *piedras vivas, sed edificados como casa espiritual y sacerdocio santo, para ofrecer sacrificios espirituales aceptables a Dios, por medio de Jesucristo*" (1 Pedro 2:5). En nuestra nueva naturaleza, el sacerdocio se ejerce las 24 horas del día en todas y cada una de las áreas de nuestra vida, desde las responsabilidades individuales en el hogar, en el trabajo, en la congregación, y en las relaciones interpersonales. ¿Qué significa el **culto racional**? Significa alabarlo y adorarlo con la razón, **conscientes** de lo que hacemos y decimos en Su presencia; y llevar un estilo de vida que evidencie quienes somos y para quien vivimos, ésto se logra por medio del Espíritu Santo quien renueva nuestra mente (donde habita la razón, nuestro intelecto), pero no solo para acumular conocimiento sino vivirlo, y practicarlo. Sabes, cuando me postro ante Su presencia, estoy recordándome a mí misma que le pertenezco a Él, me rindo y acepto vivir bajo sus principios establecidos, acepto Su gobierno, y decido someterme a Su Palabra en obediencia a Él. "*Si alguno me ama, guardará mi palabra; y mi Padre lo amará, y vendremos a él, y haremos con él morada*" (Juan 14:23).

Jerusalén, Monte de Dios

La "**Antigua Jerusalén**" era conocida como Salem: "En Salem estará su tabernáculo, su habitación en Sión"; (Génesis14:18; Salmo 76:2). También se le conoce como el **Monte de Dios** y como **Sión**. Era la capital de la nación de Israel, la ciudad donde el rey David, su hijo Salomón y sus descendientes gobernaban "sobre el trono de Dios," por lo tanto, Jerusalén, "**el Monte Santo**," representaba el gobierno de Dios ejercido mediante los descendientes de David. "Así ha dicho Jehová el Señor: "*Esta es Jerusalén; la puse en medio de las naciones y de las tierras alrededor de ella*" (Ezequiel 5:5). En primera de Reyes 11:36, Dios dice: "Y a su hijo daré una tribu, para que mi siervo David tenga lámpara todos los días delante de mí en *Jerusalén, ciudad que Yo me elegí para poner en ella mi nombre.*" Zacarías 1:16-17, Versión Peshitta: "... he puesto mi habitación en medio de ella." "Yahweh edificará nuevamente a Sión y escogerá otra vez a Jerusalén" (v.17). "Seré consolado en Sión y habitaré en medio de Jerusalén; y Jerusalén será llamada Ciudad Santa, y el monte de Yahweh de los ejércitos, monte santo" (Zacarías 8:3, Versión Peshitta). **Sión** es usada como un símbolo de realidades celestiales (Salmos 9:11; 74:2; 78:68-69). Tanto el primer templo como el segundo fueron construidos en "Jerusalén." En Apocalipsis 21 se le llama la ciudad de paz, ciudad de Dios, 'la **santa ciudad**' es la 'Novia de Cristo' o la 'esposa del Cordero', está ciudad formada por el pueblo de Dios para reinar sobre la tierra, o sea que la 'Nueva Jerusalén' forma parte de un **gobierno**, es la **Iglesia**. El Salmo 122:6 nos exhorta a orar por la paz de Jerusalén, es un mandato divino con promesa de que serán prosperados los que le aman.

Oremos, porque Jerusalén es la ciudad del Gran Rey, y para que sean avergonzados sus enemigos. Un día, Jesús volverá y pondrá sus pies sobre el Monte de los Olivos (Zacarías 14:4, 9), y reinará desde el Monte Sión. "Y se afirmarán sus pies en aquel día sobre el monte de los Olivos, que está en frente de Jerusalén al oriente..." "Y Jehová será Rey sobre toda la tierra. En aquel día Jehová será UNO y UNO Su nombre" ¡Esto marca el comienzo de la nueva época gloriosa de paz, conocida como los mil años!

Grandeza de Sión, ciudad de Dios

Jesús les dijo a sus discípulos: Si os he dicho cosas terrenales y no creéis, ¿Cómo creeréis si os dijere las celestiales? (Juan 3:12). "Aún tengo muchas cosas que deciros, pero ahora no las podéis sobrellevar" (Juan 16:12). Y llegó el tiempo y es ahora, donde nuestros ojos espirituales están siendo abiertos a esta "Verdad Presente", que siempre, desde el principio ha estado expuesta, pero a causa de nuestra ceguera espiritual no la habíamos visto y menos entendido. Cristo nos quitó el velo que cubría nuestros ojos. Y escribe al ángel de la iglesia en Filadelfia: Estas cosas dice el Santo, el Verdadero, el que tiene la llave de David, el que abre y ninguno cierra, y cierra y ninguno abre: *"El que tiene oído, oiga lo que el Espíritu dice a las Iglesias."* Y *"unge tus ojos con colirio, para que veas"* (Apocalipsis 3:1,18,22).

El testimonio de Dios sobre la tierra está en *"Sión"*. Pero esto, por supuesto, tiene un sentido espiritual. Sión, la encontramos por primera vez en la Biblia, en 2 Samuel 5:7, … David tomó la fortaleza de Sión… y llevó allí el "Arca del Pacto" (2 Samuel 6:12), y comenzó a reinar, aquí era algo literal. El Arca del Pacto, es donde se manifestaba la presencia del Señor. Sión originalmente fue el nombre del monte santo o la colina sudoriental de la ciudad, que con el tiempo llegaría a ser Jerusalén, y sobre la cual originalmente se hallaba la antigua fortaleza jebusea que tomó David, y a la cual le dio el nuevo nombre de Ciudad de David (1 Reyes 8:1). La palabra 'Sión' aparece 150 veces en la Biblia, y significa 'fortaleza.' Por primera vez aparece en Segunda de Samuel 5:7, "Pero David tomó la fortaleza de Sión, la cual es la ciudad de David." Desde la cima del monte de Sión hacia abajo, comenzó a edificar la ciudad de Jerusalén. La llamó la ciudad de David, como la ciudad de Dios. En Isaías 60:14 es usado en forma figurada para señalar a Israel como el pueblo de Dios. En el Nuevo Testamento, figura como la Jerusalén celestial: *"Por el contrario, ustedes se han acercado al monte Sión, a la Jerusalén celestial, la ciudad del Dios viviente…"* (Hebreos 12:22). Veamos a Sión como un símbolo, o una tipología de la Iglesia. Porque el SEÑOR ha escogido a Sión; la quiso para su habitación. Este es mi lugar de reposo para siempre; aquí habitaré, porque la he deseado (Salmo 132:13-14). *Sión es Su ciudad* y *Su santo monte* donde Él habita (*yoseb*) y desde allí revela Su reino eterno. ¡Es la ciudad del gran Rey! Y Jerusalén será santa, y los extranjeros no pasarán más por ella (Salmo 48; Joel 3:17). El Salmo 76:2, nos deja saber que en **Salem** (Jerusalén) **está su tabernáculo** y en **Sión** su **morada**. El Salmo 9:11 y el 134:3 señalan que Dios habita en Sión, el Monte Santo, desde allí nos bendice. Mas sabemos, que Él habita en nosotros, Sión espiritual). Mira a Sión, ciudad de nuestras fiestas solemnes; tus ojos verán a Jerusalén, morada de quietud, tienda que no será desarmada, ni serán arrancadas sus estacas ni ninguna de sus cuerdas será rota" (Isaías 33:20). El Salmo 135:21 cita: *"Desde Sión sea bendecido Jehová, quien morá en*

Jerusalén." O sea, que Jerusalén y Sión podría ser sinónimo. *Y acontecerá que el que quedare en Sión, y el que fuere dejado en Jerusalén, será llamado santo; todos los que en Jerusalén estén registrados* (inscritos) *entre los vivientes* (Isaías 4:3). "*Su cimiento está en el monte santo,* ama Jehová las puertas de Sión más que todas las moradas de Jacob; cosas gloriosas se han dicho de ti ciudad de Dios" (Salmo 87:1-3). Y de Sión se dirá: "*Este y aquel han nacido en ella, y el Altísimo mismo la establecerá. Jehová contará al inscribir* (registrar en Su libro de la vida) *a los pueblos: Este nació allí.* Y cantores y tañadores en ella dirán: Todas mis fuentes están en ti (El hebreo original dice: Tú eres la fuente de todas las cosas)" (Salmo 87:5-7). Dios sabrá quiénes son Sión y quiénes no. "Salmo 24:3-4 dice: **¿Quién Subirá al monte de Jehová? ¿Y quién estará en su lugar santo?** El limpio de manos y puro de corazón, el que no ha elevado su alma a cosas vanas, ni jurado con engaño." Jerusalén terrenal es sombra del espiritual.

Miqueas de Moréset profetizó en días de Ezequías, rey de Judá, y habló a todo el pueblo de Judá, diciendo: "Así ha dicho Jehová de los ejércitos: *Sión será arada como campo, Jerusalén vendrá hacer montones de ruinas, y el monte de la casa* (santuario será) *como cumbres* de bosques (terreno poblado de árboles)" (Jeremías 26:18; Miqueas 3:12). Énfasis añadido. Así describe como quedó el pueblo (Sión) de Dios a causa del pecado. Es muy común ver a través de la Palabra, como usan el árbol como figura del hombre, y vemos en la naturaleza, que la raíz, el fruto y el tiempo del árbol nos da grandes enseñanzas espirituales para nuestra vida. Pero, ¿qué sucedió en Sión, en la Sión celestial? Job se lamentaba y decía: "*Pues nosotros somos de ayer, nada sabemos, porque nuestros días sobre la Tierra son como sombra* (figura de la realidad)" (Job 8:9). Isaías nos deja ver que hubo un pleito: "*Porque es día de venganza de Jehová, año de retribuciones en el PLEITO de SIÓN*" (Isaías 34:8). Desde el momento en que David se sentó a reinar y el arca de Dios fue traída al monte de Sión, comenzó lo que el Antiguo Testamento llama en Isaías el pleito de Sión. Este pleito es la lucha, la batalla por el reino, por el dominio, y el gobierno de esta tierra. Todo comenzó en el principio con la caída del hombre. Por lo que Isaías se pregunta: ¿Por qué han de ser golpeados nuevamente y además castigados? "*Sión* será *redimida* con el *derecho*, y su *cautividad con justicia*" (Isaías

1:27). El profeta Jeremías describe la cautividad de Sión: *¡Cómo se ha ennegrecido el oro! ¡Cómo el buen oro ha perdido su brillo!* Las *piedras del santuario* están esparcidas por las encrucijadas de todas las calles. *Los hijos de Sión, preciados y estimados más que el oro puro. ¡Cómo son tenidos por vasijas de barro, obra de manos de alfarero!* (Lamentaciones4:1-3). Dios compara los hijos de Sión con el oro cuando pierde su brillo y los llama *"las piedras del santuario";* porque éste es el lugar que Él eligió para que habitaran, pero el pecado no se lo permitió. Por tanto el Señor, Jehová de los ejércitos, dice así: "Pueblo mío, *morador de Sión*, no temas de Asiria. Con vara te herirá, y contra ti alzará su palo, a la manera de Egipto; mas de aquí a muy poco tiempo se acabará mi furor y mi enojo, para destrucción de ellos" (Isaías 10:23-25).

Isaías profetizó salvación para Sión: *"Despierta, despierta, vístete de tu poder, oh Sión; vístete de tus ropajes hermosos, oh Jerusalén, ciudad santa. Porque el incircunciso y el inmundo no volverán a entrar en ti. Sal del polvo, levántate, cautiva Jerusalén; líbrate de las cadenas de tu cuello, cautiva hija de Sión"* (Isaías 52:1-2); aquí vemos que Sión y Jerusalén son sinónimos. Dios mismo le repitió varias veces al pueblo de Israel a través de sus profetas, que Él mismo, sería Su Redentor, Su Salvador, y que el mismo descendería a salvarlos: *"Decid a los de corazón apocado; esforzaos, no temáis; he aquí que vuestro Dios viene con retribución, con pago; Dios mismo vendrá, y os salvará"* (Isaías 35:4). Jesucristo vino, es el Rey escogido por Dios, y vendrá por segunda vez **a reinar en Sión**. Ahora está sentado en el trono a la diestra del Padre, esperando el momento de regresar. Porque esta promesa de *rendención* y *restauración* por medio del Mesías prometido fue anunciada a Israel, desde el principio a través de todo el Viejo Testamento, y confirmada en el Nuevo Testamento.

Miremos algunas de las profecías: "El pueblo que andaba en tinieblas vio gran luz; los que moraban en tierra de sombra, de muerte, luz resplandeció sobre ellos. *Porque un niño nos es nacido, un hijo nos es dado, y el principado* (dominio) *sobre su hombro; y se llamará su nombre: Admirable, Consejero, Dios Fuerte, Padre Eterno, Príncipe de Paz.* Lo dilatado de su imperio (dominio) y la paz no tendrán límite, sobre el trono de David y sobre su reino, disponiéndolo y confirmándolo en juicio y en justicia, desde ahora y para siempre. El celo de Jehová de los Ejércitos hará esto" (Isaías 9:2;6-7). "Alégrate mucho, *hija de Sion*; da voces de júbilo, *hija de Jerusalén*; he aquí tu rey, vendrá a ti, justo y Salvador, humilde, y cabalgando sobre un asno, sobre un pollino hijo de asna. (Zacarías 9:9, Juan 12:15, Mateo 21:5). "*He aquí, Jehová hizo oír hasta lo último de la tierra: Decid a la hija de Sión, he aquí viene tu Salvador;* he aquí su recompensa con él, y delante de él su obra. Y les llamarán: *Pueblo Santo, redimidos del Jehová. Y a ti te llamarán: Ciudad Deseada, no desamparada*" (Isaías 62:11-12). "Y tú, torre del rebaño, colina de la hija de Sión, *hasta ti vendrá, vendrá el antiguo dominio, el reino de la hija de Jerusalén*" (Miqueas 4:8, BLA). "Para que (los hombres) publiquen (den a concer) en Sión, el nombre de Jehová, y su alabanza en Jerusalén, cuando los pueblos y los reinos se congreguen en uno para servir a Jehová" (Salmo 102:21-22; Juan 12:15). "Por tanto, así dice Yahweh Dios: He aquí que yo pongo una piedra en Sión, (Cristo) aprobada, angular y preciosa, fundamento principal del muro. El que crea no tendrá temor" (Isaías 28:16, Versión Peshitta). "Oídme, duros de corazón, que estáis lejos de la justicia: Haré que se acerque mi justicia; no se alejará, y mi salvación no se detendrá. Y pondré salvación en Sión y mi gloria en Israel" ((Isaías 46:12-13). "Y **todo aquel que invocare el** *nombre de Jehová será salvo*, porque en el *monte de Sión* y en *Jerusalén*, habrá salvación (Joel 2:32). "Nunca más llorarás; el que tiene misericordia se apiadará de ti; al oír la voz de tu clamor te responderá." (Isaías 30:19). "Y en tu boca he puesto mis palabras, y con la sombra de mi mano te cubrí, *extendiendo los cielos y echando los cimientos de la tierra*, y *diciendo a Sión: Pueblo mío eres tú.*" (Isaías 51:16). Desde el principio de la creación Dios lo llamó Su pueblo. De verdad que Israel estaba y está ciego, no pudieron ni han podido ver esta Verdad. Como podemos ver y comprobar, Sión es el pueblo de Dios porque escrito está: "Ciertamente el pueblo morará en Sión, en Jerusalén, **la ciudad de la verdad**" (Zacarías 8:1-17).

Por lo tanto, ¡*SOMOS CIUDADANOS DE SIÓN!* Mas Pablo dijo claramente: "Es decir, que *los gentiles son, 'junto con Israel'*, beneficiarios de la misma *herencia, miembros de un mismo cuerpo* y *participantes igualmente de la promesa en Cristo Jesús mediante el evangelio*" (Efesios 3:6). Cada promesa dada a Sión y a Jerusalén, y por ende a Israel, pertenecen a los gentiles también (son nuestras). Los que confían en el SEÑOR son como el monte Sión, que es inconmovible, que permanece para siempre. Como los montes rodean a Jerusalén, así el SEÑOR rodea a su pueblo desde ahora y para siempre (Salmo 125:1-2). "Y Jehová rugirá desde Sión y dará su voz desde Jerusalén, y temblarán los cielos y la tierra; pero Jehová será la esperanza de su pueblo y la fortaleza de los hijos de Israel" (Joel 3:16). *Dios prometió a Sión devolverle la salud, y sanar sus heridas, porque le habían llamado desechada, y nadie se preocupaba por ella, pero de ella saldría su Salvador* (Jeremías 30:17-22). *"Y Sión será restaurada y los redimidos de Jehová volverán, y vendrán a Sión con alegría; y gozo perpetuo será sobre sus cabezas; y tendrán gozo y alegría, y huirán la tristeza y el gemido"* (Isaías 35: 10). Las estacas de Sión serán perfeccionadas, Dios es nuestro Juez, Legislador y Rey, *Él mismo nos salvará* (Isaías 33:22). **Dios envió al Mesías, para que Él edifique la ciudad celestial (Jerusalén) y suelte los cautivos; para hacer volver a Él y congregarle a los moradores de Sión.** Isaías 33:17 cita: *"Tus ojos verán al Rey en su hermosura, verán la tierra que está lejos."* **Isaías nos deja ver que la Sión natural no existirá más,** pero la **Sión celestial será restaurada porque es nuestra morada y bajara del cielo para ser colocada en una tierra nueva, porque Dios no creó la tierra para** *dejarla vacía, sino que la formó para ser habitada* (Isaías 45:18). "Pero los que confíen en mí, heredarán la Tierra, y poseerán mi Monte Santo (Sión) (Salmo 57:13b). *En Sión envía Jehová bendición, y vida eterna* (Salmo 133). Los justos poseerán la tierra, y para siempre morarán en ella (Salmo 37:29). En el Sermón del Monte Jesús lo dijo: "Bienaventurado los mansos porque ellos recibirán la Tierra por heredad" (Mateo 5:5). **La Biblia dice:** *"Los cielos son los cielos de Jehová, y a dado la tierra a los hijos de los hombres"* (Salmos 115:16). "… pero los que esperan en Jehová, *ellos heredarán la tierra"* (Salmo 37:9b). "El justo (ciudadanos de Sión) no será removido jamás, pero los impíos no habitarán la tierra" (Proverbios 10:30). Dice el Salmo 102:18, *que todo ésto fue escrito para una generación venidera; un pueblo que estaba por nacer el cual alabaría a Dios."* Somos nosotros ese pueblo, dice la Palabra que Dios tendrá "misericordia de Sión, porque es tiempo de tener misericordia de ella, porque el plazo ha llegado" (Salmos 102:13). Mira que hermosa promesa tenemos en Isaías 25:6-

8; 60:14, cuando Sión, sea restaurada:

> "Y Jehová de los ejércitos hará en este monte a todos los pueblos banquete de manjares suculentos, un banquete de vinos refinados (añejo), de gruesos tuétanos, y de vinos purificados. Y **destruirá en este monte** (Sión), **la cubierta** (cobertura) con que están cubiertos todos los pueblos, y **el velo** que envuelve a todas las naciones. Destruirá a la muerte para siempre…" "… y te llamarán Ciudad de Jehová, Sión del Santo de Israel." Énfasis añadido.

En Cristo, se cumplen todas las cosas

En Efesios 3, Pablo habla de aclarar a todos los hombres, que Dios nos ha dado a conocer el **misterio** (que por los siglos había estado escondido) de Su voluntad, el cual **había determinado de antemano para llevarlo a cabo en Cristo**, de reunir todas las cosas en el Cristo, en el **cumplimiento de los tiempos establecidos** (en el tiempo señalado), **para que todo lo que está en los cielos y en la Tierra sea hecho nuevo otra vez** (como en el principio) **por medio del Cristo** (Efesios 1:9-10). Entonces, el cielo nuevo y la tierra nueva significa la metamorfosis o sea la transformación de la creación y del hombre en una íntima comunión con Dios, como al principio en el paraíso, y el regreso al jardín del Edén se habrá completado, porque sólo a través de Cristo será logrado. Es por lo que nosotros conforme a Su promesa, y como ciudadanos de Sión, esperamos cielos nuevos y tierra nueva, en los cuales morará la justicia (Ver Apocalipsis 21:1-2;10). El cielo y tierra fueron unidos nuevamente en Cristo; espiritualmente tenemos cielos abiertos, y estamos en Sión, como está anunciado (volverán los redimidos a Sión …).

El Salmo 48:2, nos dice que el monte de Sión 'el monte santo', es el gozo de toda la Tierra, y que **está en los límites del norte**; y que es la ciudad del Gran Rey. Podemos ver que cuando Lot iba a escoger la tierra donde iba a habitar, "*… levantó la vista y observó que todo el valle del Jordán, hasta Zoar, era tierra de regadío, como el jardín del Señor* (Edén) *o como la tierra de Egipto …* (Génesis 13:10). Así vió Lot el valle del Jordán para habitar, por lo cual lo escogió, este lugar quedaba al **Oriente**, así era Sodoma y Gomorra antes de ser destruida por el Señor, su belleza es descrita como la del Huerto del Señor, pero por la maldad y el pecado quedó convertida, en "un yermo abrasado, de azufre y sal, donde nada se plantaba, nada brotaba, y no crecía ninguna vegetación" (Deuteronomio 29:23). Isaías 14:13, señala que está en los extremos del Norte, tierra que originalmente estaba al **norte de Palestina**. La Antigua tierra de Canaán está situada cerca de los ríos tigris y Eufrates, próxima a la desembocadura del río Nilo. Posteriormente se convirtió en Palestina. Los judíos la considerán la Tierra Prometida, y es la eterna disputa entre árabes y judíos. Dios le dio esta tierra como heredad a Abraham: *"A tu descendencia daré esta tierra, desde el río de Egipto hasta el río grande, el río Eufrates"* (Génesis 15:18). Entiéndase desde donde desemboca el río Nilo hasta el río Éufrates (Ver Números 34 y Ezequiel 47). La tribu cananea de los Jebuseos (Provenía del tercer hijo de Canaan, Génesis 10: 15 y 16), que habitaba la región, en el año 3.000 A.C. fundaron la ciudad de Jebus, posteriormente en el año 2,500 le cambiaron el nombre por Ur-Salem (Jerusalén), ciudad de la paz (tdsarq.wordpress.com/2018/11/05/la-tierra-de…). La colina en donde antes se alzaba imponente la fortaleza jebusea se llamaba el monte de Sión. David conquistó Sión, (acompañado del arca del Pacto) la fortaleza de los jebuseos, (en la frontera norte de Judá), que es la ciudad de David (2 Samuel 5:6-9; 1 Crónicas 11:4-8). Y fue así que David entendió que Dios lo había confirmado por rey sobre Israel (2 Samuel 5:12). Anteriormente, Josué había intentado conquistar esa ciudad, pero fracasó: "Mas a los jebuseos que habitaban en Jerusalén, los hijos de Judá no pudieron; arrojarlos y ha quedado el jebuseo con los hijos de Judá hasta hoy" (Josué 15:63; Jueces 1:21). Ezequiel nos confirma que **los habitantes de la Ciudad del Gran Rey moran "en la parte central de la tierra"** (Ezequiel 38:12). *"Esta es Jerusalén, la puse en medio de las naciones y de las tierras alrededor de ella"* (Ezequiel 5:5). Jerusalén es el ombligo de las naciones, y según los estudiosos, a lo largo de su historia ha sido conquistada 11 veces y ha sufrido destrucción total en cinco ocasiones. Si olvidar que la Jerusalén terrenal es sombra de la realidad.

Toda la historia gira alrededor de Israel, "Grande es el Señor, y muy digno de ser alabado en la ciudad de nuestro Dios, Su santo monte. Hermoso en su elevación, el gozo de toda la tierra. *Es el Monte Sión, en el extremo norte, la ciudad del gran Rey*" (Salmo 48:1-2; NBLH). **Somos ciudadanos de Sión**, que al igual que Moisés, Abraham, y muchos otros, esperamos la tierra prometida; mas la fe y la esperanza es la base para sostenernos firmes hasta que Cristo regrese. Muchos de los himnos antiguos, se basaban en la *fe* y declaraban la *victoria*, el himnario era el Libro de los Salmos. Por ejemplo: "Se acordarán y se volverán al Señor todos los confines de la tierra, y todas las familias de las naciones adorarán delante de ti" (Salmo 22:27). "**Acontecerá en los postreros tiempos que el monte de la casa de Jehová** (Sión) **será establecido por cabecera de montes**, y más alto que los collados, y correrán a él los pueblos. Vendrán muchas naciones, y dirán: Venid, y subamos al monte de Jehová, y a la casa del Dios de Jacob (Israel); y nos enseñará en sus caminos, y andaremos por sus veredas; porque de **Sión saldrá la ley, y de Jerusalén la palabra de Jehová**" (Miqueas 4:1-2, Isaías 2:2. Énfasis añadido). En Mateo 5:14, Jesús hablando de la iglesia dice: "*Ustedes son la luz del mundo. Una ciudad edificada sobre un monte, no puede ocultarse.*" Entonces las naciones acudirán a tu luz (Isaías 60:3). Así, vendrá el día en que **el reino de Dios, su santo monte, "llenará toda la tierra"** (Daniel 2:34-35; 44-45). Algunos datos tomados de David Chilton, de su libro, "El paraíso restaurado".

Y valga la redundancia, en el principio "Jehová plantó un huerto en Edén (toda la zona geográfica de la tierra), al oriente…" (Génesis 2:8), y puso allí a Adán y a Eva, porque varón y hembra los creó, y les dijo que fueran fecundos y se multiplicaran, y que sojuzgaran la tierra (Génesis 2:3,8,26-27). Simplemente disfrutaban de la gloria de Dios, y Él les dio dominio, autoridad; y poder (dunamis), para gobernar sobre la tierra, pero al hombre desobedecer cayó de la gracia y perdió toda la autoridad y la vida eterna o sea sufrió muerte espiritual y perdió su cobertura original (gloria) "*Por cuanto todos pecaron, y están privados de la Gloria de Dios*" (Romanos 3:23). Su comunión con el Eterno fue afectada, al grado que fue expulsado del jardín o huerto que Dios había plantado en Edén, lugar donde disfrutaba del reposo y de la presencia de su Creador, el Señor lo echó del huerto del Edén, para que labrara la tierra de la cual fue tomado; la tierra, de la cual a él le fue dado dominio sobre ella" (Génesis 3:23). Luego, el huerto del Éden fue custodiado por querubines quienes guardan su entrada para que nadie tenga acceso a él, quedó oculto a los ojos del hombre. O sea el hombre fue sacado del huerto, y echado fuera, a la tierra, la cual fue maldita, todo indica que el huerto estaba en la tierrra, fue creado desde el principio en la tierra. El Edén está en una dimensión de espacio y tiempo escondida del mundo real y material. Todo lo que se manifiesta en nuestro mundo físico es parte de una dimensión invisible o sea que este mundo material es parte de la dimensión celestial, porque el cielo es la expresión primaria de todo lo existente. Dios es todo y habita desde antes de crear los cielos, su morada celestial. El cielo es el lugar, entorno, ámbito (como quieras llamarlo) donde comienza todo lo que existe (visible), todo fue creado de lo que no se ve (invisible).

Si leemos Génesis 4:16, dice que Caín, saliendo de la presencia de Dios, se estableció en la tierra de Nod, al oriente de Éden, conocida hoy como "camino del destierro". Algunos llaman la historia del jardín del Edén, una utopía donde todo es hermoso y perfecto, y otros dicen que podría ser una tipología o simbolismo de hechos que en verdad ocurrieron en el cielo y sombra en la tierra. Los profetas del Antiguo Testamento, en sus escritos mencionan la restauración de la tierra, y es que el hombre volverá habitar en Edén, ya que la restauración del Edén es una promesa. Isaías la describe como un paraíso: *"Ciertamente, consolará Jehová a Sión; consolará todas sus soledades, y cambiará su desierto en paraíso, y su soledad en huerto de Jehová; se hallará en ella alegría y gozo, alabanzas y voces de canto"* (Isaías 51:3). Jesús mencionó el **'Paraíso'**, cuando dijo a uno de los hombres (al que se arrepintió) que fue crucificado a su lado: "De cierto te digo que hoy estarás conmigo en el **'Paraíso'** (Lucas 23:43). El cielo (espíritu) y la tierra (cuerpo) fue separado como consecuencia del pecado de Adán y Eva, pero al Jesús morir y resucitar como el 'Ungido' cielo y la tierra vuelven a ser unidos. Otro ejemplo lo vemos en 2 Corintios 12:3-4, Pablo cita: *"Y conozco al tal hombre (si en el cuerpo, o fuera del cuerpo, no lo sé; Dios lo sabe), que fue arrebatado al 'paraíso', donde oyó palabras inefables que al hombre no se le permite expresar."* Dios prometió a Moisés que los sacaría de Egipto y los llevaría a una tierra buena y ancha a una tierra que *"fluye leche y miel"* (Éxodo 38). Esta promesa está vigente y se cumplirá en el regreso al Edén (Isaías 65: 17-25). Luego, Ezequiel y Miqueas profetizaron: Así ha dicho Jehová el Señor:

"El día que os limpie de todas vuestras iniquidades, haré también que sean habitadas las ciudades, y **las ruinas serán reedificadas**. Y la tierra asolada será labrada, en lugar de haber permanecido asolada a ojos de todos los que pasaron. Y dirán: **Esta tierra que era asolada ha venido a ser como huerto del Edén**; y estas ciudades que eran desiertas y asoladas y arruinadas, están fortificadas y habitadas. Y las naciones que queden en vuestros alrededores sabrán que **yo reedifiqué** (volver a edificar) **lo que estaba derribado, y planté lo que antes estaba desolado; yo Jehová he hablado, y lo haré**" (Ezequiel 36:33-36). Énfasis añadido.

¿Qué Dios como tú, que perdona la maldad, y olvida el pecado del remanente de su heredad? No retuvo para siempre su enojo, porque se deleita en misericordia. "El volverá a tener misericordia de nosotros; sepultará nuestras iniquidades, y **echará en lo profundo del mar todos nuestros pecados. Cumplirás la verdad a Jacob, y a Abraham la misericordia, que juraste a nuestros padres desde tiempos antiguos**" (Miqueas 7:18-20).

La profecía de Isaías, proclama **buenas nuevas de salvación para Sión**, y el día de venganza del Dios nuestro: "Jehová; me ha enviado a predicar buenas nuevas a los abatidos, a vendar a los quebrantados de corazón, a publicar libertad a los cautivos, y a los presos apertura de la cárcel; a proclamar el año de la buena voluntad de Jehová, y el día de venganza del Dios nuestro; **a consolar a todos los enlutados**; a ordenar que **a los afligidos de Sión** se les dé gloria en lugar de ceniza, óleo de gozo en lugar de luto, manto de alegría en lugar del espíritu angustiado; y serán llamados **árboles de justicia, plantío de Jehová** para gloria suya. Reedificarán ruinas antiguas y levantarán los asolamientos primeros, y restaurarán las ciudades arruinadas, los escombros de muchas generaciones. Y extranjeros apacentarán vuestras ovejas, y los extraños serán vuestros labradores y vuestros viñadores. Y vosotros **seréis llamados sacerdotes de Jehová, ministros de nuestro Dios** ... (Isaías 61:1-11). También Jesús, en la sinagoga de Nazaret, leyó la profecía de Isaías, y proclamó buenas nuevas de salvación para Sión: *"El Espíritu del Señor está sobre mí, por cuanto me ha ungido para dar buenas nuevas a los pobres; me ha enviado a sanar a los quebrantados de corazón; a pregonar libertad a los cautivos, y vista a los ciegos; a poner en libertad a los oprimidos; a predicar el año agradable del señor"* (Lucas 4:16:21, Isaías 1-3). Y cuando terminó, enrollando el libro lo dio al ministro, y se sentó; y los ojos de todos en la sinagoga estaban fijos en él. Y comenzó a decirles: **Hoy se ha cumplido esta Escritura delante de vosotros.** Ellos no entendieron que esa profecía se estaba cumpliendo en Él. Pero Jesús se detuvo, dejó de leer en la frase: *'el año agradable del Señor'*, esto significa el *'Jubileo'*; sencillamente porque esta fiesta es sombra de lo que vendrá aún. Jesús no leyó *'el día de la venganza de nuestro Dios'* (Isaías 61:2), porque ese día de juicio no vendrá, hasta la *'plenitud de los gentiles'*, cuando Dios haya terminado de tomar de ellos 'pueblo para Su nombre' (Hechos 15:14).

La Biblia relata que del **trono de Dios** (Monte Sión, sale un río para regar el huerto, y que al correr se reparte en cuatro brazos. Apocalipsis 22:1-2, lo confirma: *"Después me mostró un río limpio de agua de vida, resplandeciente como cristal que salía del trono de Dios y del Cordero."* El primer río se llama **Pisón**; es el que rodea toda la tierra de Havila, donde hay oro. El oro de aquella tierra es bueno; y hay allí también bedelio y ónice. El segundo río se llama **Gihón o Guijón**; es el que rodea toda la tierra de Cus (Etiopía). El tercer río se llama **Hidekel o Tigris**; es el que va al **oriente** de Asiria. El cuarto río es el **Éufrates**. (Génesis 2:10-15, RVR-1995). Vemos que el jardín o huerto del Edén se describe como si estuviera cerca de los ríos Tigris y Éufrates. De acuerdo a esta información, podríamos asumir que estaba ubicado en algún lugar de Oriente Medio, conocido como el Creciente Fértil, que incluía a Mesopotamia. Edén (zona geográfica), en hebreo significa "deleite" (Paraíso).

Inmediatamente que el hombre conoció el bien y el mal fue expulsado del huerto, y puso Dios un querubín a rondar al oriente del huerto de Edén, con una espada aguda que giraba en todas direcciones para cuidar el camino hacia el árbol de la vida (Génesis 3:24). Según el historiador Josefo, el río **Guijón**, es el río **Nilo**, así lo llamaban los egipcios, y los griegos lo llamaban **Guijón**. Si miramos en un mapa desde el río Eufrates hasta el río Tigris, y hasta el río

Pisón, vemos algo increíble, porque forman la figura de un diamante de 1,500 millas cuadradas y la base en millas cuadradas de la Jerusalén Celestial son 1,500 millas cuadradas (ver Apocalipsis 21:9-27). Veamos la relación del monte Sión con el monte donde fue puesto el querubín más hermoso que Dios creó y el cual fue echado fuera del Edén, el huerto de Dios:

> "En **Edén, en el huerto de Dios** estuviste: de toda piedra preciosa era tu vestidura; de cornerina, topacio, jaspe, crisólito, berilo y ónice; de zafiro, carbuncio, esmeralda, y oro, los primores de tus tamboriles y flautas estuvieron preparados para ti en el día de tu creación. Tú, querubín grande, protector, yo te puse; en el **Santo Monte de Dios**; allí estuviste; en medio de las piedras de fuego te paseabas. Perfecto eras en todos tus caminos desde el día que fuiste creado, hasta que se halló en ti maldad. **A causa de la multitud de tus contrataciones fuiste lleno de iniquidad, y pecaste; por lo que yo te eché del monte de Dios**, y te arrojé de entre las piedras del fuego, oh querubín protector. (Ezequiel 28:13-16).

Este pasaje bíblico mencionado se refiere a Edén, el huerto de Dios. También la Nueva Jerusalen que baja del cielo, es descrita simbólicamente con piedras preciosas. Ese querubín hermoso, creado por Dios, reinaba en "el Santo Monte de Dios (Sión)," y se reveló contra su Creador, y fue echado de ese lugar, él conoció el bien y el mal, el cual luego representa. El profeta Isaías, en su capítulo 14:12-14, lo describe así: ¡Cómo caíste del cielo, oh Lucero, hijo de la mañana! "Tú que decías en tu corazón: *Subiré al cielo*; *en lo alto, junto a las estrellas de Dios, levantaré mi trono, y en el monte del testimonio me sentaré*, a los lados del **norte**; sobre las alturas de las nubes subiré, *y seré semejante al Altísimo.*" Este concepto de '*monte*' aparece en la Biblia de varias maneras, como: Monte de Dios, Monte de Sión, Monte de Israel, Monte Santo del Santuario, Monte del Testimonio, y otros. Mucho tiempo después, al monte Moriah se le dio el nombre de **Monte del templo**, nombre que aún se usa para designar a este sitio sagrado en Jerusalén en donde Abraham ofreció a Isaac y en donde estuvieron el primer templo y el segundo templo. El domo o cúpula de la roca, construida por un gobernante musulmán en los años 688 a 691, está situado en Jerusalén, en el Monte Moriah y en el centro del Monte del Templo (donde estuvieron ubicados los dos templos judíos en Jesusalén. Éste es el lugar más sagrado del Judaísmo. ¿Por qué Jerusalén, capital de Israel, es tan importante hoy, por qué tanta disputa, conflictos y violencia? Y sobretodo el lugar más conflictivo y disputado es el monte del Templo, un centro de contiendas y controversias. Sabemos que es un conflicto familiar que comenzó en la eternidad, luego en el Edén, continuó con Caín y Abel como una rencilla entre hermanos, luego con los hijos de Abraham: Ismael e Isaac, luego continuó con Esaú y Jacob. Sólo Dios pondrá fin a este conflicto: *"A fin de que todos los pueblos de la tierra sepan que Jehová es Dios, y que no hay otro"* (1 Reyes 8:60). "En aquel día yo pondré a Jerusalén como una piedra pesada para todos los pueblos; todos los que intenten cargarla serán despedazados. Y todas las naciones de la tierra se juntarán contra ella" (Zacarías 12:3). Daniel (2:35) revela el sueño a Nabuconodosor, y le dice que la piedra que hirió a la imagen, fue hecha un gran monte que llenó toda la tierra (el gobierno de Dios, la Nueva Jerusalén, la ekklesia). La piedra angular desechada por los constructores vino a ser el fundamento, el cual es Cristo. Dios restaurará la tierra a su condición original la cual existía antes de la caída del hombre: "Porque la creación fue sujetada a vanidad, no por su propia voluntad, sino por causa del que *la sujetó en esperanza*; porque también la creación misma será libertada de la esclavitud de corrupción, a la libertad gloriosa de los hijos de Dios" (Romanos 8:20-21). *Y apareció el Hijo de Dios, para destruir las obras del diablo* (1 Juan 3:8). Cristo vino como el segundo Adán, para deshacer el daño causado por el primer Adán (1 Corintios 15:22; 45; Romanos 5:15-19). *"Quien de cierto es necesario que el cielo reciba hasta los tiempos de la restauración de todas las cosas, de que habló Dios por boca de sus santos profetas que han sido desde el tiempo antiguo"* (Hechos 3:21). Cristo, quien es el *"Puente"* entre el cielo y la tierra; nos redimió, nos reconcilió con el Padre, haciendo de nosotros espíritus vivificados, ahora Su Espíritu ha vuelto a morar en nosotros, porque somos Su templo, hemos recuperado Su naturaleza divina, y la vida eterna (Éxodo 40:34; Números 9:15; Joel 2:28-31; Hechos 2:1-4, 16-21). Entonces, cuando seamos transformados en cuerpos incorruptibles lo veremos cara a cara y estaremos con Él eternamente. *"Porque tres son los que dan testimonio en el cielo: el Padre, el Verbo y el Espíritu Santo; y estos tres son uno"* (Juan 5:7-9).

Por medio del nuevo nacimiento, ahora tenemos entrada a la presencia del Padre, podemos acercarnos libremente al **Lugar Santísimo** (Hebreos 10:19). Por lo tanto, somos **readmitidos** al Edén por gracia y se nos permite participar nuevamente del **árbol de la vida**, Cristo (Apocalipsis 2:7). Pablo dice: "Sino que os habéis acercado al *monte Sión*, y a la *ciudad del Dios vivos; a Jerusalén, la celestial, y a miriadas de ángeles, a la iglesia de los primógenitos inscritos en los cielos*, a Dios, *Juez de todos, y a los espíritus de los justos HECHOS PERFECTOS, a Jesús el Mediador del nuevo pacto..."* (Hebreos 12:22-24). También señala refiriéndose a Jerusalén: "*Porque no tenemos aquí una ciudad permanente, sino que buscamos la que está por venir"* (Hebreos 13:14). *"Porque* nuestra ciudadanía está en los cielos ..." (Filipenses 3:17-21). Esa ciudadanía celestial, la perdió el hombre al pecar, y sólo la recuperá a través de Cristo.

Sabemos, que a la iglesia (ministros competentes del nuevo pacto) se le ha encomendado predicar el Evangelio y expandir el reino, hasta los confines de la tierra (Mateo 28:18-20) **para alcanzar a aquellos cuyos nombres están inscritos en el** *"libro de la Vida"; a los primógenitos inscritos en los cielos*, y *a los espíritus de los justos hechos perfectos* (a nosotros). Como puedes ver, es allí en el ámbito celestial donde está nuestra ciudadanía (sin olvidar que el cielo y la tierra estaban unidos). En Apocalipsis 14:1, Jerusalén es presentada como el Monte Sión: "*Luego miré, y apareció el Cordero. Estaba de pie sobre el Monte Sión*, en compañía de ciento cuarenta y cuatro mil personas (simbología) que llevaban escrito en la frente el nombre del Cordero y de su Padre." Sobretodo, este *monte* es tipología del lugar donde Dios mora en la eternidad, y se usa figuradamente como símbolo de permanencia, de *gobierno*. Dios escogió esta Ciudad y la designó como el lugar donde se construiría el Templo, la Casa de Dios. "...sino que escogió a la tribu de Judá, al **monte Sión** que Él amaba. Y *edificó su santuario como las alturas, como la tierra que ha fundado para siempre"* (Salmo 78:68-69). *"Porque Jehová ha elegido a Sión; la quiso por habitación para Sí. Este es para siempre* el lugar de mi reposo; aquí habitaré, porque la he querido" (Salmo 132:13-

15). Jesús dijo en el Sermón del Monte: "Pero yo os digo: no juréis de ninguna manera; ni por el cielo, porque es el trono de Dios; ni por la tierra, porque es el estrado de sus pies; ni por Jerusalén, *porque es La Ciudad del Gran Rey*" (Mateo 5:34-35, Hechos 7:49). La primera mención la podemos encontrar en Isaías 66:1, "Jehová dijo: El cielo es mi trono, y la tierra estrado de mis pies."

Yo estoy comenzando a trabajar con esta verdad, anhelo con todo mi corazón vivir esta verdad; ya el Padre nos dio todo a través del Hijo, Cristo. Pero seguimos pensando que es en el futuro, cuando Cristo regrese. No vivimos en lo sobrenatural porque no hemos aprendido a vivir en lo espiritual, somos seres espirituales habitando en vasijas de barro y viviendo una experiencia terrenal en una dimesión llamada Tierra. Isaías dice que la tierra será llena del conocimiento de Jehová, como las aguas cubren el mar (Isaías 11:9). Así será, progresivamente, a medida que nuestra mente sea renovada en el conocimiento de la gloria de Dios, reflejada en Cristo, porque una mente renovada refleja la gloria de Dios (2 Corintios 3:18). En aquella ocasión de la transfiguración de Cristo, delante de los discípulos, ellos vieron una luz resplandeciente que emanaba de Él, podríamos describirlo como una barrera o un límite que traspasó el cruce de una línea entre lo natural y lo sobrenatural, entre lo humano y lo divino, o sea el cruce de una dimensión a otra. La palabra griega para transfiguración es *'metamorphoomai',* de donde proviene también la palabra metamorfosis. El prefijo *trans* significa literalmente 'a tráves' es como una transformación. Nosotros también necesitamos transpasar esa barrera o límite para poder ver y manifestar al mundo la gloria de Dios.

La Nueva Jerusalén

Según Isaías, **Jerusalén será restaurada como al principio y será llamada Ciudad de Justicia, Ciudad de Fidelidad**. Cita: *"Sión será redimida con el juicio y los que se arrepientan, convertidos con justicia"* (Isaías 1:26-27). Dios declaró: *"Pero yo mismo he consagrado a mi Rey sobre Sión, mi santo monte"* (Salmo 2:6). Según Apocalipsis, *esta ciudad será "el* **tabernáculo de Dios con los hombres,**" *y Él morará con ellos; y ellos serán su pueblo, y*

Dios mismo estará con ellos como su Dios. Enjugará Dios toda lágrima de los ojos de ellos; y ya no habrá muerte, ni habrá más llanto, ni clamor, ni dolor, porque las primeras cosas pasaron" (Apocalipsis 21:3-4). *"No entrará en ella, ninguna cosa inmunda, o que hace abominación y mentira, sino solamente los que están inscritos en el "Libro de la Vida del Cordero"* (Apocalipsis 21:27). Lucas 10:20 cita: "No obstante, no se regocijen en esto, en que los espíritus malignos se someten a ustedes, sino *regícijense de que sus nombres están escritos en el cielo."* Cristo, al mencionar a Jerusalén la llamó la "casa de mi Padre". *"En la casa de mi Padre muchas moradas hay…"* Y yo te digo: El que tenga oídos entienda lo que el Espíritu está revelando hoy. *"Aquello que fue, ya es; y lo que ha de ser, fue ya; y Dios restaurará lo que pasó"* (Eclesiastés 3:15). Pablo, también nos habla de la Jerusalén Celestial y de la Jerusalén de abajo, o sea que los diseños de arriba, están abajo y los de abajo son una copia de lo que está arriba: *"Sino que os habéis acercado al monte de Sión, a la ciudad del Dios vivo, Jerusalén la celestial, a la compañía de muchos millares de ángeles* (Hebreos 12:22); Sión como Jerusalén son la ciudad de Dios. Refiriéndose a la Nueva Jerusalén (la Ekklesia), Pablo la mencionó como la esperanza de Abraham.

Los que confían en Dios habitarán en el Monte de Sión; no serán conmovidos sino que habitaran allí eternamente. En Apocalipsis 21: 1-4, el apóstol Juan describe a la Nueva Jerusalén: "Vi un *cielo nuevo* y una *tierra nueva;* porque el primer cielo y la primera tierra pasaron, y el mar ya no existía más. Y yo Juan, vi la santa ciudad, la nueva Jerusalén, descender del cielo, de Dios, dispuesta como una esposa ataviada para su marido. Y oí una gran voz del cielo que decía: "He aquí **el tabernáculo de Dios** con los hombres, y él morará con ellos; y ellos serán su pueblo, y Dios mismo estará con ellos como su Dios" Enjugará Dios toda lágrima de los ojos de ellos; y ya no habrá muerte, ni habrá más llanto, ni clamor, ni dolor; porque *las primeras cosas pasaron."* **El templo físico en la Jerusalén natural es en realidad un modelo metafórico que es sustituido espiritualmente por el templo de nuestro cuerpo.** Cuando sea consumada la boda del Cordero, ambos templos serán uno en Cristo y en el Padre. Jesús se define como templo. *"Y no vi en ella templo alguno, porque su templo es el Señor, el Dios Todopoderoso, y el Cordero"* (Apocalipsis 21:22). Ahora, la Jerusalén Celestial es una ciudad espiritual donde ya habitamos, pero se nos ha prometido que ahí habitaremos en la presencia de Dios Padre y del Hijo, eternamente. Adán y Eva no lo lograron porque fueron engañados por la serpiente, pero la "Novia" desde el Monte de Sión, en la Nueva Jerusalén, si lo logrará.

Recuerda que Pablo también hablaba de una carrera de fe, una carrera que se debe correr y una batalla que se debe luchar y vencer, no ganar, porque Cristo la ganó por nosotros. *"He peleado la buena batalla, he acabado la carrera, he guardado la fe"* (2 Timoteo 4:6-8). Y exhortaba a Timoteo: *"Pelea la buena batalla de la fe, echa mano de la vida eterna* (1 Timoteo 6:11-12). La palabra griega traducida como *"echar mano"*, es la palabra *"epilavou"* y significa "**atrapar, tomar**" (Diccionario Strong). Pablo afirma que la salvación es por gracia, pero también nos señala que debemos ser **diligentes**. 2 Juan 1:8 exhorta: *"Tengan cuidado de sí mismos para que no pierdan lo que han logrado, sino que reciban recompensa completa."* La "Carrera" no la ganan los más veloces, sino los que perseveran hasta llegar a la meta. El Espíritu Santo que mora en ti, te dará el poder para vencer el pecado y cumplir el propósito eterno de Dios. Mas, depende de ti permitir que el Espiritu Santo gobierne tu vida, tú decides. Solo quienes deciden someterse a Él tienen libre acceso a Su poder y a Su dirección. **Tú has sido posicionado para lograr todo aquello para lo cual fuiste predestinado**; irás de gloria en gloria cada vez que venzas la carne; cada vez que caíga un velo de tus ojos y recibas revelación; será una batalla en la fe que habrás ganado. Sabes, irás creciendo hasta llegar a la unidad de la fe y del conocimiento pleno del Hijo de Dios, a la condición de un hombre maduro, a la medida de la estatura de la plenitud de Cristo; hasta que el carácter de Cristo sea formado en ti.

Apocalipsis es la revelación de Jesucristo, que Dios le dio al apóstol Juan, por medio de un ángel, para que fuera declarada a sus siervos las cosas que sucederían. Juan fue testigo ocular de la Palabra y del testimonio de Jesús el Mesías. Y estando él en el espíritu, en una isla llamada Patmos, ahí recibe la revelación de *"las cosas que son, y las que han de ser ..."* (Apocalipsis 1:19). Cristo le revela que las siete iglesias son los siete candeleros (Menorah) que están en el cielo (Apocalipsis 1:20). Juan envía estas cartas dictadas por el Señor mismo a las siete iglesias de Asia, las cuales son una representación o tipo de la iglesia universal de hoy. Estas tienen un mensaje de elogios, advertencias y recompensas, porque son cartas proféticas y siguen en vigencia a través del tiempo hasta su cumplimiento. El número **siete** denota la plenitud divina. Mira las promesas de las cartas, y enfócate en cada una de las premisas:

1. Mensaje enviado a la iglesia de Efeso: "El que tiene oído, oiga lo que el Espíritu dice a las iglesias. *Al que venciere* (premisa), le daré a comer del árbol de la vida (Cristo) el cual está en medio del paraíso de Dios (promesa)"; (Apocalipsis 2:7).

2. Mensaje enviado a la iglesia de Esmirna: "El que tiene oído, oiga lo que el Espíritu dice a las iglesias. *Al que* venciere (premisa), no sufrirá daño de la segunda muerte (promesa, tendrá vida eterna)", (Apocalipsis 2:11).

3. Mensaje enviado a la iglesia de Pérgamo: "El que tiene oído, oiga lo que el Espíritu dice a las iglesias. *Al que* venciere (premisa), daré a comer del maná escondido (revelación), y le daré una piedrecita blanca, y en la piedrecita escrito un nombre nuevo, el cual ninguno conoce sino aquel que lo recibe Dios (promesa)", (Apocalipsis 2:17).

4. Mensaje enviado a la iglesia de Tiatira: "*Al que* **venciere y guardare mis obras hasta el fin** (premisa), yo le daré autoridad sobre las naciones, y las regirá con vara de hierro, y serán quebradas como vaso de alfarero; como yo también la he recibido de mi Padre; y le daré la estrella de la mañana (promesa). El que tiene oído, oiga lo que el Espíritu dice a las Iglesias" (Apocalipsis 2:26-29). Participará del Gobierno de Cristo y juzgará al mundo (sistemas) (1 Corintios 6:2).

5. Mensaje enviado a la iglesia de Sardis: "*El que* **venciere** (premisa), será vestido de vestiduras blancas; y **no borraré su nombre del libro de la vida,** y confesaré su nombre delante de mi Padre, y delante de sus ángeles (promesa). El que tiene oído, oiga lo que el Espíritu dice a las iglesias" (Apocalipsis 2:5-6).

6. Mensaje enviado a la iglesia de Filadelfia: *"Al que* **venciere** (premisa), yo lo haré columna en el templo de mi Dios, y nunca más saldrá de allí; y escribiré sobre él el nombre de mi Dios, y el nombre de la ciudad de mi Dios, **la nueva Jerusalén**, la cual desciende del cielo, de mi Dios, y mi nombre nuevo Dios (promesa). El que tiene oído, oiga lo que el Espíritu dice a las iglesias" (Apocalipsis 2:12-13).

7. Mensaje enviado a la iglesia Laodicea: *"Al que* **venciere** (premisa), le daré que se siente conmigo en mi trono (promesa), así como yo he vencido, y me he sentado con mi Padre en su trono. El que tiene oído, oiga lo que el Espíritu dice a las iglesias. (Apocalipsis 3:21-22).

Todas estas promesas dadas a las siete iglesias, Cristo las ganó para nosotros, creelo y afírmate en la Verdad Eterna (Cristo) y como dijo Pablo a Timoteo, *pelea la buena batalla de la fe*, *echa mano de la vida eterna* (1 Timoteo 6:11-12). Esfuérzate y sé valiente, no temas, no te desanimes, el Señor estará contigo hasta el final. Él renovará tus fuerzas. Recuerda que todo lo que le fue presentado a Moisés en el monte acerca del tabernáculo era sombra y figura de todo lo celestial, porque son **representaciones de la realidad**; **te señala algo real, lo verdadero, lo que en realidad va a venir.** En Hebreos 10:1, leemos *"Teniendo la sombra de los bienes venideros, no la imagen misma de las cosas."* En Cristo todo quedó cumplido, somos herederos y coherederos con Él, ya no son promesas sino realidades que alcanzaremos a la medida de la madurez de Cristo en nosotros (Romanos 8:17). *"A los que aman a Dios, todas las cosas les ayudan a bien, esto es*, **a los que conforme a su propósito son llamados"** (Romanos 8:28).

Nosotros como la 'Ekklesia' estamos representados en el Templo Celestial (Apocalipsis 1:12-13), por la *"Menorah"* (lámpara de aceite de siete brazos, con forma de árbol) o sea siete candeleros; el número siete significa perfección y terminación o sea plenitud. El candelabro *"Menorah"* de los siete brazos era el tercer mueble en el Lugar Santo, y su llama había sido prendida por Dios mismo y se mantenía ardiendo día y noche, aunque había sido encendida por Dios, tenía que ser atendida por el sacerdote, cuidando que nunca le faltara suficiente aceite y mecha para seguir ardiendo. Según Zacarías e Isaías, la menorah es símbolo del espíritu de Dios. La luz que emana de cada brazo del candelero representa la Palabra, al verbo, Cristo, la luz del mundo (la iglesia), y el aceite representa al Espiritu Santo. La **Menorah** es un símbolo de testimonio. *"Nadie pone en oculto la luz encendida, ni debajo del almud, sino en el candelero, para que los que entran vean la luz"* (Lucas 11:33). *"Así alumbre vuestra luz delante de los hombres, para que vean vuestras buenas obras, y glorifiquen a vuestro Padre que está en los cielos"* (Mateo 5:16).

A Juan, se le acercó un ángel y le dijo: *"...ven acá, yo te mostraré la **desposada, la esposa del Cordero.** Y me llevó en el Espíritu a un monte grande y alto, y me mostró la gran **Ciudad Santa de Jerusalén, que descendía del cielo, de Dios."* Le fue presentada la Ciudad Santa, la Jerusalen, *que descendía desde el Cielo, de Dios, teniendo la Gloria de Dios como radiante luz ...* (Apocapilsis 21:9-11). Le fue presentada *con un* **cuerpo incorruptible**, sin contaminación, ella es la ciudad celestial donde habita el Cordero, es Su esposa (una con Él), es Su *'Ekklesia'* redimida, pura, sin mancha (señal que hace una cosa en un cuerpo, ensuciándolo y echándolo a perder), y sin arruga (plieque que se hace en la piel); en ella solo habitaran todos aquellos, cuyos nombres estén inscritos en el **libro de la vida del Cordero**. La Nueva Jerusalén que baja del cielo, la ciudad de Dios, es la *'Ekklesia,* la asamblea o congregación de los salvos', tú y yo; la cual forma parte del **gobierno** de Dios. La ciudad es iluminada por la gloria de Dios (Apocalipsis 21:23). Los cimientos del muro de la Ciudad están adornados con toda clase de piedras preciosas (Apocalipsis 21:19-20). Es un despliegue deslumbrante y brillante de piedras preciosas (simbolismo) (ver Apocalipsis 21:11-21). Las cuales representan la belleza y esplendor de la Ciudad de Dios. Así es descrita la Nueva Jerusalén: Tiene un muro grande y alto con **doce puertas**; y en las puertas, **doce ángeles**, y nombres inscritos, que son los de las **doce tribus de los hijos de Israel**; al oriente **tres puertas**; al norte **tres puertas**; al sur **tres puertas**; al occidente **tres puertas** (12 en total). Y el muro de la ciudad tenía **doce cimientos**, y sobre ellos los **doce nombres** de los **doce apóstoles del Cordero**. En la Biblia los números tienen tres significados distintos: **cantidad, simbolismo** y **mensaje**. Como podemos ver, **somos una ciudad israelita de principio a fin**, somos un solo rebaño con un mismo Pastor. Recuerda, Israel significa el que gobierna con Dios. Y es que no veo una puerta que diga judíos, gentiles o cristianos; y es que **todos en el Nuevo Pacto**, somos descendientes de la simiente de Abraham. Pero, aunque hayamos sido "escogidos" desde antes de la fundación del mundo para ser hechos 'hijos y herederos' juntamente con Cristo, no podemos disfrutar los beneficios del Pacto de Gracia, hasta que somos salvos por medio de la fe en Cristo.

El número **12** es un número perfecto, tiene que ver con **gobierno**, y es el número de la **elección divina**. Es usado 187 veces en la Biblia, 22 de ellas en Apocalipsis. **La nueva Jerusalén es el nuevo hombre restaurado a su naturaleza original**, una nueva creación con un cuerpo incorruptible a la imagen del segundo Adán, Cristo. *"Y no vi en ella templo alguno, porque su templo es el Señor, el Dios Todopoderoso, y el Cordero"* (Apocalipsis 21:22). No hay templo porque nosotros somos el templo donde Él habita. Como dijo Jesús: *"Yo y el Padre uno somos; el Padre está en mí, y yo en el Padre.* (Juan 10:30 y 38). "... *para que todos sean uno; como tú, oh Padre, en mí y yo en ti, que también ellos sean uno en nosotros; para que el mundo crea que tú me enviaste. La gloria que me diste, yo les he dado, para que sean uno, así como nosotros somos uno"* (Juan 17:21-22). Entonces tiene sentido, porque es tan importante orar por Jerusalén, porque somos nosotros Su pueblo, la Jerusalén natural solo es sombra y figura de la verdadera (nosotros). David decía así: "Pedid por la paz de Jerusalén; sean prosperados los que te aman (ésto es una promesa de bendición). Sea la paz *dentro de tus muros*, y el descanso *dentro de tus palacios*. (yo añado a mi oración: "Sean confundidos, y avergonzados los que se levantan contra ti. Huyan delante de ti y sean vueltos atrás los que contra ti conspiran"). Sea por amor de mis hermanos, y mis compañeros Diré yo: La paz sea contigo. Por amor a la **casa** (habitación donde Él mora) **de Jehová nuestro Dios**, buscaré tu bien. (Salmo 122:2-7).

Y como a la nueva Jerusalén que somos, Cristo nos dio dominio, señorío, y poder, para gobernar, porque **somos linaje escogido para servir como reyes y sacerdotes en el reino**, un pueblo santo, **congregación** (Ekklesia) **redimida** ...; a nosotros que en otro tiempo no eramos considerados pueblo, pero ahora somos pueblo de Dios, y no había **misericordia** para nosotros, pero ahora ha sido derramada misericordia (1 Pedro 2:10). Pedro nos identificó como la "Lo-Ruhama" que significa **no misericordia** y como la "Lo-Ammi" que significa **no pueblo mío**. Pablo nos dice que antes eramos gentiles en cuanto a la carne, porque no teníamos a Cristo, eramos extraños a las costumbres de Israel, ajenos al pacto de las promesas, sin esperanza y sin Dios en el mundo. Pero ahora de ambos pueblos hizo uno, derribó el obstáculo que se interponía. Todo trata de la restauración de todas las cosas como al principio de la creación, a su estado original, donde no existía la rebelión. Antes de ser escogidos fuimos llamados. La palabra traducida como "**llamado**" es *klétos'*, la cual está relacionada con el sustantivo *'kletois'*, que significa "*un llamado*" y se refiere "especialmente a la invitación de Dios para el hombre para aceptar la salvación (Diccionario expositivo Vine, "Llamar, los llamados, llamado"). Esta palabra también es similar al equivalente griego de "iglesia", *ekklesia*, que significa "llamado a salir". Entendemos que el llamado proviene de Dios, Él es el único que puede llamar a salvación, o a servirle en un propósito particular como cuando llamó a Saúl y a David como reyes de Israel. Cristo lo confirmó cuando dijo: "***Ninguno puede venir a mí, si el Padre que me envió no le trajere; y yo le resucitaré en el día postrero***" (Juan 6:44). La palabra griega traducida como "**escogido**" es *'eklektos'*, que significa 'seleccionado, o elegido' (Diccionario expositivo Vine). Cuando Dios llama, capacita. Pero la elección de Dios no es conforme a los parámetros del mundo, sino conforme a Su propósito eterno. Jesús dijo que muchos son llamados, y pocos escogidos (Mateo 22:4). Porque Dios mira lo profundo del corazón del hombre, no sus capacidades o títulos. Cuando Dios escogió a David, dijo al profeta: "***No mires a su parecer, ni a lo grande de su estatura, porque yo lo desecho; porque Jehová no mira lo que mira el hombre; pues el hombre mira lo que está delante de sus ojos, pero Jehová mira el corazón.***" (1 Samuel 16:7). David cumplió su llamado, lo opuesto a Saúl que no agradó a Dios, al no obedecerlo. Dios llama y escoge a las personas, pero el hombre decide si obedece o no. El apóstol Pedro nos exhorta a ser diligentes: "Por lo cual, hermanos, tanto más procurad hacer firme vuestra vocación y **elección**; porque haciendo estas cosas, no caeréis jamás. Porque de esta manera os será otorgada amplia y generosa entrada en el reino eterno de nuestro Señor y Salvador Jesucristo" (2 Pedro 1:10-11). "***ES LA REACCIÓN DEL***

HOMBRE QUE ES LLAMADO, LO QUE DETERMINA SU ELECCIÓN."

Pregunto: ¿Sabía usted que es templo de Dios, y que el Espíritu de Dios habita en usted? Si alguno destruye el templo de Dios, él mismo será destruido por Dios; porque el templo de Dios es sagrado, y ustedes son ese templo (1 Corintios 3:16-17). ¿Acaso no saben que su cuerpo es templo del Espíritu Santo, quien está en ustedes y al que han recibido de parte de Dios? Ustedes no son sus propios dueños (1 Corintios 6:19). Respetar nuestro cuerpo es respetar el sacrificio de la cruz porque como dice el Apóstol Pablo, hemos sido comprados por precio (de sangre); glorifquemos, pues, a Dios en nuestro cuerpo y en nuestro espíritu, los cuales son de Dios" (1 Corintios 6:20). Encontramos un pasaje en la Biblia sobre la parábolas del tesoro escondido y la perla de gran valor y cita: "*El reino de los cielos es semejante a un tesoro* (el espíritu) *escondido en el campo* (el cuerpo), que al encontrarlo un hombre, *lo vuelve* a esconder, y de alegría por ello, va, vende todo lo que *tiene y compra aquel campo. El reino de los cielos también es semejante a un mercader que busca perlas finas*, y al encontrar una perla de gran valor, fue y vendió todo lo que tenía y la compró (Mateo 13: 46). ¿Cúanto pagó Jesús por nosotros? ¡Lo entregó todo, entregó Su vida! Así nos redimió, y volvimos a nuestro dueño, nuestro Señor. Reconozcamos que Él nos hizo, y no nosotros a nosotros mismos; somos pueblo Suyo, y ovejas de Su prado (Salmo 100:3).

"Yo anuncio el fin desde el principio; desde los tiempos antiguos, lo que está por venir. Yo digo: Mi propósito se cumplirá, y haré todo lo que deseo."

Isaías 46:10

Capítulo 12

El eterno designio de Dios

Las Escrituras nos revelan que el Hijo, Jesucristo, estaba con su Padre antes de la fundación del mundo: *"Jehová me poseía en el principio, ya de antiguo, antes de sus obras. Eternamente tuve el principado, desde el principio, antes de la tierra."* (Proverbios 8:22-23). El Padre dio a Cristo toda autoridad sobre los cielos y sobre la tierra (Mateo 28:18). Pablo lo identificó como el poder y la sabiduría de Dios (1 Corintios 1:24), y dice que en Cristo están escondidos todos los tesoros de la sabiduría y del conocimiento (Colosenses 2:3). **"Cristo es la imagen del Dios invisible**, él primogénito de toda creación, en él fueron creadas todas las cosas, las que hay en los cielos y las que hay en la tierra, visibles e invisibles; sean tronos, sean dominios, sean principados, sean potestades; todo fue creado por medio de él y para él" (Colosenses 1:15-16). Él es la cabeza de todo principado y potestad (Colosenses 2:10). **Principado** en griego *"arjés"*, gobierno, gobernante, autoridad. Es 'el título o dignidad de príncipe', pero también se refiere al 'territorio o lugar sujeto a la potestad de un príncipe.' **Potestad es un concepto que se deriva del término latino potestas. La noción permite nombrar al *mando*, la *superioridad*, el *imperio*, y la *autoridad* que alguien dispone sobre otra persona o sobre alguna cosa.** El Diccionario de la Real Academia Española, define **potestad** como 'dominio, poder, jurisdicción o facultad que se tiene sobre una cosa'. Cristo fue levantado al cielo y está a la diestra de Dios; y **a él están sujetos ángeles, autoridades y potestades** (1 Pedro 3:22). Pablo escribe: *"Y él es antes que todas las cosas, y todas las cosas en él subsisten, y él es la cabeza del cuerpo que es la iglesia, él que es el principio*, el primogénito de entre los muertos, para que en todo tenga la preeminencia; por cuanto agradó al Padre que en él habitase toda , y por medio de él reconciliar todas las cosas, así las que están en la tierra como las que están en los cielos, haciendo la paz mediante la sangre de su cruz" (Colosenses 1:17-20). Pablo señala que Cristo entregará el reino al Padre, cuando haya suprimido todo dominio, toda autoridad y potencia, porque es preciso que Él reine hasta que haya puesto a todos sus enemigos debajo de sus pies, y el postrer enemigo que será destruido es la muerte ... (1 Corintios 15: 24-28).

Los conceptos bíblicos de **predestinación** y **elección** nos recuerda que la obra redentora del Mesías en la cruz, se remonta a un **plan perfecto y eterno** concertado entre el Padre y el Hijo, Jesús el Mesías. No se trata sólo de la omnisciencia de Aquel que anunció desde el principio lo que ocurriría al final (Isaías 46:10), sino también de su determinada e irrevocable voluntad (Hechos 2:23; Efesios 1:11) y de su *eterno propósito* (Efesios 3:11). David, profetizó en el Salmo 110:2, que *Dios enviaría desde Sión* (celestial) el cetro de poder; el cual dominaría sobre sus adversarios, refiriédose al Mesías que vendría del linaje davídico. Este plan tuvo su origen en la eternidad, un determinado e irrevocable designio decretado por voluntad de Dios antes de que el mundo fuese: **"Pero si él determina una cosa, ¿quién lo hará cambiar? Su alma deseó, e hizo** (Job 23:13). **Yo anuncio el fin desde el principio; desde los tiempos antiguos, lo que está por venir. Yo digo: Mi propósito (designio) se cumplirá, y haré todo lo que deseo"** (Isaías 46:10, NVI). **Porque es el propósito eterno de Aquel que desde el principio anunció el fin; Aquel que no hace predicciones en secreto** (Isaías 48:16), Él que juró diciendo: **Ciertamente se hará de la manera que lo he pensado, y será confirmado como lo he determinado** (Isaías 14:24).

Y lo confirma las expresiones expuestas por sus discípulos: *"antes que el mundo fuese"* (Juan 17:5), *"antes de los siglos"* (1 Corintios 2:7), *"antes de los tiempos de los siglos"* (2 Timoteo 1:9; Tito 1:2), y *"antes de la fundación del mundo"* (Efesios 1:4; 1 Pedro 1:20; Juan 17:24). Dios tiene un **plan**

eterno y lo llevará a su cumplimiento. Es un plan que fue **consumado** por su Hijo en el **Calvario** en el lugar llamado la **Calavera**, y en hebreo **Gólgota**, nombre dado al monte en las afueras de Jerusalén donde Cristo fue crucificado, allí el Mesías inmolado lo confimó cuando exclamó: **¡Consumado es!** Esta palabra *"consumado"* significa que está 'terminado o completo' (Juan 19:28-30). Así que caminemos en las buenas obras que Jesús preparó de antemano para que anduviéramos en ellas (Efesios2:10). Allí en el **Gólgota** se cumplió lo que el Eterno decretó en Génesis 3:15, sobre la serpiente: **"Él hollará tu cabeza"**. Cristo cumplió perfectamente Su llamado y Su propósito, y pagó totalmente nuestra deuda. Calvino lo expone así: Cristo contrasta su muerte con los antiguos sacrificios y todas las figuras como si dijera: *"De todo lo que era practicado bajo la Ley, no había nada que tuviera algo de poder en sí mismo para expiación de pecados, para propiciación de la ira de Dios y para obtener justificación; pero ahora la verdadera salvación es exhibida y manifestada al mundo."* De esta doctrina depende la abolición de todas las ceremonias de la Ley; **porque sería absurdo seguir a las sombras**, ya que tenemos el cuerpo en Cristo. Por lo tanto, al manifestarse aquello que la Ley apuntaba, ya el significado de las ceremonias y sacrificios fue **consumado**, y ya no tienen más valor en sí mismo. Entendamos pues, que Cristo murió en la eternidad y el pacto de gracia o nuevo pacto fue concertado en la eternidad por amor a nosotros. "... me has amado desde **antes de la** *fundación del mundo*" (Juan 17:24). Y volvemos a encontrar la expresión *"antes de la fundación del mundo,"* donde Pedro, nos dice que fuimos predestinados para salvacion: "sabiendo que fuisteis **rescatados**... con la sangre preciosa de Cristo, como de un cordero (símbolo de la obediencia) sin mancha y sin contaminación, **ya destinado** desde *"antes de la fundación del mundo,"* pero manifestado en los *postreros tiempos"* (1Pedro 1:18-20). Hace dos mil años comenzaron los tiempos postreros. Él nos bendijo con toda bendición espiritual "según nos escogió en Él *antes de la fundación del mundo"* para que fueramos santos y sin mancha delante de Él" (Efesios 1:4). Todos estos pasajes nos revelan esta verdad: El Eterno Dios determinó desde la eternidad darles, **"a quienes conocía ya,"** **vida y salvación** ... (Romanos 8:29). Allí en la eternidad hizo un pacto de gracia, un pacto incondicional con su Hijo Unigénito para **redimirnos**

(**volver a comprar algo que le pertenecía**). Así lo anunciaron los profetas: "Pero tú, Belén Efrata, pequeña para estar entre las familias de Judá, de ti me saldrá el que será Señor en Israel; *y sus salidas son desde el principio, desde los días de la eternidad*" (Miqueas 5:2). Y en el Nuevo Testamento, Timoteo lo expone así: "También nos salvó y nos llamó con llamamiento santo, no conforme a nuestras obras, sino según el propósito suyo y la gracia que nos fue dada en Cristo Jesús **antes de los tiempos de los siglos**" (1 Timoteo 1:9). "Y a los que *predestinó* (del griego "**proorizo**", Concordancia Strong 4309), es una palabra compuesta de '*pro*' que significa '**de antemano**' y '*horizó*' significa **línea que establece límite**, a éstos también llamó; y a los que *llamó*, a éstos también *justificó*; y a los que justificó, a éstos también *glorificó*" (Romanos 8:30). Nos predestinó para ser hijos suyos *conformados* a la imagen de su Hijo Jesucristo. Fuimos '*reengendrados*' (volver a engendrar, somos nueva creación), no de una simiente corruptible sino de una incorruptible, Jesucristo (1 Pedro 1:23). Este propósito de Dios nos asegura nuestra salvación en Su Hijo. "Porque de tal manera amó Dios al Mundo, que ha dado a su Hijo unigénito, para que todo aquel que en él cree, no se pierda más tenga vida eterna. Porque no envió Dios a su Hijo al mundo para condenar al mundo, sino para que el mundo sea salvo por él. Mas a todos los que le recibieron, a los que creen en su nombre, les dio potestad de ser hechos hijos de Dios; los cuales no son engendrados de sangre, ni de voluntad de carne, ni de voluntad de varón, sino de Dios" (Juan 1:12-13). "Quien cree en él, no es juzgado; el que no cree, ya ha sido juzgado, porque no ha creído en el Nombre del Unigénito Hijo de Dios" (Juan 3:16-18). Dios nos ha dado a todos la oportunidad de conocerlo, Él no hace acepción de personas: "Porque la gracia de Dios se ha manifestado para salvación a todos los hombres, enseñándonos que renunciando a la impiedad y a los deseos mundanos, vivamos en este siglo sobria, justa, y piadosamente, aguardando la esperanza bienaventurada, y la manifestación gloriosa de nuestro gran Dios y Salvador Jesucristo, quien se dio a sí mismo por nosotros para redimirnos de toda iniquidad y purificar para sí un *pueblo propio, elegido, celoso de buenas obras*" (Tito 2:11-14).

Podemos ver que el fundamento de Dios está firme, teniendo este **Sello**: "*Conoce el Señor a los que son suyos ...*" (2 Timoteo 2:19). Por eso al estudiar el **Tabernáculo** podemos ver el plan perfecto de Dios, no solo para redimirnos, **sino para morar en nosotros**, "Y el Verbo se hizo carne y *habitó* (tabernaculizó) entre nosotros lleno de gracia y de verdad; y vimos su gloria, gloria del Unigénito del Padre" (Juan 1:14). Somos **linaje escogido** (el verbo *"escoger"* significa 'hacer una selección' dentro de muchos), **sacerdocio real** (un oficio), **nación santa**, **pueblo adquirido** (por posesión, pertenece a Dios) para que anunciemos las virtudes de aquel que nos llamó de las **tinieblas a Su luz admirable** (1 Pedro 2:9, énfasis añadido). "Porque no entró Cristo en el santuario hecho de mano, **figura** del verdadero, sino en el cielo mismo para presentarse ahora por nosotros ante Dios; y no para ofrecerse muchas veces, como entraba el sumo sacerdote en el Lugar Santísimo cada año con sangre ajena. De otra manera le hubiera sido necesario padecer muchas veces desde el principio del mundo; **pero ahora, en la consumación de los siglos** (lea y entienda, *consumación* es la realización de una acción o proceso, de manera que quede completado, finalizado, culminado (Diccionario Wordreference.com), se presentó una vez para siempre por el sacrificio de sí mismo para quitar de en medio el pecado" (Hebreos 9:24-26). ¡Nuestra escatología es de **DOMINIO** y **REINO**!

La Verdad Presente

Dios se fue revelando progresivamente a través de los pactos, pero en el nuevo pacto es revelado a tráves de Cristo. **El *"Nuevo Pacto"*** es la expresión cumplida de lo que Dios se había propuesto y había prometido. Cada pacto es un fragmento de uno, es una *'revelación progresiva'* de lo Eterno o del **Pacto Eterno**. Para recuperar todo lo que habíamos perdido, el pacto es esencial. Veamos lo que es vivir fuera del pacto eterno, miremos el ejemplo de Mefiboset, el hijo de Jonatán, hijo del rey Saúl. Mefiboset (significa el que recupera la vergüenza) era un hombre de ascendencia real, pero cuando él era niño, el trono de su abuelo fue derrocado, y murieron su padre y su abuelo, viéndose él afectado por un accidente que lo dejó inválido (2 Samúel 4:1-4). Y creció en un refugio llamado Lodebar, lo que significa*"sin pacto"*, un lugar de tierra árida, hostil, que no produce frutos. Allí vivió Mefiboset y creció fuera del pacto (aunque su padre fue un príncipe, un querrero que vivía en pacto).

Hasta que un día, el rey David lo mandó a llamar a su presencia, a el palacio, le contó del pacto que Jonatán, su padre y él habían hecho. El rey David decidió hacer justicia al hijo de su mejor amigo, y le dijo que le restituiría todo lo que era de su abuelo, y **que siempre iba a comer en su mesa**. A partir de aquel día, *Mefiboset* vivió como el príncipe que era y comió siempre en la mesa del Rey, por la *justicia* que David le impartió, a causa del pacto que había hecho con su padre Jonatán, quitó de *Mefiboset* la vergüenza, le devolvió lo que le había sido quitado, su **identidad**, su **herencia** y su posición en el '**Reino**'. Además, recuperó la herencia de su abuelo y la de su padre. Al igual que *Mefiboset*, nosotros hemos sido justificados, por la gracia del nuevo pacto, al Cristo derramar Su sangre, al avergonzar, derrotar, y vencer al enemigo; en la cruz nos devolvió nuestra posición de hijo, de dominio, de gobierno (en el reino), nuestra herencia, nos dio libertad; identidad; sanidad, y paz. Ahora nos toca a nosotros vivir de acuerdo al pacto, a través de la fe y la obediencia.

Cuando el Apóstol Pedro, nos habla de la justicia que hemos alcanzado, no se refirió a un dogma o una doctrina, sino a una persona, a Cristo, porque Él es la "Verdad". Y Pedro lo llamó la *Verdad Presente,* y hace alusión a que nosotros lo sabemos: "Por esto, yo no dejaré de recordaros siempre estas cosas, aunque vosotros las sepáis y estéis *confirmados en la verdad presente*" (2 Pedro 1:12, RVR). Debemos entender esta verdad presente que rige al nuevo pacto, porque esta verdad es la que va a gobernar y la que nos va a permitir gobernar según nuestra nueva naturaleza. Pedro nos deja ver que esta verdad ya estaba revelada en el Antiguo Testamento. Cristo es la Verdad y solo en Él alcanzamos justicia, porque el cetro de Su trono, es la **Justicia**. Y cada una de las promesas que hemos recibido en Cristo nos permiten participar de la naturaleza (divina) de la Deidad, habiendo escapado de las pasiones que hay en el mundo. Significa exactamente lo que dice Pablo en la Palabra: "No se *adapten* (no se conformen) a este *siglo*, sino *transfórmense* mediante la *renovación* de su entendimiento (mente), para que comprueben (verifiquen) cuál es la buena voluntad de Dios, agradable y perfecta" (Romanos 12:2). La palabra *conformarse* en griego es *'susquematizo'* (Strong # 4964) y significa 'dar la misma figura o apariencia, darse uno la forma de; conformarse a uno mismo'. La palabra *siglo* es un tiempo determinado, cien años. Tomar la forma de este siglo es adaptarse y actuar de acuerdo con las pautas o costumbres imperantes en la sociedad, especialmente en los aspectos relacionados con los valores morales y espirituales. Un siglo que posee un carácter determinado (Gálatas 1:4), un siglo que tiene su propio dios: *"En los cuales el dios de este siglo cegó el entendimiento de los incrédulos …"* (2 Corintios 4:4). La palabra *renovación* viene del griego *'anakainosis';* y viene de la transformación del **entendimiento** (del griego *nous* significa mente).

Pablo, lo llamó el misterio oculto que le fue revelado: la verdad revelada, Cristo y la Iglesia. Un misterio solo es conocido mediante la revelación, la cual es la obra sobrenatural del Espíritu Santo. **"Revelación***"* es aquello que ha estado oculto, en secreto o desconocido, como un misterio. Dios lo da a conocer a quien Él quiere, y cuando quiere. Es la comunicación directa de Dios al hombre, de una verdad que esta fuera del alcance del intelecto humano. **"Apocalipsis"** en griego, es revelación. La *revelación* es quitar el 'velo' de un asunto, de manera tal que pueda **verse y entenderse con claridad**. La 'iluminación' es la obra del Espíritu Santo sobre la mente del ser humano que lo capacita para entender correctamente la palabra de Dios revelada en la Biblia. Primero es la iluminación y luego la revelación. Los apóstoles y Pablo fueron transformados, por la **Revelación de la Verdad Presente**, lo cual es un **'proceso'**. A veces, esperamos ser transformados por un suceso o alguna experiencia, pero nuestra vida, solo será transformada por un **'proceso'**, por el cual el velo o los velos son quitados; éstos son como lentes a través de los cuales hemos visto y juzgado todo en la vida. Es quitar paradigmas, filosofías, pensamientos; toda forma de pensar y actuar del viejo hombre de acuerdo a la cultura en que vivimos y fuimos criados, o sea todo lo que aprendimos antes de ser redimidos por la sangre preciosa de Cristo. Este proceso es a través del Espíritu Santo, con el propósito de llevarnos a la estatura del varón perfecto, Cristo; para que nuestro destino, o sea propósito eterno se cumpla en nosotros. En el ejemplo de Mefiboset, vemos que por gracia, el rey David le hizo justicia, Él quiso honrar el pacto que había hecho con Jonatán, el padre de Mefiboset. Igual, por gracia, fue el pacto que Jesús hizo con el Padre por nosotros, y debemos honrarlo. Mas ahora que los ojos de nuestro corazón han sido iluminados, y nos ha sido revelada esta verdad presente, vemos que todo trata de Cristo, Él en nosotros la esperanza de Gloria, para recuperar nuestra posición original.

Entonces oramos conforme a la verdad presente, revelada en el nuevo pacto, mostrando que estamos alineados con el propósito eterno de Dios; en otras palabras, manifestando Su Reino a través de nosotros. Hay varios ejemplos de oraciones en la Biblia del antiguo pacto, como el Padre Nuestro, pero tomaré como ejemplo el Salmos 51, escrito por el rey David, donde él pide al Señor que tenga piedad de él, conforme a su gran misericordia y le pide que borre sus rebeliones, y lo limpie de sus pecados. Esta petición es correcta en el antiguo pacto, porque todavía el Cordero de Dios no había sido inmolado ni había resucitado como el Ungido, como Cristo, pero en el nuevo pacto ya fue consumado el sacrificio por nuestros pecados, por tanto, ya no son parte de la verdad presente Una vez nacimos de nuevo, el Espíritu Santo hace morada en nosotros y ya el Padre no recuerda nuestras iniquidades ni nuestros pecados, tampoco se requiere ningún otro sacrificio, el de Cristo es ofrecido una sola vez y es suficiente (Hebreos 8:12; 9:15; 10:10-18). Tomemos como ejemplo el modelo de oración de Pablo, el cual encotramos en Romanos 15:30-31; Efesios 1:15-17, 6:18; Filipenses 1:4,9; Colosenses 4:2; y 2 Tesalonicenses 1:11-12. Siempre debemos orar con base en Su Palabra, expresando Su voluntad en lo que Él ha hablado y decretado. **La verdadera oración manifiesta lo que Dios ya ha propuesto y predestinado y ha cumplido.** El propósito de Dios debe ser tanto la motivación como el contenido de nuestras oraciones y es el fundamento de la oración. Debemos orar desde nuestra posición, de reyes y sacerdotes, con una mentalidad de gobierno, de dominio, proclamando la verdad presente en la Palabra de Dios, y decretando proféticamente por el Espíritu, lo que ya Dios ha decretado, manifestando así Su Reino. Como Pablo decía: "Orando en todo tiempo con toda oración y súplica en el Espíritu en todo momento ..." (Efesios 6:18).

"Y el Espíritu Santo nos ayuda en nuestra debilidad. Por ejemplo, nosotros no sabemos qué quiere Dios que le pidamos en oración, pero el Espíritu Santo ora por nosotros con gemidos que no pueden expresarse con palabras. Y el Padre, quien conoce cada corazón, sabe lo que el Espíritu dice, porque el Espíritu intercede por nosotros, los creyentes, en armonía con la voluntad de Dios. Y sabemos que Dios hace que todas las cosas cooperen para el bien de los que lo aman y son llamados según el propósito que él tiene para ellos. **Pues Dios conoció a los suyos de antemano y los eligió para que llegaran a ser como su Hijo, a fin de que su Hijo fuera el hijo mayor de muchos hermanos**. Y, después de haberlos elegido, Dios los llamó para que se acercaran a él. Y, una vez que los llamó, los puso en la relación correcta con él; luego, les dio su gloria" (Romanos 8:26-30).

El verdadero reposo en el Nuevo Pacto

El Antiguo Pacto es *muerte y condenación*, pero el Nuevo Pacto es *vida y justificación*. En primer lugar, tenemos que establecer el hecho de que no existe una división entre el llamado Antiguo Testamento y el Nuevo Testamento, la Biblia es solo una desde Génesis hasta Apocalipsis o Revelación. Los acontecimientos bíblicos deben estar sustentados en la misma Palabra para que tenga validez. El Salmo 119:160 cita: "*La suma de tu palabra es verdad, y eterno es todo juicio de tu justicia.*" Definimos la palabra "*reposo*" como descanso, quietud, calma, según el Gran Diccionario de la Lengua Española, 2016. En el griego hay dos palabras diferentes para 'reposo' y son: '*sabath*' que se refiere al día de reposo, y '*katapausis*' que significa 'reposar en una paz permanente'. En los originales aparece como lugar de descanso. Pablo nos habla del verdadero reposo de Dios, y comienza diciendo: "Temamos, pues, no sea que permaneciendo aún la promesa de entrar en Su reposo, alguno de vosotros parezca no haberlo alcanzado" (Hebreos 4:1). Así que cuando leemos en Hebreo 4:1, Pablo se refiere a descanso y no al día de reposo en sí mismo. El día de reposo fue un sello o señal, que Dios le dio solo a la nación de Israel en el Sinaí, era en el séptimo día de la semana. Entonces se decía primer día de la semana, segundo, tercero, etc. Excepto el séptimo día que le llamó Shabbat (descanso). El número 7 significa aquello que es o llegará a ser perfecto y pleno, está asociado con la palabra "*cumplimiento*", 'algo que se ha completado' o 'un ciclo terminado'. Génesis 2:2-3 cita: "Y acabó Dios en el *día séptimo* la obra que hizo; y reposo el día séptimo de toda la obra que hizo. Y bendijo Dios el día séptimo, y lo santificó, porque en él reposó de toda la obra que había hecho en la creación." La palabra *acabó* nos habla de una obra completada o consumada, como la que Cristo consumó en la cruz. Sin embargo, Dios había terminado su trabajo (sus obras) desde la fundación del mundo, y cuando Cristo dijo: ¡**Consumado es**! Algo había llegado a su final, algo terminó en la cruz y algo comenzó en la resurreción, porque cuando algo termina algo nuevo comienza. El número ocho significa lo primero de un nuevo período, asociado con la resurrección y la regeneración, y con el comienzo de una nueva era u orden, lo que es nuevo. En el diluvio se salvaron ocho personas para dar inicio a un nuevo orden de cosas, donde el mundo fue renovado.

Pablo señala en Hebreos 4:3, "Que los que hemos creído entramos en el reposo ..." La palabra "**entrar**" se menciona **ocho veces** al referirse al reposo. Cuando Dios le manda al hombre entrar en Su reposo es porque alguna vez estuvo ahí (Hebreos 4:1-3). Dios "**puso**" (en hebreo implica reposo, descanso permanente) al hombre en el huerto del Edén (delicia), perdió el reposo, que disfrutaba allí; perdió la justicia, la paz, la luz, o sea todo lo que se opone al ordén. Pablo decía que aquella generación de los días de Moisés, a quienes se les anunció primero las '**Buenas Nueva**s', perdieron su oportunidad de entrar al reposo, a causa de la desobediencia e incredulidad. Y menciona que Dios, nuevamente determinó otro día después de mucho tiempo. Y por medio de David, dijo: "Si oyereis hoy su voz, no endurescáis vuestros corazones" (Hebreos 4:7). Cuando Josué introdujo a los israelitas en la tierra prometida sólo les dio reposo parcial (Josué 22:4), en cumplimiento de la promesa (Deuteronomio 31:7). Canaán no era el lugar de reposo definitivo. "**Porque si Josué, les hubiera dado el reposo, no hablaría después de otro día**" (Hebreos 4:8). Vemos en Mateo 11:28-30, como Jesús nos invita a entrar en Su reposo por fe: "**Venid a mí todos los que estáis trabajados y cargados, y yo os haré descansar.**" Ahora descansamos en Cristo, por Su obra consumada por nosotros, y no esperamos hasta ir al cielo, por el hecho de que los que hemos creído entramos en Su reposo y reposamos en Él. Nuestro reposo es un estado del alma, no del cuerpo, porque seguimos trabajando, porque es necesario; Jesús le dijo a los fariseos: "**Mi Padre hasta ahora trabaja, y yo trabajo.** Por ésto los judíos aún más procuraban matarle, porque no sólo quebrantaba el día de reposo, sino que también decía que Dios era su propio Padre, haciéndose igual a Dios" (Juan 5:17-18). Pablo habla de un reposo espiritual (hasta que recuperemos el reposo que perdió el primer Adan): "**Por** *tanto, queda un reposo para el pueblo de Dios. Porque el que ha entrado en Su reposo, también ha reposado de sus obras, como Dios de las suyas* (Hebreos 4:9-10). *"Procuremos, pues, entrar en aquel reposo, para que ninguno caiga en semejante ejemplo de desobediencia* (Hebreos 4:11). Pablo les escribió a los Gálatas, exhortándoles contra el volver a la esclavitud: *"Guardáis los días, los meses, los tiempos y los años. Me temo de vosotros que haya trabajado en vano con vosotros"* (Gálatas 4:10:11). A los de Colosas les dijo: *"Por lo tanto, nadie os juzgue en comida o en bebida, o en cuanto a días de fiesta, luna nueva o días de reposo, todo lo cual es SOMBRA DE LO QUE HA DE VENIR; pero el cuerpo es de Cristo."* El original dice la realidad es Cristo (Colosenses 2:16). Y Pablo lo repite en Hebreos 10:1-9. *'Sombra de lo que ha de venir'*, significa: que lo que se hacía en el viejo pacto era señalando, anunciando lo que realmente vendría acontecer en el futuro. **O sea que la ley fue lo primero y la gracia lo postrero.** Por eso Jesús dijo: *"Así, los primeros serán postreros, y los postreros, primeros: Porque muchos son llamados, mas pocos escogidos"* (Mateo 20:16). *"Y por la ley ninguno se justifica para con Dios, es evidente, porque: mas el justo por la fe vivirá"* (Gálatas 3:11). Vemos la primera mención en Habacuc 2:4. Por la fe recibamos la promesa del Espíritu (Gálatas 3:14). "En él también vosotros, habiendo oído la palabra de verdad, la **Buena Noticia** de vuestra salvación, y habiendo creído en ella, fuisteis **sellados con el espíritu santo** *de la promesa"* (Efesios 1:13). *"Y no contristéis al* **espíritu santo de Dios, con el cual fuisteis sellados** *para el día de la redención"* (Efesios 4:30). Debemos entrar y experimentar un descanso espiritual, del cual cada Sabbath semanal es sólo una imagen, ya que Cristo por amor clavó la ley en la cruz para darnos la perfecta ley de la libertad, porque el amor es el cumplimiento de la ley (Romanos 13:10).

Pablo dijo: "Del Cristo os desligasteis, los que por la Ley os justificáis, de la gracia habéis caído (Galatas 5:4); el pecado no se enseñoreará de nosotros, porque *no estamos bajo la ley, sino bajo la gracia* (Romanos 6:14). Miremos pues, como dijo Pablo: *"Ahora pues, ninguna condenación hay para los que están Jesús el Mesías, porque la ley del Espíritu de vida en Jesús el Mesías, te ha librado de la Ley del pecado y de la muerte"* (Romanos 8:1-2, Biblia Textual). Y Pablo decía: "Me he hecho a los judíos como judío, para ganar a los judíos; a los que están sujetos a la ley (aunque yo no esté sujeto a la ley) como sujeto a la ley, para ganar a los que están sujetos a ley" (1 Corintios 9:20).

Cuando un gentil nacía de nuevo solamente se le mandaba a que se abstuvieran de lo sacrificado a los ídolos, de sangre, de ahogado y de fornicación. (Hechos 21:25). Pablo era perseguido y señalado por lo que enseñaba, pero Pedro reconocía el llamado de Pablo, y decía: "Y tened entendido que la paciencia de nuestro Señor es para salvación; como también nuestro amado hermano Pablo, según la sabiduría que le ha sido dada, os ha escrito, casi en todas sus epístolas, hablando en ellas de estas cosas; entre las cuales hay algunas difíciles de entender, *las cuales los indoctos e inconstantes tuercen, como también las otras Escrituras, para su propia perdición*." (2 Pedro 3:15-16). Jesús dijo que el cumplimiento de la ley entera se cumple en *un solo precepto*: "**AMARÁS A TU PRÓJIMO, COMO A TI MISMO**" (Mateo 22:37-39; Gálatas 5:14; Romanos 13:8; Mateo 7:12).

El Reino de Dios

El reino de Dios está fundamentado en un principio de **paternidad**, y los principios al igual que el reino son eternos, son inmutables y son inviolables. Dios ha puesto en la tierra este principio de la **paternidad**, siendo el Hijo el fundamento sobre el cual decidió establecer Su deseo eterno de tener muchos hijos similares a Jesús, por lo que Dios puso en el huerto de Edén un hombre y una mujer y les dijo: "*Sean fecundos y multiplíquense; llenen la tierra y sojúsquenla y tengan dominio …*" (Génesis 28). Este mandato sigue vigente hasta el día de hoy. Cuando Dios le dio al ser humano dominio sobre la tierra, le dio la libertad de legalmente funcionar como Su autoridad. Debemos ejercer la autoridad de Dios a fin de que la voluntad de Dios sea hecha en la tierra. El reino está absolutamente relacionado con la voluntad de Dios, y la obediencia de sus súbditos. La voluntad de Dios siempre ha sido que los seres que Él había creado aceptaran ser gobernados por Él, y se sometieran a Su autoridad, pero no fue así; primero se rebelaron los ángeles en el ámbito celestial, al igual que el hombre en la tierra rechazó Su gobierno. Dios retiró Su presencia, pero no Su autoridad. Cristo vino a la tierra a revelarnos al Padre, y escogió a la Iglesia para que lo revelara a Él al mundo. La palabra "padre" aparece 245 veces en el Nuevo Testamento, Jesús enseñó a sus discípulos a orar diciendo: Padre nuestro... (Mateo 6:9-15). Y fue allí desde el principio que nació la familia, la cual es el blanco del adversario. Eliseo llamaba a Elías "padre"; Pablo llamaba a Timoteo "hijo." Malaquías (4:6) nos dice lo que Dios hará: "Él hará volver el corazón de los Padres *hacia los hijos, y el corazón de los hijos hacia los Padres ...*"

El reino es la manifestación del gobierno de Dios. Un reino consiste de cuatro partes: un territorio, un rey, súbditos, y leyes. Los montes son símbolo de gobierno, de reinos establecidos y puestos en alto para regir todo lo que está por debajo de ellos. El reino de Dios tiene su sede principal en el cielo, allí está el trono (Monte Sión), desde donde Cristo, a la diestra de Dios Padre, dirige toda operación en Su Reino. *"Jehová estableció en los cielos su trono, y su reino domina sobre todos"* (Salmo 103:19). Su propósito final, es que los cielos y la tierra sean **UNO en Cristo**, así como eran en el principio. Así pues, nuestra prioridad es buscar el reino de Dios y su justicia (Mateo 6:33). La palabra *"buscar"* es una traducción del término griego 'zeteo' que significa: ir en pos de, procurar, desear; y se traduce del griego *"proton"* que significa: en primer lugar, antes que nada. **El cetro del reino es la justicia** (Hebreos 1:8). La palabra *"justicia"* es la traducción del término griego: 'dikaiosune' que significa: equidad, rectitud, integridad. Término que señala un atributo de Dios. Justicia, de acuerdo a la Real Academia de la Lengua Española, significa darle a cada quien lo que le corresponde o pertenece. Un Dios justo nos asegura que cuando actúa como juez, administrará la justicia con integridad de acuerdo a Su carácter moral para establecer lo que es bueno y lo que es malo. Pablo decía que el reino de Dios no es comida ni bebida, sino justicia, paz y gozo en el Espíritu Santo (Romanos 14:17-19). Pero es necesario entender que la justicia inevitablemente juzga. **Su fin es alinear todas las cosas al propósito eterno de Dios**. Pero, no nos gusta escuchar la palabra **juicio**. Por lo tanto, "¿Qué pide Jehová de ti? Solamente hacer justicia, y amar misericordia, y humillarte ante tu Dios" (Miqueas 6:8). Hemos entrado al reino de Dios por fe, porque ésta determina nuestro estilo de vida en el reino, es tener una confianza absoluta en el gobierno de Dios sobre nuestras vidas, es tener confianza total en Su cuidado y provisión para nosotros. El afán y la ansiedad no pueden gobernar nuestro corazón, porque entonces la fe queda inactiva. No te aflijas, no tengas miedo por el futuro, porque ésto desplaza la fe. El justo florecerá en el **día del Mesías** (Salmos 72:7). "*Y Jehová será rey sobre toda la tierra. En aquel día Jehová será uno, y uno su nombre*" (Zacarías 14:9). "Porque de Jehová es el reino, y él regirá las naciones" (Salmo 22:28). Pablo le dijo a Timoteo: "*Si perseveramos, también reinaremos con Él*" (2 Timoteo 2:12). Jesús, jamás prometió a sus seguidores darles un lugar en el cielo como morada permanente. Esta es una filosofía de los gnósticos (1 Timoteo 6:20). El término proviene del griego '*gnosis*': 'conocimiento. Salomón dijo sobre este tema: "El *justo* no será removido jamás (de la tierra) ...". "Ciertamente el **justo** será recompensado en la tierra..." (Proverbios 10:30; 11:31).

Nosotros que vivimos en la dimensión llamada tierra, somos los representantes de ese reino, y nos presentamos como embajadores de Su Reino. A un diplomático se le confiere una "**carta credencial**" '*procuratorium mandatum*' la cual le otorga pleno poder para tratar todo lo que atañe a los intereses de su gobierno. Cristo nos delegó Su autoridad y poder; conforme a estas creedenciales, al igual que a Pablo (2 Corintios 3:2-3). Por lo tanto, como embajadores del Reino, hemos sido enviados a conquistar la buena voluntad de los súbditos; darles a conocer la cultura, los valores, los principios y lo más importante, el conocimiento verdadero del Reino de Dios; en fin ser fieles al Rey que nos ha dejado en Su representación. **¡Seamos cartas abiertas!** ¿Cuál es el mensaje que el mundo puede leer en ti? Pablo dice que el reino de Dios no consiste en palabras, sino en poder (1 Corintios 4:20). Todo el ministerio de Jesús fue una manifestación del reino de Dios, lo demostró en la historia de la mujer encorvada, pues ella no podía enderezarse por completo. Jesús tan solo la miró y le dijo: *¡Mujer, eres libre de tu enfermedad!* Lo que causó que el dirigente de la sinagoga se enojará porque ocurrió en sábado. A lo cual Jesús le respondió: *Y ésta, que es hija de Abraham, a quien el adversario tuvo atada por dieciocho años, ¿no debía ser desatada de esta atadura en día de reposo?* (Lucas 13:10-17). En este pasaje quiero señalar la frase: *¡Y ésta, que es hija de Abraham!* Ella guardaba la ley y los estatutos, pero hacía dieciocho años que el adversario la tenía atada por una enfermedad Cristo dijo claramente que era una **atadura**. Cristo es nuestro reposo y en Su reposo no puede haber ninguna atadura. Según el diccionario una atadura es un yugo, algo que te impide o dificulta la realización de algo. "Enseñaba Jesús en una sinagoga en el día de reposo; y había allí **una mujer** que desde hacía dieciocho años *tenía espíritu de enfermedad*, y andaba *encorvada*, y en ninguna manera se podía enderezar." Esta mujer estaba en la sinagoga escuchando la Palabra que Jesús enseñaba. Su situación espiritual se reflejaba en lo natural, pues estaba encorvada; Jesús la libertó y la restauró; entonces la mujer se enderezó (del griego *"anorthoo"* cuyo significado es: reconstruir, restaurar, restablecer, enderezar).

Jesús dijo en Lucas 11:20, "Mas si por el dedo de Dios echo yo fuera los demonios, *ciertamente el reino de Dios ha llegado a vosotros*." O sea, desatar al atado, sanar los enfermos y echar fuera los demonios es evidencia de que el reino de Dios está en nosotros y se ha manifestado (entiéndase que puede estar atado un cristiano cuando es afligido por espíritus inmundos, pero nunca poseído, porque en nosotros habita el Espíritu Santo). Y Jesús dijo: *"Así también vosotros, cuando veáis que suceden estas cosas, sabed que está cerca el reino de Dios."* "El reino de Dios no consiste en comida, ni en bebida, sino en justicia, paz y gozo por el Espíritu Santo" (Romanos 14:17). Solo los que han nacido de nuevo pueden VER y MANIFESTAR el Reino, porque ellos son espíritus vivificados, que han nacido de muerte a vida (Juan 3:3). Sólo aquellos que han nacido del agua y del Espíritu PODRÁN ENTRAR en el Reino de Dios (Juan 3:5). El "nuevo nacimiento" te da la oportunidad de recibir una herencia que "está reservada en los cielos" (1 Pedro 1:3-4). Lo primero que Jesús proclamó fue sobre el reino, y lo último que les enseñó a sus discípulos antes de ascender a los cielos fue sobre el reino de Dios. Jesús decía que el reino está entre nosotros, mas no lo hemos podido comprender ni ver. Antes de morir, Jesús representaba el reino en la tierra; Él estaba entre los hombres, pero después de resucitar está en nosotros, Él es nuestro rey, somos sus súbditos. Jesús le dijo a Pilatos: *"Pero mi reino no está aquí ahora"* (Juan 18:36, Biblia Peshitta). Jesús vino a anunciar el reino de Su Padre en la tierra y volverá como el Cristo, el Ungido, a establecerlo. *"Cuando venga el Hijo del Hombre en su gloria y acompañado de todos los ángeles, se sentará entonces en el trono de su gloria* (Mateo 25, 31). Entonces dirá el Rey a los que están a su derecha: *"Venid, benditos de mi Padre, tomad posesión del Reino preparado para vosotros desde la creación del mundo*" (Mateo 25:34). El objetivo del Reino es lograr que se haga la voluntad de Dios en la Tierra, tal como se hace en el cielo. Dios quiere que dejemos de ser un pueblo sojuzgado por los Sistemas de la tierra, y que manifestemos Su Reino, monstrando Su poder y dominio en la tierra. Nosotros somos la "*ekklesia*" o 'iglesia', predestinados, elegidos, y llamados a salir fuera de los sistemas del mundo para manifestar Su Reino, el cual Él estableció desde la eternidad. La palabra 'iglesia' es una transliteración del griego de '*ekklesia*'. El Diccionario Griego de Strong define la palabra griega '*ekklesia*' como: 'llamar fuera, **congregación o asamblea**, de miembros en la tierra o santos en el cielo o ambos.' En el Nuevo Testamento, en Mateo 16:17-18 se menciona por primera vez la palabra "Iglesia". Nosotros la 'iglesia' nos reunimos como un cuerpo, asamblea o congregación para rendir culto a nuestro Dios, como sus sacerdotes. Y sobretodo, hemos sidos enviados a proclamar el Evangelio del 'Reino', donde nuestro testimonio será la manifestación del 'Reino', seguido de señales y prodigios. **Juan Calvino dijo: "*La tarea de la iglesia es hacer visible el reino invisible*".** El reino de Dios triunfa sobre todos los reinos terrenales. Jesús dijo: "... **mas buscad primeramente el reino de Dios y su justicia, y todas estas cosas os serán añadidas ...**" (Mateo 6:33). ¡Anímate a manifestar el 'Reino'

Como sabemos, Dios creó al hombre a Su imagen y semejanza, y lo hizo con el propósito de que el ser humano fuera templo de Su Espíritu Santo. Su propósito eterno siempre fue habitar en el hombre, por lo cual le dio un espíritu para que viviera en comunión con Su Espíritu. Señala la Biblia que Dios no habita en templos hechos por manos de hombres. Cuando el pecado entró en el hombre, ya no pudo ser el templo de Dios. Cuando el pueblo de Israel adulteró, y se degeneró a causa de la idolatría y de la apostasía, también el templo que le fue dedicado a Dios fue contaminado. Entoces, Dios le habla al profeta Ezequiel, y a otros profetas y les dice: "Mira lo que han hecho en mi templo; las abominaciones que están haciendo" La responsabilidad del pueblo era edificar el templo y no destruirlo. No perdamos de vista que ese templo físico era sombra y figura de lo que vendría a través de Cristo. Ahora nosotros redimidos por la sangre de Cristo, somos el templo donde habita el Espíritu Santo. Cuida tu templo, porque como *piedras vivas*, seremos edificados como su *casa espiritual* para un *sacerdocio santo*, para ofrecer sacrificios espirituales aceptables a Dios por medio de Jesucristo (1 Pedro 2:5). Énfasis añadido.

Hay un parámetro para cada cosa, por lo que Pablo dijo: "No reine, pues, el pecado en vuestro cuerpo mortal, de modo que lo obedezcáis en sus concupiscencias, ni tampoco presentéis vuestros miembros al pecado como instrumento de iniquidad, sino presentaos vosotros mismos a Dios como vivos de entre los muertos y vuestros miembros a Dios como instrumentos de justicia" (Romanos 6:12-13). Porque: *"Todas las cosas me son lícitas, mas no todas convienen; todas las cosas me son lícitas, mas yo no me dejaré dominar de ninguna."* Como buenos mayordomos somos responsables delante de Dios por todas las cosas que Él nos ha dado. Como trates tu cuerpo, afectará tu espíritu (Efesios 5:18). Job reflexionó así: *"Me vestiste de piel y carne. Me tejiste con huesos y nervios. Vida y misericordia me concediste. Y tu cuidado guardó mi espíritu"* (Job 10:11-12). Entendamos pues, que Dios vistió de piel y carne el espíritu, y vemos que el mismo pasaje lo confirma: *"Y tu cuidado guardó mi espíritu.".* Cuidar el templo del Espíritu Santo es un proceso, el cual involucra tanto la parte espiritual como la física. Cuida tu cuerpo, tu alma y tu espíritu, y te irá bien. 1 Corintios 3:17 cita: *"Si alguno destruyere el templo de Dios, Dios le destruirá a él; por que el templo de Dios, el cual sois vosotros, santo es."* En Romanos 13:12-13, Pablo nos advierte: "La noche está avanzada, y se acerca el día. Desechemos, pues, las obras de las tinieblas, y vistámonos las armas de la luz. Andemos como de día, honestamente; no en glotonerías y borracheras, no en lujurias y lascivias, no en contiendas y envidia, sino vestíos del Señor Jesucristo, y no proveáis para los deseos de la carne." Pablo exhortaba a los Corintos: Que nadie se engañe. Si alguno de ustedes se cree sabio *según las normas de esta época, hágase ignorante para así llegar a ser sabio* (1 Corintios 3:18). Pablo dice que como tenemos estas promesas, es necesario que nos purifiquémonos de todo lo que contamina el cuerpo y el espíritu, **para completar en el temor de Dios la obra de nuestra santificación** (2 Corintios 7:1). Es por ésto, que es tan importante sacar del templo todo lo que ofende a Dios. Jesús anunciaba a sus discípulos, la promesa del Espíritu Santo, les decía que luego que Él se fuera de en medio de ellos, la recibirían. Y les dijo que estaría con nosotros el Espíritu de Verdad, al cual el mundo no puede recibir, porque no le ve, ni le conoce; pero nosotros le conocemos, porque mora en nosotros, y estará en nosotros. El que me ama, mi palabra gurdará; y mi Padre le amará, y vendremos a él, y y haremos morada con él (Juan 14:17, 23).

Pablo dijo a los Corintos: "… el evangelio que os he predicado, el cual también recibisteis, en el cual también perseveráis; y por lo cual asimismo, *si retenéis la palabra que os he predicado, sois salvos, si no creisteis en vano.*" Pablo les enseñaba lo que él y los apostoles habían recibido y creído, pero habían entre el pueblo otros que no creían en la resurrección de muertos. Pablo les testificaba de la resurrección de Cristo, y les comunicaba que como en Adán todos mueren, en Cristo todos serán vivificados, todos en su orden: Cristo, las primicias; luego los que son de Cristo, en Su venida. Luego el fin, cuando entregue el reino al Dios y Padre, cuando haya suprimido todo dominio, toda autoridad, y potencia. **Porque es preciso que Él reine hasta que haya puesto a todos sus enemigos debajo de sus pies.** Y el postrer enemigo que será destruido es la '*muerte*'. Entonces, Cristo mismo se sujetará al Padre, quien le sujetó a Él todas las cosas, **para que Dios sea todo en todo** (1 Corintios 15:1-28).

Jesucristo es el Camino, la Verdad y la Vida, la cual entregó para que tengas vida en Él; seas redimido de la maldición de la ley y comiences a caminar en el espíritu. No sé si puedes entender y sentir la emoción que yo siento al descubrir esta Verdad. Él entregó Su vida por ti y por mí, para que tú y yo tengamos vida eterna. Entonces, ¿por qué buscas fuera de ti, lo que está dentro de ti? Tú decídes si quieres aceptarlo como tu Señor y Salvador, si no lo haz hecho, y si has nacido de nuevo, permite que el Espíritu Santo que mora en ti comience a renovar tu mente, no te conformes a este mundo; discierne cual es la buena, agradable y perfecta voluntad de Dios para ti, entendiendo que como un nuevo hombre tienes un espíritu vivificado, y la naturaleza divina de tu Creador, porque eres una nueva creación, tienes Su ADN, cada una de tus células tiene Su firma, le perteneces: "De modo que si alguno está en Cristo, nueva criatura es; las cosas viejas pasaron; he aquí todas son hechas nuevas" (2 Corintios 5:17). La *vida eterna*, es nuestra promesa, garantizada, y cumplida en el nuevo pacto, a través de la muerte y resurrección de Jesús; es el cumplimiento de lo que Dios se había propuesto desde la eternidad: *"En Cristo restaurar todas las cosas."* En la salvación, Dios nos trae de vuelta al Edén, al reposo y nos da **nombre nuevo** (Isaías 65:15b, Apocalipsis 2:17). ¡Alégrate y gózate habitante (ciudadano) de Sión, porque grande es en medio de ti el Santo de Israel! *"El que tiene al Hijo, tiene la vida*; el que no tiene al Hijo de Dios no tiene la vida. Estas cosas os he escrito a vosotros que creéis en el nombre del Hijo de Dios, para que sepáis que tenéis *vida eterna*, y para que creáis en el nombre del Hijo de Dios" (1 Juan 5:12-13). *"Todo aquel cree que Jesús es el Cristo, es nacido de Dios; y todo aquel que ama al que engendró, ama también al que ha sido engendrado por él"* (1 Juan 5:1). "Pero sabemos que el Hijo de Dios ha venido, y nos ha dado entendimiento para conocer al que es verdadero; y estamos en el verdadero, en su Hijo Jesucristo. **es el veradero Dios y la vida eterna**" (1 Juan: 5:19). Sabes, para que el Cristo resucitado te sea revelado, tus ojos tienen que ser abiertos, al igual que a Pablo y a los discípulos que iban camino a Emaús (Hechos 9; Lucas 24:31).

"Carne y sangre no pueden heredar el reino de Dios"

Pero, ¿cómo guardaremos este regalo, tan inmerecido que es la redención de nuestros pecados? El apóstol Pedro dice que fuimos *'reengendrados'* (volver a engendrar), no de una simiente corruptible sino de una incorruptible, por Jesucristo (1 Pedro 1:23). Y Juan afima que todo aquel que es nacido de Dios, no practica el pecado, porque la simiente de Dios permanece en él; y no puede pecar, porque es nacido de Dios. Porque en esto se manifiestan los hijos de Dios (1 Juan 3:9-10). O sea, que los hijos de Dios tienen que ser diferentes a los hijos de las tinieblas, los hijos de Dios tienen que practicar la justicia y amar a su prójimo como así mismo. Jesús pagó un precio muy alto por nuestra salvación. La Palabra nos revela que Él derramó Su sangre por nosotros: Mateo 26:28 cita: "... *esto es mi sangre del nuevo pacto, que por muchos es derramada para la remisión de los pecados."* Recuerda que en la sangre está la vida. Levítico 17:11 nos lo deja saber: "Porque la vida de la carne en la sangre está, y yo os la he dado para hacer expiación sobre el altar por vuestras almas; y la misma sangre hará expiación de la persona." Esto me deja ver porque razón Jesús se hizo carne y sangre como nosotros, tomó nuestra naturaleza y vivió como nosotros: "Así que, *por cuanto los hijos participaron de carne y sangre, él también participó de lo mismo, para destruir por medio de la muerte al que tenía el imperio de la muerte, esto es, al diablo*" (Hebreos 2:14). "Pero esto digo, hermanos: que la *carne y la sangre no pueden heredar el reino de Dios, ni la corrupción hereda la incorrupción*" (1 Corintios 15:30). Jesús (la simiente incorruptible) nació y murió en la carne y resucitó en el espíritu. 1 Pedro 3:18, lo afirma: "*Como ser humano murió, pero como ser espiritual volvió a la vida*" (Versión, Dios habla hoy, 1 Pedro 3:18*, Hechos 13:34, 1 Corintios 15:45, 2 Corintios 5:16). Te preguntarás: ¿cómo pudieron verlo sus discípulos después de haber resucitado? Pues las criaturas espirituales pueden adoptar forma de hombres. En el Antiguo Testamento hubo ángeles que lo hicieron, e incluso comieron y bebieron con otros seres humanos (Génesis 18:1-8; 19:1-3). Cristo es retenido en el cielo hasta la restauración de todas las cosas, pero cuando Él regrese todos los que hemos nacido de nuevo, no de sangre ni de carne sino de Su Espíritu seremos transformados en un abrir y cerrar de ojos. Recuerda que habitaremos la tierra, pero una tierra restaurada a su estado original, como al principio de la creación del hombre.

Y dice la Palabra que Jesús no nos dejó solos sino que envió Su Espíritu Santo, el cual nos había prometido. Y es esa simiente incorruptible la que nos habita, la que permanece en nosotros como dice Juan, es Su espíritu en nosotros el que nos guía a toda verdad, es Su naturaleza divina en nosotros. Ahora podemos entender lo que es ser reengendrados, lo que es nacer de nuevo, es Dios a través de Cristo, habitando en nosotros para completar en nosotros ese proceso de regeneración y presentarnos santos delante de Él, como eramos en el principio. Para ésto es necesario un proceso de transformación, ésta comienza cuando comenzamos a rendir nuestra alma a nuestro espíritu vivificado y permitimos que alma y espíritu se fusionen, se hagan uno como eran en el principio. Debemos entender que somos seres espirituales o sea somos espíritus que viven dentro de un cuerpo que se comunica y percibe el mundo exterior a través de un **alma**; y en tu espíritu puedes percibir el mundo espiritual. Creo que esta palabra es para meditarla y procesarla hasta que sea una realidad en nosotros. Ya no busco fuera lo que está dentro de mí. Cristo es la vida eterna y habita en mí. Por eso, Pablo nos exhorta a que nos ocupemos de nuestra salvación con temor y temblor en medio de una generación maligna y perversa. Cita: ¿Cómo escaparemos nosotros, si descuidamos una salvación tan grande? La cual, habiendo sido anunciada primeramente por el Señor, nos fue confirmada por los que oyeron" (Hebreos 2:3). Dios nos **escogió** desde la eternidad para salvación (2 Tesalonicenses 2:13, Efesios 1:4). Y como dice Filipenses 1:6, que él que comenzó en nosotros la buena obra, la perfeccionará hasta el día de Jesucristo. El Padre espera ver la manifestación de sus hijos, ver a la iglesia llegar a la estatura del varón perfecto, ver el carácter de Cristo manifestado en ella, y ver su luz iluminando las tinieblas. Cristo ha sido paciente, porque está preparando una iglesia gloriosa, Él espera poder presentársela a sí mismo como una iglesia radiante, sin mancha ni arruga ni ninguna otra imperfección, sino santa e intachable (Efesios 5:27). La cual, literalmente **gobernará** y se **sentará juntamente con Él en los lugares celestiales**. Pablo enseñaba a las iglesias con mucho énfasis, **porque él quería quitar muchos conceptos que aunque eran verdad, ya no eran parte de la 'Verdad Presente'.** Ahora nosotros, los entendidos, aquellos que tenemos la capacidad dada por el Espíritu Santo para entender lo que está sucediendo en el ámbito espiritual en nuestros días, aquellos que entendemos los tiempos de Dios, Su diseño (plan perfectamente estructurado), y la Verdad Presente revelada, que es la sabiduría y el conocimiento que estaban escondidos en el Cristo que habita en nosotros; ahora que nuestros ojos han sido iluminados para que podamos ver este misterio escondido que Pablo menciona, el cual está siendo revelado ante nuestros ojos, pero que le había sido mostrado a Moisés (tipo de Cristo) cuando Dios lo envió a sacar al pueblo fuera de Egipto, y los reunió como una congregación (ekklessia, en griego; kahal en hebreo), somos llamados a revelarlo al mundo. El Salmo 135:4, Versión hebrea cita: "*Porque Yahweh escogió a Jacob para sí, y a Israel como su congregación*" (como su ekklesia). "Anunciaré tu nombre a mis hermanos; en medio de la **congregación** te alabaré" (Salmo 22:22).

También en cuerpo del hombre recibió el castigo por la transgresión cometida y comenzó a degenerarse. Mas ahora, en Cristo nosotros recuperamos nuestra identidad, regresamos al Padre, al Jardín del Edén, regresamos a casa, al reposo, y tenemos la promesa de que nuestro cuerpo será transfomado en un cuerpo incorruptible. Te he repetido esta verdad una y otra vez desde el principio del libro. Hazla tuya, te pertenece. Y si no has nacido de nuevo, te reto a que bebas del agua de esa fuente que nunca se agota, que da vida, que limpia, transforma, renueva y restaura, el CRISTO resucitado. Él en ti hará la diferencia. ¡Bienvenido al Edén, a casa, ciudadanos de Sión! Mientras esperamos por el regreso de Cristo, pasaremos por diversas pruebas, que podremos vencer: *"Bienaventurado el hombre que tiene en ti sus fuerzas, en cuyo corazón están tus caminos. Atravezando el valle de lágrimas lo cambian en fuente, cuando la lluvia llena los estanques. Irán de poder en poder, verán a Dios en Sión"* (Salmo 84:5-7).

El valle de lágrimas, representa las pruebas que pasamos en está vida, asociadas a tiempos de dolor, desierto, sequía, sombra y muerte. Son los procesos por los cuales Dios nos pasa a causa de Su propósito eterno para nosotros. Sabes, es imposible llegar a la tierra prometida sin pasar por el desierto. El Salmo 23:4 nos dice que no estamos solos en el valle: *"Aunque ande en valle de sombra y de muerte, no temeré mal alguno, porque tú estarás conmigo …"* 1 Reyes 20:28 el profeta le dijo al rey de Israel: "Por cuanto los sirios han dicho que Jehová es Dios de los montes, y no Dios de los valles, Yo entregaré toda esa gran multitud en tu mano, para que conozcáis que Yo soy Jehová." Dios habita en el monte Sión, pero en el valle es donde se libran batallas; Dios les estaba recordando que también Él estaba con ellos en el valle. Fue en el valle donde enfrentó David a Goliat y lo venció, también nosotros necesitamos de la pasión y la entrega de David para vencer y llegar a la meta final. Permítamos que Cristo en nosotros continúe renovando nuestra mente. El nuevo pacto nos revela que el Dios de Sión habita en nosotros y nos ha sido provisto de Su naturaleza divina para vencer en el valle. Pablo alentaba a los discípulos, y los exhortaba a que permaneciesen en la fe, y les decía: *"Es necesario que a través de muchas tribulaciones entremos en el reino de Dios"* (Hechos 14:22). Porque *"los que siembran con lágrimas con regocijo cosecharán"* (Salmo 26:5-6, NVI). El valle de lágrimas no es un estado eterno sino circunstancial, y al cambiarlo en fuente descubres en medio del valle el propósito de Dios para tu vida, y es una oportunidad para ir despojándonos del viejo hombre. Job (23:10) declaró: *"Él conoce mi senda y mi existencia;* me probó como al oro y salí

aprobado." Sabes, el poder del Espíritu, se manifiesta en hombres de carácter probado. Noé, estaba en medio del diluvio, pero fue guardado en el arca, y no le faltó provisión divina. Jesús atravesó el valle de sombra y de muerte, pero gracias a Su amor y obediencia al Padre, hoy nosotros tenemos una esperanza y un destino eterno que alcanzaremos. Pablo cita que en Cristo habita corporalmente toda la plenitud de la Deidad y que nosotros estamos completos en Cristo (Colosenses 2:9-10). Entonces, lograr el propósito eterno es conocer el amor de Cristo, que excede a todo conocimiento, para que seamos llenos de toda la plenitud de Dios que habita en Cristo (Efesios 3:19). "*No mirando nosotros las cosas que se ven, sino las que no se ven; pues las cosas que se ven son temporales, pero las que no se ven son eternas.*" (2 Corintios 4:18). Él ha prometido que nos llevará de Gloria en Gloria hasta llegar a Sión. Y nos dice: "*En este mundo afrontarán aflicciones, pero ¡anímense! YO HE VENCIDO AL MUNDO.*" "*Y LES ASEGURO QUE ESTARÉ CON USTEDES SIEMPRE, HASTA EL FIN DEL MUNDO*" (Juan 16:33, Mateo 28:20).

"**Designio**" significa una idea, una intención o un propósito que es llevado a cabo a partir de la voluntad propia o ajena. Por lo tanto, puede ser un mandato (Diccionario de la Real Academia Española). Así que el eterno "**Designio de Dios**", es el plan del Dios Eterno realizado en el tiempo, pero establecido desde la eternidad sobre toda la creación, es el destino de los hombres creados a imagen y semejanza Suya; el cual se llevaría a cabo en y por Su Hijo Unigénito. El Padre diseñó y plasmó Su designio eterno en la "Iglesia", la cual cumpliría Su deseo eterno de tener muchos hijos similares a Jesús, tener una familia. Así, en Cristo fuimos hechos herederos, pues fuimos predestinados según el plan de aquel que hace todas las cosas conforme al designio de Su voluntad (Efesios 1:11). Este es el misterio de la voluntad de Dios Padre, el designio que de antemano estableció en Cristo, para realizarlo cuando llegara la plenitud de los tiempos, y reunir en Él todas las cosas, tanto las del cielo como las de la tierra (Efesios 1,9). Jesús prometió: "*Aún una vez más*" y conmoveré no solamente la tierra, sino también el cielo, indicando la remoción de las cosas movibles, como cosas hechas, para que queden las inconmovibles (Hebreos 12:26-27). Por lo tanto, el plan de Dios culmina en Jesucristo y Su "Ekklesia" hasta llegar a la plenitud de los tiempos y la consumación de los siglos. Y como Pablo citó se cumplirá: *"El Señor ejecutará su sentencia sobre la tierra en justicia y con prontitud"* (Romanos 9:28). Y toda tiniebla será disipada (desvanece, separa). El prefijo 'dis' es sinónimo de separación y el verbo 'supere' es equivalente a 'arrojar' *"Y ya no habrá más noche, no tendrán necesidad de luz de lámpara ni de luz del sol, porque el Señor Dios los iluminará, y reinará por los siglos de los siglos"* (Apocalipsis 22:5).

Cuando entendemos el propósito eterno de Dios, Su deseo al crearnos y redimirnos, nace en nuestro corazón un sentido de pertinencia, de propósito y comprendemos porque existimos; podemos aclarar y contestar cada una de esas preguntas que surgen en nuestra mente sobre el por qué de nuestra existencia. Conocer esta verdad presente, afirma tu fe y te motiva a continuar perseverando en la Carrera, hasta llegar a la meta, y alcanzar el premio del supremo llamamiento de Dios en Cristo Jesús, no que lo hayas alcanzado ya, ni que ya seas perfecto; sino que prosigues, para ver si logras asir aquello para lo cual fuiste también asido por Cristo Jesús (Filipenses 3:12,14). Pablo nos hizo saber, que nuestro Eterno Padre nos salvó y **llamó con llamamiento santo**, no conforme a nuestras obras, *sino según el propósito suyo* y la *gracia* que nos fue dada en Cristo Jesús antes de los tiempos de los siglos (Timoteo 1:9). Y sabemos que a los que aman a Dios, todas las cosas les ayudan a bien, esto es, a los que *conforme a su propósito* son llamados (Romanos 8:28). Nos han predicado y enseñado un evangelio centrado en el hombre y sus necesidades, pero entendamos que la única razón de nuestra existencia aquí en esta dimensión llamada tierra, es cumplir el designio eterno del Padre a través del Hijo. Pero, no basta solo creer, sino obedecer. La salvación a nosotros no nos costo nada, pues fuimos salvos y justificados por gracia, para ser conformados a la imagen de Cristo, y para ésto, Él tuvo que pagar un costo muy alto, Su vida. Cita la Palabra que sin santidad nadie verá al Señor, debemos emular al armiño, ser fieles hasta la muerte. Debemos aprender del Cristo que habita en nosotros. Jesús, les dijo a los judíos: "De cierto, de cierto os digo: No puede el Hijo hacer nada por sí mismo, sino lo que ve hacer al Padre; porque todo lo que el Padre hace, también lo hace el Hijo igualmente" (Juan 5:19); "No puedo yo hacer nada por mí mismo; según oigo, así juzgo; y mi juicio es justo, porque no busco mi **voluntad**, sino la voluntad del que me envió, la del Padre" (Juan 5:30). **Voluntad significa propósito**; lee el texto con la palabra propósito y entenderás. Jesús murió por todos, para que los que viven, ya no vivan para sí sino para aquel que murió y resucitó por ellos (2 Corintios 5:15). Mi deseo es que conozcas quién eres y cual es tu destino eterno, y lo alcances. Solo piensa y razona, y que el Espiritu Santo te dé la respuesta y despierte tu espíritu a Su voz.

"La búsqueda por parte del hombre del sentido de la vida constituye una fuerza primaria."

Viktor Frankl

Conclusión

Desde la eternidad, el Pacto Eterno, había sido planificado, decretado y concertado entre el Padre y el Hijo. Dios no solo planificó la creación, sino también la redención. Su gracia siempre ha sido manifestada en la tierra, siendo (y será) ésta la única fuente de salvación para el hombre desde Adán. Todos los pactos anteriormente mencionados desde Adán hasta David, apuntaban al Nuevo Pacto, hasta llegar al cumplimiento total del Pacto Eterno. El Nuevo Pacto es un pacto de gracia consumado por *"El Cordero que fue inmolado desde el principio del mundo"* (Apocalipsis 13:8).

Una vez, San Agustín preguntó: ¿Por qué subes a las montañas o bajas a los valles del mundo, para buscar al Señor que habita en tu corazón? Y en verdad tenía razón, porque si has nacido de nuevo, en ti ha ocurrido una 'Regeneración', **Cristo ha venido a morar en ti**. Este acto de redención te ha llevado a la regeneración, la cual te ha proporcionado la capacidad para 'ver' y 'entender' el plan de Dios para tu vida. El nuevo nacimiento es un acto 'espiritual' que ocurre en tu espíritu, porque has nacido de nuevo, del agua y del Espíritu, has sido reengendrado de nuevo, recuperaste tu identidad de hijo, el acceso a la presencia del Padre, al Reino y a Su herencia. No conforme a nuestras obras, sino según el propósito suyo y la gracia que nos fue dada en Cristo Jesús desde la eternidad" (2 Timoteo 1:9). Ahora podrás conocer qué es la Gloria de Dios manifestada, Su dominio, autoridad, grandeza, poder, majestad, esplendor, santidad y mucho más. Cuando Pablo dice que *todos fuimos destituidos de la gloria de Dios*, lo que quiere decir es que cuando el primer hombre (Adán) pecó, quedó destituido de la gloria de Dios, quedó en tinieblas, y perdió todo 'dominio' que le había sido otorgado. Por lo tanto, nosotros también quedamos 'destituidos' de la gloria de Dios, la cual sólo se recupera a través de Su hijo, Jesucristo. **Destituido** proviene de la palabra griega '*husteréo*', lo que significa *que no llegan a la meta, o sin alcanzar el final*. Esto significa que el hombre no logró completar el propósito eterno de Dios en su vida, o que no ha podido reflejar a Dios en él. Es por ésto que Pablo animaba a Timoteo a alcanzar la meta. Y cita respecto a ésto, que los hombres habiendo conocido a Dios, no lo glorificaron como a Dios, ni le dieron gracias, sino que se envanecieron en sus razonamientos, y su necio corazón fue entenebrecido (para que no entendieran). Porque profesando ser sabios, se hicieron necios (insensatos), y cambiaron la gloria de Dios incorruptible por la semejanza de la imagen de hombre corruptible, por la semejanza de aves, de cuadrúpedos, y de reptiles de la Tierra (Romanos 1:21-23, énfasis añadido). Cuando Pablo escribe: '*Cristo en nosotros, la esperanza de Gloria*', se refiere a que en Cristo, volvemos a recuperar el destino que Dios diseñó para nosotros; este es el misterio que permaneció escondido por siglos y generaciones (la Iglesia), pero en el presente ha sido revelado a sus santificados (Colosenses 1:27). Luego de la resurrección de Jesús, el misterio nos ha sido revelado. No importa lo que nuestros ojos vean a nuestro alrededor: corrupción, crimenes hambre, dolor, tristeza, etc., nada nos podrá robar la esperanza que el Señor ha depositado en nuestros corazones. La palabra '*esperanza*' en el hebreo es '*miqveh*' y se refiere a un acontecimiento que se espera en el futuro. En el griego se utilizan los vocablos '*elpizo*' y '*elpis*' que se traduce como '*una expectativa de algo bueno*'. El principal objetivo de la esperanza es la gloria eterna (Colosenses 1:27, Romanos 5:2). Y el significado bíblico de '**gloria**' es el valor de una cosa o una persona, prestigio, **autoridad, dominio**. La gloria designa también la elevada posición social que ocupa un hombre y la autoridad que se le confiere. José, le dice a sus hermanos que vayan a donde su padre y les cuenten de toda la gloria que tiene en Egipto (Génesis 45:13). Entonces, podemos ver o definir la palabra '**gloria**' como señal de dominio, autoridad, poder. Jesús lo confima cuando le dice al Padre: "**La gloria que me diste, yo les he dado**, para que sean uno, tal como nosotros somos uno" (Juan 17:22). Nosotros como nueva creación, hemos recuperado la gloria que el primer Adán perdió, y aquí en la tierra somos los llamados a reflejar Su gloria, a sojuzgar la tierra, ejercer dominio sobre los peces, aves, ganado y toda criatura viviente que se arrastra sobre la tierra. Y para lograrlo contamos con Su ADN, Su naturaleza divina en nosotros. Por lo tanto, entendiendo esta verdad, es sumamente importante que seamos transformados a la imagen de Cristo. Cuando comienzas a entender este misterio consciente, que Dios mora en ti, y que Su deseo es obrar y manifestarse a través de ti; entonces comenzarás a vivir una vida en abundancia, y como dice la Palabra irás de gloria en gloria; lo cual implica ser restaurados a la imagen divina que caracterizaba al primer hombre; la cual lo hacía vivir en armonía con Su Creador, la tierra y el mundo animal. Nosotros debemos anhelar completar esta transformación en nuestras vidas, y lograr llegar a la meta final, como decía Pablo a Timoteo, hasta alcanzar nuestra corona incorruptible. Sabes, hay coronas para los que corran con perseverancia en esta prueba de destreza que está puesta delante de nosotros, y completar la *Carrera* (Hebreos 12:1). Jesús declaró: "*He aquí yo vengo pronto, y mi galardón conmigo, para recompensar a cada uno según sea su obra.*" "Bienaventurados los que lavan sus ropas, para tener **derecho al árbol de la vida**, y entrar en la ciudad por las puertas" (Apocalipsis 22:12, 14). Santiago 1:12 cita:

- **La Corona de Vida**: "Bienaventurado el varón que *soporta la tentación,* porque cuando haya *resistido* la prueba, recibirá la *Corona de Vida*, que Dios ha prometido a los que le aman."

- **La Corona de Justicia**: "He peleado la buena batalla, he acabado la carrera, he guardado la fe. Por lo demás, me está guardada la **Corona de justicia**, la cual me dará el Señor, Juez Justo, en aquel día; y no solo a mí, sino también a todos los que aman Su Nombre. (Timoteo 4:7-8).

- **La Corona de Gloria**: "Apacentad la grey de Dios, que está entre vosotros, cuidando de ella, no por fuerza, sino voluntariamente; no por ganancia deshonesta, sino con ánimo pronto, no como teniendo señorío sobre los que están a vuestro cuidado, sino siendo ejemplos de la grey. Y cuando aparezca el Príncipe de los pastores, vosotros recibiréis la **Corona incorruptible de Gloria**" (1 Pedro 5:2-4).

Según la visión dada a Juan, el que estaba sentado en el trono dijo: "He aquí yo hago nuevas todas las cosas. Y añadió: Escribe, porque estas palabras son verdaderas y dignas de confianza. También me dijo: Ya todo está hecho. Yo soy el Alfa y la Omega, el Principio y el Fin. Al que tenga sed le daré a beber gratuitamente de la fuente del agua de la vida. *El que salga vencedor heredará todo esto, y yo seré su Dios y él será mi hijo*" (Apocalipsis 21:5-7). "He aquí, yo vengo pronto; *retén lo que tienes, para que ninguno tome tu corona*" (Apocalipsis 3:11). Cuando ésto suceda nos miraremos en un espejo y ya no veremos nuestro rostro, sino la gloria del Señor reflejada en nosotros *"Seremos transfomados de gloria en gloria en la misma imagen, como por el Espíritu del Señor"* (2 Corintios 3:18). Entonces:

> "Vestíos, pues, como *escogidos* de Dios, santos y amados, de entrañable misericordia, de benignidad, de humildad, de mansedumbre, de paciencia; soportándoos unos a otros, y perdonándoos unos a otros si alguno tuviere queja contra otro. De la manera que Cristo os perdonó, así también hacedlo vosotros. Y sobre todas estas cosas vestíos de amor, que es el vínculo perfecto. Y la paz de Dios gobierne en vuestros corazones, a la que asimismo fuisteis llamados en un solo cuerpo; y sed agradecidos. La palabra de Cristo more en abundancia en vosotros, enseñándoos y exhortándoos unos a otros en toda sabiduría, cantando con gracia en vuestros corazones al Señor con salmos e himnos y cánticos espirituales. Y todo lo que hacéis, sea de palabra o de hecho, hacedlo todo en el nombre del Señor Jesús, dando gracias a Dios Padre por medio de él" (Colosenses 3:12-17).

Mantente a la expectativa de algo bueno, no busques fuera, lo que está dentro de ti, Cristo está en ti, habita en ti; Él va a satisfacer todas tus necesidades, tus expectativas; a través de ti, Él se revelará al mundo, así como el Padre se reveló al Mundo a través de Él. Tú eres Su templo, **eres un ser espiritual**, viviendo en un cuerpo de barro, con un espíritu que ha sido vivificado, viviendo una experiencia terrenal, en una dimensión material llamada tierra. Él habita en ti, en la persona del Espíritu Santo y te está revelando Su "**Verdad**", Cristo en nosotros, la esperanza de *Gloria*, nos revela el 'Camino' a seguir porque Él es el Camino, la Verdad y la Vida. Nos enseña, nos corrige, y nos da la fuerza para vencer. Él te enseñará el camino que conduce a Su presencia y te dará 'Vida' eterna y reposo, lo cual está en Él. Esa "Vida" mora en ti, y esta verdad la tienes que hacer tuya para vencer el pecado, la enfermedad, y para que logres completar el propósito eterno de Dios en tu vida y en la tierra, Su Espíritu Santo es el sello de garantía de que le pertenecemos a Él, y será como Él lo preordenó desde antes de la fundación del mundo. Él es la vida, tu vives, y yo vivo porque Él habita en nosotros, porque Él es la vida, y sin Él simplemente, no existiésemos.

No olvides que no se trata de religión sino de relación, Él y tú. ¡Oh, que días hermosos los que vivimos! nuestros ojos son abiertos, nuestros oídos oyen y nuestra mente comieza a comprender cosas que estaban ocultas en el ámbito espiritual, la Gloria de nuestros Dios nos está siendo revelada. Ahora entendemos el desarrollo de los pactos que Dios concertó con el hombre, comenzamos a comprender la forma en que Dios se revela y se da a conocer Su propósito eterno para el hombre, la grandeza y el fundamento del 'Nuevo Pacto': "*Despierta, tu que duermes, levántate de entre los muertos, y te alumbrará Cristo*" (Efesios 5:14). Cuando dejes de buscar fuera, lo que está en ti, entonces te conectarás con Él que vive en ti, entenderás que la paz, la seguridad, tu identidad, tu fortaleza, todo está dentro de ti. Has nacido para manifestar Su amor, Su reino de luz, Su paz, Su Gloria, Eres tú y Él. ¡Vive como si el Cielo estuviera en la Tierra! Todo lo que mencioné vive dentro de nosotros, solo que nosotros mismos tenemos y podemos libertar nuestras mentes. Todo lo que necesitamos está dentro de nosotros. Lo que habita en nuestro interior es mayor que cualquier obstáculo. El propósito eterno lo vas a lograr, solo necesitas mirar dentro de ti, las cosas más hermosas ni se ven ni se tocan, se sienten con el corazón. Eres Jerusalén, ciudadano de Sión, todo en la tierra es sombra y figura de lo celestial. Como declara la Palabra: "*Lo que es imposible para los hombres, es posible para Dios*" (Lucas 18:27), porque solamente Su NOMBRE es grande, y Su GLORIA está en la Tierra y en los cielos" (Salmo 148:13). ¡Bienvenidos al Jardín del Edén!, el lugar del que nunca te ausentaste, el Padre exhorta a su hijo, a recordar que todo fue nnhg un sueño. ¡Despierta, recuerda y serás! (Anónimo).

"Bendito sea el Dios y Padre de nuestro Señor Jesucristo, que nos bendijo con toda bendición espiritual en los lugares celestiales en Cristo, según nos escogió en él antes de la fundación del mundo, para que fuésemos santos y sin mancha delante de él, en amor habiéndonos predestinado para ser adoptados hijos suyos por medio de Jesucristo, según el puro afecto de su voluntad, para alabanza de la gloria de su gracia, con la cual nos hizo aceptos en el Amado, en quien tenemos redención por su sangre, el perdón de pecados según las riquezas de su gracia, que hizo sobreabundar para con nosotros en toda sabiduría e inteligencia, dándonos a conocer el misterio de su voluntad, según su beneplácito, el cual se había propuesto en sí mismo, de reunir todas las cosas en Cristo, en la dispensación del cumplimiento de los tiempos, así las que están en los cielos, como las que están en la tierra."

Efesios 1:3-10

Made in the USA
Monee, IL
24 March 2020